中国辞书学会 主办

中国辞书学报

中国辞书学会《中国辞书学报》编委会 编

第 一 辑

商务印书馆
The Commercial Press

2015年·北京

图书在版编目(CIP)数据

中国辞书学报.第1辑/中国辞书学会《中国辞书学报》编委会编.—北京:商务印书馆,2015
ISBN 978-7-100-11592-6

Ⅰ.①中… Ⅱ.①中… Ⅲ.①汉语—辞书学—丛刊 Ⅳ.①H16-55

中国版本图书馆 CIP 数据核字(2015)第 223099 号

所有权利保留。
未经许可,不得以任何方式使用。

ZHŌNGGUÓ CÍSHŪ XUÉBÀO
中国辞书学报
第一辑
中国辞书学会《中国辞书学报》编委会 编

商务印书馆出版
(北京王府井大街36号 邮政编码100710)
商务印书馆发行
北京市艺辉印刷有限公司印刷
ISBN 978-7-100-11592-6

2015年11月第1版　开本 787×1092　1/16
2015年11月北京第1次印刷　印张 19 1/4
定价:40.00元

《中国辞书学报》第一辑编委会

主　编　章宜华

副主编　徐祖友　李志江

编　委　（以姓氏音序排列）

　　　　亢世勇　李尔钢　李红印　谭景春　苏新春

　　　　余桂林　赵世举　周洪波　周　荐

编　辑　白　冰

发 刊 词

章宜华

(广东外语外贸大学　510420)

词典学发展至今,已形成一门具有独立理论框架的交叉性应用学科,涉及三个方面的内容:一是词典编纂实践——应用词典学,二是词典编纂理论——理论词典学,三是词典现代化技术——计算词典学。

显然,词典学的任务不再局限于辞书的本体研究,更不局限于如何收词、如何释义了,而是要综合语言学、语文学、人类文化学、教育学、社会学和认知科学等的理论成果,应用统计学和计算机信息处理等技术方法,实现以最简练的语言形式、最优化的表述方法,全面、系统地在词典中呈现语词的形态、语法、语义和语用信息。《中国辞书学报》的创办就是想建立一个高层次的学术交流平台,让学者们可以从多视角、多层次地探讨词典学的理论、编纂实践,以及辞书应用等问题。

《中国辞书学报》是中国辞书学会和商务印书馆联合创办的辞书学的学刊,其宗旨是在国家宪法、法律、法规和政策框架下,凝聚全国从事辞书编纂和研究工作的同人,研讨学术,交流经验,引领学术道德风尚,并以此活跃中国辞书学学术研究的氛围,开阔学术视野,让中国辞书走出去,促进辞书事业的繁荣和发展。

《中国辞书学刊》的办刊方针是:国际视野、前沿理论、中国特色、用户视角、实用价值。以国际视野提升国内辞书学研究地位和辞书的国际竞争力,以理论创新推动辞书编纂的体例和释义创新,以中国特色体现中国语言文化价值和国际学术话语权,以用户视角实现辞书学的学术研究与市场的良性互动,以辞书的实用价值引导学术研究的方向,并体现学术价值。

中国辞书学会于1992年11月成立,学会下设中国辞书学会学术委员会以及语文词典专业委员会、双语词典专业委员会、专科词典专业委员会、百科全书专业委员会、辞书编辑出版专业委员会、辞典编纂现代化专业委员会、辞书理论与辞书史专业委员会和民族词典专业委员会。除民族词典专业委员会刚成立不久以外,辞书学会及其各专业委员会都定期召开年会,举行各种学术研讨,出版了 系列的学术论集,如《中国辞书论集》从1997年至今已经出版了8辑,《双语词典论集》也已出版了9辑,此外,还有《学习词典与二语习得研究》《亚洲辞书论集》和《辞书编纂现代化研究》等文集。这些文集的出版为我国辞书事业的发展和辞书人才的培养起到了积极作用,《中国辞书学报》就是要像这些集刊一样,把辞书学会及其各专业委员会举办的学术会议或学术活动中的学术论文作为重要稿源之一,从中甄选或发现具有较高学术水准和实践价值的文章,按照学术刊物的规范编辑出版。

《中国辞书学报》远期将按照词典学的学科理论框架来设置栏目,包括理论词典学、应用词典学、计算词典学、比较词典学、历时词典学、语言学与词典学,以及词典与词典史、词典用户视角研究、辞书市场研究和辞书评价等内容。近期,则结合我国辞书发展的实际和国际辞书发展的动态,以专题的方式来设置栏目,甚至是出专辑。这些专题栏目包括:普通语文词典研究、学习词典研究、双解词典的释义与译义、专科词典研究、对外汉语词典研究、词典与语言教学、语料库与词典编纂、例证研究、民族词典研究、小语种双语词典、新词新语释义、术语研究,以及国际视窗(国际学术热点)、博士论坛、新书/词典评介、词典市场建设和其他热点专题等。

本刊的读者对象为从事辞书研究、教学、编纂和出版的各类相关人员,包括大学和科研机构的学者、学生,各出版社的辞书编辑和相关编辑人员,以及对辞书学和辞书编纂感兴趣的人。本刊的稿件来源主要有三个渠道:一是按栏目设置和当前学术热点问题进行的专家组稿;二是从学会和各专业委员会学术活动中遴选的优秀论文;三是直接投稿。编辑部会对稿源进行分类、登记,组织审稿,并由资深编辑进行编辑和审定,以求保证学术质量。对于录用和不录用的稿子均会及时发出通知。

辞书学是一个跨学科的专业研究领域,涉及面很宽,要做到博大与精深并举、理论与实用并举、学科体系与热点问题并举绝非易事,还需辞书界全体同人共同努力。

中国辞书学报

第一辑 目录

特 稿

植根学术 守正创新 与时共进
——《现代汉语词典》第6版概述 ………………………………… 江蓝生 1
紧密联系社会语言生活实际
——读《现代汉语词典》第6版 ………………………………… 陈章太 26
《现代汉语词典》的词性标注与现代汉语语法研究 ……………… 邢福义 29
与时俱进是词典修订的灵魂
——初读《现代汉语词典》第6版 ……………………………… 李行健 32
细致谨慎，提升完善
——谈《现代汉语词典》第6版的修订 ………………………… 苏培成 35
精益求精，臻于胜境
——喜读《现代汉语词典》第6版 ……………………………… 鲁国尧 41

词目研究

词典中相关词语的横向照应
——谈《现代汉语词典》第6版条目修订 ……………………… 谭景春 45
词汇的汰旧与词典条目的更新
——以《现代汉语词典》为例 …………………………………… 周 荐 54
词汇化与词典的收词及释义
——以《现代汉语词典》第6版对"×了/着"结构的处理为例 …… 侯瑞芬 64
《现代汉语词典》对科技词的处理 ………………………………… 周明鉴 76
《现代汉语词典》第6版科技条目的修订 ………………… 王 伟 李志江 79
《现代汉语词典》第6版反义别义条目的修订 …………………… 杜 翔 90

《现代汉语词典》第6版中地名字头的修订 …………………… 张铁文 100
关于语文词典中字母词收录原则的思考
　　——从《现代汉语词典》说起 ……………………………… 叶　军 108
《现代汉语词典》第6版中"××"式单音节双叠词的统计与分析
　　——兼与《现代汉语词典》第5版对比 …………………… 张　亮 115
现代汉语口语词构词语素的语体特征研究 ……………………… 王伟丽 126

释义研究

《现代汉语词典》第6版的原型语义观 ………………………… 张志毅 136
关于《现代汉语词典》释义的讨论 ……………………………… 符淮青 144
《现代汉语词典》第6版释义修订的力度与特色 ……………… 张　博 151
谈谈词典释义的三条基本原则
　　——以《现代汉语词典》第6版释义修订为例 …………… 谭景春 159
《现代汉语词典》第6版对词类标注的修改 …………………… 郭　锐 167
天下大事，必作于细
　　——小议《现代汉语词典》第6版的释文考订 …………… 黄鸿森 174
《现代汉语词典》第6版对第5版释文的修订 ………………… 安华林 178
义素分析和释义模式在词典编纂中的运用
　　——以《现代汉语词典》第6版修订为例 ………………… 曹兰萍 191
《现代汉语词典》第6版释义修订评析 ………………………… 白　冰 200
《现代汉语词典》第6版配例的改进 ……………… 冯海霞　姜如月 210
《现代汉语词典》第6版同义对释研究 …………… 刘　伟　张志毅 218
《现代汉语词典》第6版对"动作＋人体器官"类动词的修订 … 王　楠 232
语文词典中疑问词非疑问用法的修订 …………………………… 张　定 243

词典与规范

理论研究引领《现代汉语词典》修订
　　——谈《现汉》第6版在规范化上取得的新突破 ………… 苏宝荣 254
从一则广告看《现代汉语词典》的规范性 ……………………… 沈家煊 261

《现代汉语词典》与科技名词规范化 …………………… 刘　青 263
《现代汉语词典》对地名用字和读音的关注 ……………… 厉　兵 265
说"执着" …………………………………………………… 晁继周 267
《现代汉语词典》成语注音拼写的变化 …………………… 余桂林 272

《现代汉语词典》第6版凡例的修订及启示 ………… 苏新春　邱燕林 278
《现代汉语词典》附录的与时俱进 ………………………… 韩敬体 292

植根学术　守正创新　与时共进[*]
——《现代汉语词典》第6版概述

江 蓝 生

（中国社会科学院　100732）

一

《现代汉语词典》（以下简称《现汉》）第6版于2012年7月由商务印书馆隆重推出，距离2005年6月出版的第5版整整7年。

《现汉》由我国著名语言学家吕叔湘、丁声树先生先后担任主编，自1978年正式出版至今已有34个年头；如果从1956年7月开始编写算起，已经走过了56年的历程。曹先擢、晁继周（2002）从辞书史的角度，把《现汉》跟1937年开始出版、延续多年陆续出齐的首部现代汉语词典《国语辞典》加以比较，认为《现汉》在诸多方面突破了《国语辞典》的时代性局限，较好地解决了收词、注音、释义、举例等一系列问题。该文认为："《现代汉语词典》是第一部确定现代汉语词汇规范的词典。在它之前还没有这样的词典；它以后的同类性质的词典则是沿着它开辟的道路在某一些方面加以改进的。从这个意义上说，《现代汉语词典》是汉语辞书发展史上的一个里程碑。"[1]这一评价客观、中肯，已成为辞书界乃至语文学界的共识。《现汉》的历史性成就使它在促进我国语言文字规范化和语文教学、文化建设诸方面发挥了重要的作用，由此也为它赢得了极高的学术荣誉。

吕叔湘先生（1996）说："凡是'现代'词典都要跟上时代，不断地修订。"连本次修订在内，《现汉》较大的修订有3次（前两次为1996年第3版、2005年第5版）。历次

---

[*] 本文在写作过程中和初稿草就后听取了修订组同人的意见，蒙他们提出许多重要的修改意见和建议，对笔者极有启发；王伟同志为笔者从《现代汉语词典》数据库中调出有关资料，提供了很大的方便，在此一并致谢。文中如有不妥之处，应由笔者本人负责。

修订都遵循促进现代汉语规范化的宗旨,本着精益求精的态度,修正错误,改进不足,积极稳妥地吸收学界的相关研究成果和广大读者的意见,力求跟上时代的发展和社会语言生活的变化,从而使这部词典的质量不断提高。

关于《现汉》的修订,吕叔湘先生生前有一个深远的打算。1993年他说:"我们现在的计划是先编一本《现代汉语大词典》,然后再利用它来修订《现汉》。"(吕叔湘1996)《现汉》第6版的修订正是以《现代汉语大词典》的编撰为背景的。2005年,《现代汉语大词典》(以下简称《大现汉》)作为中国社会科学院重大课题正式启动,参加者有语言研究所研究人员和院外学者计30余人。为了保证编写质量,课题组认真学习总结《现汉》的编写经验,针对《现汉》编写和修订中尚未全面系统解决的若干问题前后拟定了十多个研究专题,由课题组和所内研究人员逐一进行调查研究。这些专题是:

1. 以《通用规范汉字表》为参照的新增字头形音义的梳理;
2. 《现代汉语常用词表》与《现汉》的收词原则;
3. 同形同音词的确定与立目;
4. 兼类词的标注与虚词释义的完善;
5. 释义提示词的使用;
6. 涉〈书〉条目释义的检视与修订;
7. 〈方〉〈口〉词语的标注与注音、释义的改进;
8. 正词法的贯彻与轻声词、儿化词的标注;
9. 语言学名词术语与外来词的收词与释义;
10. 字母词的增删与释义;
11. 表外异形词梳理及"做、作"之分。

2008年,《大现汉》课题组基本完成了初稿的撰写,因工作需要转而投入对《新华字典》第10版和《现代汉语词典》第5版的修订。尽管《大现汉》的初稿未经打磨,还十分粗糙,但正如吕先生当初所设想的,《大现汉》的编撰实践以及上列专题研究的成果为"二典"的修订做了学术上的准备。对一部在社会上有广泛影响的品牌词典加以修订是一项十分严肃的学术工作,来不得半点马虎懈怠。在整个修订过程中,我们始终贯彻"植根学术,跟进时代,贯彻规范,系统稳妥"的方针,以守正拓新、与时共进为目标,着力在提高词典的科学性、时代性、规范性和实用性上下功夫。

二

遵循《现汉》引导规范的一贯宗旨,本次修订在全面正确贯彻以往国家有关语言文字和科学技术等方面的规范和标准的同时,还注意吸收和反映近些年来国家语言文字工作委员会组织专家学者制定、修订的有关字形、字音等方面的规范标准的最新成果;除了常规性的增删改外,还对一些以往历次修订没能触及的问题进行了系统的调查研究和处理。修订的主要内容有下列各项:

1. 依照规范标准审慎确定字形、字音;对字头的简繁、正异关系进行了梳理;增加单字 600 多个(以地名、姓氏及科技用字为主),共收各类单字 13 000 多个。

2. 增收新词语和其他词语近 3000 条,增补新义 400 多项,删除少量陈旧的词语和词义,共收条目约 69 000 余条。

3. 参照国家语言文字工作委员会《汉语拼音正词法基本规则》修订课题组[2]和《普通话轻声词儿化词规范》课题组的意见,对条目的注音做了修订。

4. 以意义为主要标准,对同形同音条目的分合做了调整;根据学理和语言使用的实际,调整了一批异形词的主副条。

5. 按类别(如"口语词、方言词、文言词、专科词、外来词、西文字母词"等)对释义进行全面的检查和修订,对释义提示词(以"比喻、形容"为主)也做了统一的修订。

6. 复查了词类标注,在保持原有词类标注体系的基础上,对少数词的词类标注做了修订。

7. 本着更好地配合释义、体现用法以及扩大词汇信息量等原则,对例词、例句做了相应的增删和修改。

8. 配合释义增补了近百幅古代器物等方面的插图[3]。

9. 对《凡例》做了修订;根据有关标准和新的研究成果对检字表和附录做了修订。

由上可知,本次修订涉及面广,内容更新度大,是一次较为全面系统的修订。下面仅就收词、义项排列、注音、异形词整理、同形同音词条目的分合、释义提示词的使用和释义等七个方面的修订做些介绍和说明。

(一)新词、新义、新用法的增收

动态地反映新时期汉语词汇发展的新面貌、新特色,是现代语文词典修订的重头任务。本次修订充分利用各类语料库和计算机网络对近几年的新词、新义和新的用法进行广泛搜集、认真筛选、审慎取舍。与此同时,还利用计算机数据库对《现汉》中的100多项内容进行横向统查,适当填平补齐,以提高收词的系统性、平衡性和周延性。

1. 新增词语要览

《现汉》第6版增收新词和新的义项主要依据通用度和稳定性原则,重点在于及时反映词汇系统的发展变化,促进语言使用的规范化。

(1)反映我国新时期特别是近几年来涌现的新事物、新概念和社会生活的新变化及人们的新观念。

改革开放以来,我国进入以经济建设为中心的新的历史时期,第6版中增收了大量与经济领域有关的新条目,仅与股票交易活动有关的术语就增补了"爆仓、唱多、唱空、抄底、换手、挂单、见底、见顶、老鼠仓、领涨、期权、权证、权重股、升水、公募、私募"等近20条新词目,反映了越来越多的人选择以股票和基金等作为家庭理财的方式。

在社会建设和管理方面收了"三险、社会保障基金、住房公积金、医疗保险(医保)、医改、非政府组织、维稳、民调、首问制、述廉、征信、调峰、限行、摇号、调节税"等条目;与环保有关的增收了"低碳、高碳、碳汇、减耗、减排、减碳、新能源、光伏效应、电子污染、太空垃圾、二手烟、厨余垃圾、地沟油、垃圾食品"等条目,由此可看出我国的社会建设正在稳步推进,社会管理更趋开放性和科学化,环保意识也大大增强。

与群众日常生活相关的新词语是修订本增收词语的重点,比如与住房相关的新增了"房改房、二手房、廉租房、两限房、经济适用房"等;与交通出行有关的有"摆渡车、接驳、动车、屏蔽门、高速铁路(高铁)、轨道交通"等。很多新词语反映了时下某些社会群体新的生活方式,如"首付、扫货、拼车、拼购、团购、网购、网聊、美甲、瘦身、塑身、自驾游、自助游、自由行、背包客、移动办公"等;源自西方的"父亲节、母亲节、感恩节、情人节"等词语进入本词典,反映了中西文化的交流与融合。"洋插队、落地签证、申根协定"等条目的收录是众多国民走出国门的写照。

计算机与互联网进入千家万户,第6版新收了近40条有关的条目,例如"播客、博客、博文、跟帖、超链接、超媒体、超文本、电子书、电子政务、内联网、物联网、网上商店、网络综合征、网评、网瘾、微型博客(微博)、移动硬盘、云计算"等。

进入社会转型期,市场经济在促进生产力发展的同时也给社会风气和人们的价值观带来一些负面影响,第6版没有回避这些反映社会负面现象的词语,例如:"拜金主义、傍大款、三陪、买官、卖官、碰瓷、吃回扣、潜规则、封口费、关系网、官本位、贪腐、贪渎、假唱、霸王条款"等;"闪婚、闪离、试婚"等词语反映了传统婚恋观所受到的巨大冲击。

第 6 版增收的准社会身份类名词直观地反映了一些新的社会群体及其特点,例如"北漂、草根、社工、达人、高管、独立董事(独董)、愤青、款爷、名嘴、娱记、香蕉人、小皇帝、蚁族、月光族、全职太太"等。

(2)反映改革开放大环境下外来词、方言词或地区词对普通话的影响。

改革开放以来,由于社会的开放和人员的流动,一些外来词、方言词和港澳台地区词大量进入普通话,为民族共同语词汇的丰富发展提供了新鲜的养分。第 6 版收入的外来词主要来自英语和日语,前者如"博客、微博、丁克、晒、粉丝、嘉年华、脱口秀"等;后者如"刺身、定食、寿司、天妇罗、榻榻米、通勤、手账、数独、新人类、宅急送(宅急便)、过劳死、人间蒸发"等。方言词、地区词以粤港澳地区对普通话影响最大,除了第 5 版已收的"埋单、炒鱿鱼"等以外,第 6 版又增收了"八卦、搞掂(搞定)、狗仔队、无厘头、手信、饮茶"等;由于赵本山小品和电视剧的广泛影响,东北方言的"忽悠、嘚瑟、指定"等也在全国流行,被收进了第 6 版。台湾地区有些词汇在内地广为传播,第 6 版收了"呛声、挺(支持)、力挺、糗、出糗、捷运、空中大学、劈腿、软体、硬体、管道(渠道)"以及与选举文化有关的"拜票、谢票、站台"等词。有些外来词实际上是辗转借用,如"宅男、宅女"直接的来源是港台地区,深究起来却是由日本的"御宅族"演变而来的。

此外,在《现汉》附录《西文字母开头的词语》中,第 6 版增收了媒体中常见的 CPI(居民消费价格指数)、PPI(工业品出厂价格指数)、PM2.5(在空中飘浮的直径小于或等于 2.5 微米的可吸入颗粒物)、ECFA(海峡两岸经济合作框架协议)、FTA(自由贸易协定)等与人民生活密切相关的字母词,以方便读者查检了解。

(3)吸收词汇学和语法化研究的新成果,增收一些已经词汇化了的词语。

汉语的合成词绝大多数是在词汇层面形成的,但是也有相当数量的合成词是在短语或句法结构(包括跨层结构)层面因前后两个成分经常邻接而逐渐凝固为合成词的,人们很容易忽略这类合成词作为词的身份。早在 1960 年《现汉》试印本就把"的话"(·dehuà)作为语气助词收进词典,显示出吕、丁二位先生独到、前卫的学术见解。《现汉》此前先后收了因省略了短语中的修饰语而词汇化的方位词"之后、之前",这次又收了以相同方式词汇化的篇章连词"之所以"。有些与体标记"了"连用而词汇化的词,《现汉》以前收了"罢了、得了、为了"("了"读轻声 le),这次又增补了"对了(表示同意或突然想起一件事)、好了(在句末表示听凭、不在乎的语气)、算了(在句末表示祈使或终止的语气)、完了(用在句中表示前后话语之间的承接)、行了(表示结束或制止)"等。与体标记"着"连用而词汇化的词，《现汉》以前收了"跟着、接着、为着、意味着、悠着、有着"等十多个，这次又增收了介词"本着"和"随着"。此外，这次修订从系统性考虑，把《现汉》以前已收但收得不全的"—于、—乎、—及、—以、—自"等跨层结构合成词补收了一些进来，例如"碍于、擅于；出乎、于是乎(连)；论及、念及；聊以(副)、致以；出自、来自"等(未注词类的为动词)。由于词汇化的发生是一种历史的渐进的变化过程，哪些结构已完成这种变化而质变为一个词汇单位，哪些结构还处在量变的过程中，有时还把握不准，所以本次修订采取比较谨慎的态度，只把那些没有异议的收进来，对于还不十分肯定的，则宁可暂时不收，待日后考虑成熟了再说。

2. 新增义项管窥

《现汉》第6版新增的义项绝大多数是从旧词衍生出来的、已在社会上广泛使用的新义和新的用法，例如：

比喻义：

放电 ❸比喻异性间用眼神传情。

漂白 ❷比喻通过某些手段，把非法所得变成合法所得：这个贪官把大量赃款～后存往国外。

空手道 ❷比喻不付出本钱或代价而取得回报的招数：他在生意场上大玩～。

借指义：

大使 ❷借指为推动某项事业的开展而做推介、宣传等工作的代表性人物：爱心～｜绿色环保～｜奥运形象～。

开心果 ❷借指能给人带来快乐的人(含诙谐意)。

眼球 ❷借指注意力：吸引～。

泛指义：

败笔 ❷泛指事情中做得不好的部分：这座建筑破坏了城市的整体布局，是一大～。

特指义：

小白脸儿 ❷指以情人身份依傍有钱女性的年轻貌好的男子。

转类义：

纠结 ❸[形]思绪纷乱，心情烦闷：生活的压力让我很～。

山寨 ❸[形]属性词。仿造的；非正牌的：～货｜～手机。❹[形]属性词。非主流的；民间性质的：～文化｜～足球队。

虚词义：

难道 [副]❷表示揣测的语气：都半夜了还亮着灯，～他还没睡？

要不 ❸[副]难怪;怪不得:～他生气呢,原来你说着他的痛处了。

新用法:

被 ❻[动]用在动词或名词前,表示情况与事实不符或者是被强加的(含讽刺、戏谑意):～就业|～小康。

雷 ❸〈口〉[动]使震惊:～人|他的荒唐建议～倒了在座的专家。

"攸"字在第 5 版仅出了字头:

攸〈书〉[助]所:责有～归|利害～关。

第 6 版在"攸"字下另出了双音词:

攸关[动]关系到;涉及:～民生|～人民的福祉。

这反映出"攸关"已经词汇化为及物动词的新用法。

有些外来词成分有很强的组词能力,已经语素化。如较早就已语素化的"酒吧"的"吧"(bar)(第 5 版收了"吧台、吧女、网吧、氧吧",第 6 版增收"话吧")、从粤港地区"的士"(源自英语 taxi)简化而来的"的"(打的、的哥、的姐、面的、摩的、板的),后来又有由"水门事件"而产生的类后缀"门"(抄袭门、学历门)、源自英语的"秀"(show)(达人秀、内衣秀、走秀、作秀、秀场)等等,这些新义、新用法在《现汉》第 6 版中有的增设为新字头,有的在有关字头下增列为新的义项,这里就不再引述了。

如前所说,新词、新义、新用法的增收依据的是通用性和稳定性原则。所谓通用性,是指在社会上使用频率高、使用范围广,大多已被主流媒体认可的;所谓稳定性,是指词形、词义及其用法已经基本稳定下来的。有的新词虽然出现时间还不算长,但合语法,且能在词义和用法上填补汉语词汇系统中的空缺,使表达更加丰富多彩的也可收录。此外,我们还综合考虑了引导社会的使用和语言自身的规范等因素,并非见新就收。例如收了"宅男、宅女",却没有收"剩男、剩女",原因是"剩男、剩女"的具体含义还没有准确清晰的界定,此类对某些人群含有不恭意味的词与其早收,还不如沉淀一段时间再说。对于新的用法,也视情况而定,例如港澳台地区"有"的副词用法(用在某些动词前面,表示行为动作曾经发生或事情已经完成:这道题目我～考过|钱～拿来啦)近几年来对内地有一定的影响,考虑到这与普通话语法的规范相抵触,决定缓收。

从上面粗略的介绍可以看出,《现汉》第 6 版增收的新词、新义、新用法,比较全面地反映了新时期尤其是近七八年来汉语词汇系统的新面貌,这些新词、新义像一面广角镜,全方位地折射出社会的深刻变化,富有强烈的时代气息;另一方面,有些新词、新义的增收反映了词汇学研究的新成果、新认识,有较高的学术含量。

（二）义项排列的顺序

多义词的义项之间通常有内部联系，辞书对多义词的各个义项不能随意无序地排列，而要尽可能科学地反映这种联系。如何安排辞书中多义词各个义项的顺序，要视辞书的定位而定。历时性词典、古代汉语词典因为要反映词义产生的时代，词义发展变化的历史脉络，包括词义的消亡或部分消亡等词义发展变化的历史过程，所以理所当然地应该以词义引申发展的脉络来排列义项的顺序。那么，现代共时词典是否也应该不折不扣地贯彻这一原则呢？吕叔湘(1958)《〈现代汉语词典〉编写细则》第(68)条说，"分析词义以现代汉语为准"，不详列古义。第(92)条说："词义分项排列的先后，基本的在前，引申的在后；一般的在前，特殊的在后；具体的在前，抽象的在后。虽然不必考求词义历史发展，但是维持上面的原则对于读者的理解是有帮助的。"这些原则实事求是，思虑周到，跟《现汉》作为一部以普通话词汇规范为目的的共时性语文词典的定位非常吻合。从吕先生的话中可以看出，"以现代汉语为准"丝毫不意味着不考虑词义的引申脉络，只是表明不以词义引申脉络作为规定性的、唯一的原则；不详列古义，不是不列古义，而是根据现代汉语的使用情况有选择地收列古义。《现汉》的义项排列按照吕先生所确定的原则，突出了现代性、常用性，同时又兼顾了义项间的引申关系或逻辑关系。这里仅举《现汉》第6版与历时性语文词典《汉语大词典》（以下简称《汉大》）中"党""告"二词为例。

党 dǎng ❶名 政党，在我国特指中国共产党：～章｜～校｜入～。❷ 由私人利害关系结成的集团：死～｜结～营私。❸〈书〉偏袒：～同伐异。❹〈书〉指亲族：父～｜母～｜妻～。（《现汉》）

黨 1.古代一种地方基层组织。五家为邻，五邻为里，五百家为党。2.亲族。3.朋党；同伙。4.结成朋党。5.犹类。6.偏私。7.知晓，晓悟。8.处所。9.时。10.辈。11.政党。在我国特指中国共产党。12.通"谠"。正直。（《汉大》，略去书证，下同）

《汉大》按词义的发展脉络收了12个义项，《现汉》第6版仅收了其中的4个义项（不列古代"五百家为党"等现在早已消亡的义项）；而且二典义项顺序大不相同，《现汉》第6版把"政党"义放在首位，把现在很少使用或基本不用的"偏袒"和"亲族"义放在后面，并标示〈书〉，完全符合现代汉语的使用实际。

告 ❶ 把事情向人陈述、解说：～诉｜～知｜广～｜报～｜通～｜忠～。❷动 向国家行政司法机关检举、控诉：～状｜到法院去～他。❸ 为了某事而请求：～假｜～贷。❹ 表明：～辞｜自～奋勇。❺动 宣布或表示某种情况的实现：～成｜～馨｜～一段落｜

事情已~结束。(《现汉》)

告 1.上报;报告。2.告谕。3.告知;告诉。4.祷告;祭告。5.表明;宣告。6.求;请求。7.休假。8.告发;控告。9.告身。10.指封赠。(《汉大》)

《汉大》"告"的前四个义项核心义素相同,只是细分了下对上、上对下、平辈或普通人之间、人对神明或祖先等不同场合,而这些在现代汉语中已无加以分别的必要,故《现汉》把它们合而归纳为义项①;《汉大》第7、9、10三义现代已经消亡,故《现汉》不列。《汉大》把"告发;控告"列为靠后的第8义项,《现汉》第6版则根据现代使用频率列为第二个义项。可见,辞书的性质和定位决定了其义项的排列次序。

现代语文词典是否应该按历史发展脉络排列义项是一个学术问题,学者可以各抒己见,展开讨论[4]。在义项排列问题上,第6版坚持老《现汉》的思想,不以考求词义历史发展为己任,而是立足现代,着力反映现代汉语的使用实际;同时也注意尽量反映词义间的引申和逻辑关系,力求把二者有机地结合起来。根据这一精神,本次修订对《现汉》某些排列不够妥当的义项顺序做了相应的调整。

(三)关于条目的注音

1. 鉴于国家语言文字工作委员会《汉语拼音正词法基本规则》修订课题组和《普通话轻声词儿化词规范》课题组的研究成果2012年上半年已通过有关专家和机构的鉴定,《现汉》第6版参照这两个规范标准对部分条目的注音做了修订。其中多字条目,是词的,注音连写;词组、熟语按词分写;四字成语结构上可分为两个双音节的,在中间加短横"-",如"乘风破浪"注作 chéngfēng-pòlàng,"汗马功劳"注作 hànmǎ-gōngláo;不能分为两个双音节的,全部连写,如"一技之长"注作 yījìzhīcháng,"一衣带水"注作 yīyīdàishuǐ。

《现汉》第6版参考《普通话轻声词儿化词规范》课题组的意见,根据普通话读音的实际变化减少了一些不区别意义的必读轻声或儿化的词的数量。有些过去必读轻声儿化的词,根据实际语言的变化,有的改注可以两读(如"码头、妥当、学生"可读轻声也可不读轻声,原"暗间儿、宽心丸儿"改为可读儿化也可不读儿化),有些过去可以两读的词此次根据实际情况向两边靠,或改注本调(如"白天、看望、小姐"),或改注只读轻声儿化(如"腌臜、荸荠、邋遢"只读轻声不读本调,"变味儿、炒肝儿"只读儿化)。这样处理能减轻广大群众学习普通话的难度,有利于普通话的进一步推广。

2. 本次修订进一步贯彻《普通话异读词审音表》(以下简称《审音表》),《现汉》原与《审音表》统读音不同的"括、唯、挟"三字改从《审音表》统读音,但是"凹、荫"二字的读音仍从旧版,保留两读。我们的考虑是:

"凹"《审音表》统读 āo,这就意味着凡用"凹 wā"做地名的就得改用"洼 wā"字。"凹"旧版《现汉》有两读:āo、wā。这是考虑到"凹 wā"为方言地名用字,"洼"虽与"凹"同音,核心义素相同,但"洼"的外延小于"凹",故仍保留"凹"的 wā 音。这样处理跟同为方言地名用字的"窊 wā"相一致:

  凹 wā〈方〉同"洼"(用于地名):茹~(在河南)|万家~(在云南)|碾子~(在陕西)。

  窊 wā〈方〉同"洼"(用于地名):南~子|赤泥~(都在山西)。

"荫"本有阴平 yīn 和去声 yìn 两读,《审音表》规定"荫"统读去声 yìn,只能用于"封妻荫子""荫庇"等词。按此规定,"林荫道"就只能写作"林阴道",但很多群众出于文化心理等方面的原因不予认可,在实际使用中仍然写作"林荫道、柳荫街"等。《新华字典》和《现代汉语词典》做了变通处理,根据历史和语言实际在"荫"字下收了 yīn 和 yìn 两个音,兼收"林荫道"和"林阴道",以"林荫道"为主条,"林阴道"为副条。我们认为应该尊重和执行国家的规范标准,但是当少数规定明显不符合语言实际,不为大多数群众认可时,辞书可以做少许变通,为规范标准的修订提供依据,预留空间,这是对待规范标准的实事求是的科学态度。

3. 方言口语音和古旧读音的处理

(1)删方言音,改注普通话音。

吴方言词"拆烂污"旧版《现汉》注音 cālànwū,但同为吴方言词的"拆白党"则注为 chāibáidǎng,本次修订删去"拆"的 cā 音,按普通话读音统注 chāi。

"芥"字旧版《现汉》有 jiè、gài 两读;相应地,"芥菜"也有 jiècài、gàicài 两读(gàicài 又作"盖菜"),"芥蓝"注作 gàilán。这是把普通话读音跟方言音搅在了一起。本次修订删去"芥"的方言音 gài。在"芥菜"②下说明"因有的地区读作 gàicài,所以也写作盖菜"。这样不仅确定了"芥"的普通话读音,也厘清了"芥菜"与"盖菜"的关系。

(2)方言口语词按普通话注本调,括注方言变调,删变调字头。

旧版《现汉》为一些方言口语词里的方言音单立字头,如"屎壳郎"注音为 shǐ·keláng,为此立了去声的"郎"(làng)字头。此次修订凡此类词改为词目下注本调,括注变调,不再出变调字头。例如删去"屎壳郎"的"郎"(làng)字头,处理为:

  屎壳郎 shǐ·keláng(口语里多读 shǐ·kelàng)〈口〉名 蜣螂。

对于有些并非语流音变的方言音,第 6 版依然保留。比如"蹲"字,《现汉》有 dūn、cún 两读:

  蹲 dūn 动 ❶两腿尽量弯曲,像坐的样子,但臀部不着地:两人在地头~着谈

话。❷比喻待(dāi)着或闲居：他整天～在家里不出门。(第5版)

蹲 cún〈方〉动 脚猛然着地，因震动而使腿或脚受伤：～了腿。(第5版)

有学者建议删去 cún 音，统读 dūn。我们鉴于：1)"蹲"的 cún 音有韵书为据：《集韵·魂韵》：蹲，徂昆切，"《说文》：踞也。或作踆。"《龙龛手镜·足部》："踆俗，蹲正。音存，踞坐也。"2)敦煌俗文学写本里有多处实际用例[5]；3)现代北京话里"蹲"的 dūn、cún 二音词义不同，陈刚(1997：64)收"蹲筋"(cúnjīn)一词，与《现汉》"蹲了腿"同义；另收单音词"存"(cún)，释义为"卷曲，不舒展。如：领子还存在里头呢，揪出来。"其实这个意思的"存"跟"蹲筋"(筋被弄弯曲而不舒展)的"蹲"是一个词，都不能读 dūn，故第6版维持不动。

(3)为口语中有比较通行的不同读音的词语括注变读音。

口语中有些词有比较通行的不同读音，如"大都、二流子、一会儿、正经(包括'一本正经、正儿八经')、指甲、指头、作料、作死、密钥、主意"等，如果都按《审音表》和原字注音就会跟北京话实际读音不一致，读起来不自然，不像真实的语言，故《现汉》第5版采用林焘先生的意见，在少数变读词后面括注了北京话的实际读音。第6版全面贯彻这一做法，给上述各词都加上了括注。例如：

大都 dàdū(口语中也读 dàdōu)

二流子 èrliú·zi(口语中也读 èrliū·zi)

密钥 mìyuè(口语中多读 mìyào)

主意 zhǔ·yi(口语中也读 zhú·yi)

正儿八经 zhèng·er-bājīng(口语中也读 zhèng·er-bājǐng)

(4)对某些字词的古旧读音酌情或加括注或予删除，例如：

乘 chéng ❶动 借助交通工具或牲畜出行；坐：～船｜～马｜～火车。❷介 利用(机会等)：～势｜～胜直追。注意口语里多说"趁"chèn。❸(旧读 shèng)佛教的教义：大～｜小～。(第6版)

义项③源自名词义(大乘是佛教的一个派别，主张普度众生)，应跟做量词的"乘"同读 shèng(《国语辞典》注 shèng)。不过据唐诗韵尾字，"大乘、小乘"很早已可读作平声的 chéng 了，例如张祜《题画僧》诗之二："终年不语看如意，似证禅心入大乘。"在北京胡同名"大乘巷、小乘巷"中，"乘"也一直读 chéng。根据上述情况，第6版仅采取括注旧读音的做法。

《现汉》第6版还删去了个别古旧音。如"落魄"的"魄"字旧版《现汉》收了三个音：pò、tuò、bó。实际上"落魄"现在只读 luòpò，第二音 luòtuò 写作"落拓"，第三音

luòbó 写作"落泊",词形已有分别,故第 6 版删去了"魄"的 tuò、bó 二音。

(5)其他。

从语言应用的实际出发,为已稳定下来的译音外来词读音设立字头,如"啫喱"的"啫"(zhě)、"打的"的"的"(dī)、"拜拜"的"拜"(bái)。鉴于"珀"(pò)用在译音或商品名称时常读 bó 的语用实际,给"珀"加了括注"用于译音或专名也有读 bó 的"。

为铁路部门行业用字增加又音。"碴"原有 chā(胡子拉碴)和 chá(玻璃碴子)两个读音,但是"道砟"(dàozhǎ)一词铁路部门习惯写作"道碴",他们多次来信反映,要求遵从行业用字。第 6 版从实际出发,为"碴"增加了 zhǎ 音,把"道砟—道碴"处理为异形词。

旧版《现汉》收北方方言词"膈应"(gè·ying)(义为讨厌、腻味或使讨厌、使腻味)。"膈应"是音借字,"膈"为阳平音 gé,本无去声音,只因做借字而另出了去声字头"膈"(gè)。本次修订考察了此词各地方言用字和读音,认为"膈"(gè)的本字应为"硌"(像石头硌在心头使人不舒服,引申为讨厌、腻味),故将"膈应"改作"硌硬",并删去了"膈"(gè)字头("硌硬"的"硬"是否本字尚待考,方言中又写作"硌漾、硌痒、硌意、硌影"等)。

(四)关于异形词的处理

所谓异形词,是指普通话书面语中并存并用的同音(声、韵、调完全相同)、同义(理性意义、色彩意义和语法意义完全相同)而书写形式不同的词语,如"唯一"和"惟一"、"古董"和"骨董"等。裘锡圭等先生认为"异形词"这个术语不科学,混淆了语言和文字的界限,但现在已在业内使用开来,我们从众沿用这个术语。

《现汉》编写之初就已对异形词进行了整理,1965 年的试用本确立了处理异形词的基本原则和兼容性的主次模式,到 2005 年《现汉》第 5 版共处理异形词 1400 多组,基本上囊括了现代汉语词汇系统中的异形词。《现汉》第 6 版在第 5 版的基础上进一步吸收 2002 年试行的《第一批异形词整理表》(以下简称《异形词表》)的意见,只对其中少数十来组词做了不同的处理,下面分三类情况举例简要说明。

1. 跟《异形词表》(338 组)处理不同的

(1)红彤彤——红通通

《异形词表》以"红彤彤"(hóngtóngtóng)为推荐词形。但我们认为这两个词音、义皆有不同,故《现汉》第 6 版分立词条,不把这两个词作为异形词处理:

红通通 hóngtōngtōng(~的)形 状态词。形容很红,红得通透:炉箅子被炭火烧得~的|小脸儿冻得~的。

红彤彤 hóngtóngtóng（口语中也读 hóngtōngtōng）(～的)形状态词。形容很红：～的晚霞｜～的朱漆大门。

"红通通"的"通"与"红彤彤"的"彤"语素义不相同,在跟"红"组成 ABB 式状态形容词后,其原来的词素义仍保留在各自的重叠式中。凡红得通透者用前者,本来"太阳"也用"红通通"形容(还可以说"通红的太阳"),但在把伟人比喻为太阳时则用"红彤彤",显示"红通通"与"红彤彤"的词语色彩也有不同。

(2)趟地——蹚地　趟浑水——蹚浑水　趟水——蹚水

《现汉》一直不把这三组词作为异形词处理。"趟"读去声 tàng,为量词;"蹚"读平声 tāng,为动词。二者分工明确,故只出"蹚地、蹚浑水"条("蹚水"为例词)。读作平声的"趟"(tāng)是"蹚"的异体字,注为:旧同"蹚"。第 6 版维持旧版,不做改动。

(3)百废俱兴——百废具兴

《现汉》对古为通假字,今词义用法不相混者不作为异形词处理。"百废具兴"的"具"古代有时用作"俱"的假借字,而现代"俱、具"分工明确,不相混用,故《现汉》第 6 版不出"百废具兴"条。

2. 跟"264 组"处理不同的异形词

2003 年语文报刊协会等四单位在《咬文嚼字》杂志上发表了《264 组异形词整理表》(草案),建议作为行业内的约定意见试行。《现汉》第 6 版尽量参考处理,只对其中认为未必妥当的几组另做处理。例如:

(1)暗渡陈仓——暗度陈仓

《现汉》第 6 版以"暗度陈仓"为正条。理由是:所查古代文献皆用"度"字,未见用"渡"字者。"度"字古代兼表空间和时间上的跨越,如"春风不度玉门关""虚度年华"等;经查,台湾有关词典也不用"渡"字。

(2)拾遗补缺——拾遗补阙

《现汉》第 6 版以"拾遗补阙"为正条,"拾遗补缺"为副条。理由是:"拾遗"和"补阙"是唐代武则天时所置官名,分左右拾遗和左右补阙,文献中双音动词多用"补缺",而作为四字格使用时绝大多数为"拾遗补阙"。查台湾的辞书也以"拾遗补阙"为词目。

我们认为,对"暗度陈仓、拾遗补阙"这类古代已经定型的成语,应从保持历史传承和不扩大与台湾地区用字分歧考虑,以不轻易改字为宜。

(3)比划——比画

《现汉》第 6 版根据词义相关的"指画、指手画脚"二词用"画",且重叠式"指指画画、比比画画"旧时也多用"画",从兼顾系统性考虑,以"比画"为正条。"划"有 huá、 huà 两读,也不如只有去声一读的"画"容易掌握。

(4)漩涡——旋涡

"漩涡"是"旋涡"的后起字,主要用于液体;"旋涡"能用于气体(龙卷风形成的旋涡)、固体(流沙的旋涡),也可用于液体。有鉴于此,《现汉》第 6 版对这组异形词处理如下:

旋涡 xuánwō 名❶(～儿)气体、液体等旋转时形成的螺旋形。注意用于液体时一般作"漩涡"。❷比喻牵累人的事情:陷入爱情的～。‖也作漩涡。

漩涡 xuánwō 同"旋涡"。

(5)启程——起程、启航——起航

"启程"与"起程"虽然词义相同,但"启程"的词义色彩较庄重,多用于较正式的场合,"起程"通用度大,故《现汉》第 6 版分别出条,不按异形词处理。"启航"指轮船、飞机等第一次航行,"起航"指轮船、飞机等开始航行,二者词义不同,分别出条。

(6)霎时——刹时

"霎"读 shà,"刹"读 shā(刹车)或 chà(刹那、一刹那),二字字音不同,不宜当作异形词处理。

(7)标志——标识

"标志"和"标识"原来是一对异形词,都读 biāozhì,但现在"标识"分化出来,读作 biāoshí,第 6 版及时反映这种变化,处理为:

标志(标识) biāozhì ❶名表明特征的记号或事物:地图上有各种形式的～│这篇作品是作者在创作上日趋成熟的～。❷动表明某种特征:这条生产线的建成投产,～着工厂的生产能力提高到了一个新的水平。

"标识"另见 84 页 biāoshí。

标识 biāoshí ❶动标示识别:秘密等级是～公文保密程度的标志。❷名用来识别的记号:商标～│发文机关～。

3. 表外异形词的处理

(1)"做"和"作"的使用向来混乱不清,语文学界一直没有明确的规范。近年来国家语言文字工作委员会以新的思路推进语言文字规范工作,即采取自上而下和自下而上的双渠道进行,有些规范可在基层或一定范围内试行,待成熟了再提升为国家规范。根据这一精神,"做、作"用法课题组先行进行了调研,并于 2010 年提出了一个大略的用法规定,概括说来就是:

1)凡能单独使用的一般用"做",不论其所带宾语是名词还是动词,如:"做家具、做功课、做朋友、做了一篇文章、做装修、做研究、做贡献、做了修改"等。

2）凡作为构词语素的一般用"作",下分两种情况：

a.在动补结构的双音词中做补语的一律用"作",如"看作、当作、认作、视作、读作、写作某字"等；

b.在双音词、成语或四字格等固定结构中有"作"或"做"的,一般遵从习惯写法,如"做东、做证、做作、小题大做、做贼心虚；作弊、作孽、作声、作死、作秀、下作、作茧自缚、雷声大作、述而不作、自作多情、敢做敢当、敢作敢为（'敢作敢为'中'作为'为词,'敢做敢当'中'做当'非双音词）"等。

上述用法规定兼顾了学理和群众的使用习惯,相对来说也比较便于掌握。课题组多次在编辑出版行业的会议上通报并征求意见,后获同意作为行业约定试行。《现汉》第6版根据这个行业约定对"做"和"作"的使用做了修订。

(2)《现汉》第6版对"功夫"和"工夫"的用法做了区分：单指时间的用"工夫",凡跟本领、造诣、技能和耗费时间精力有关的用"功夫"。所以"工夫茶——功夫茶",前者为正条,"下功夫、功夫深"不用"工夫"。

(3)根据词频、理据等因素调整了旧版几组异形词的主副条,例如：

惝悦——惝恍（第5版）　　　惝恍——惝悦（第6版）

倔犟——倔强（第5版）　　　倔强——倔犟（第6版）

上方宝剑——尚方宝剑（第5版）　尚方宝剑——上方宝剑（第6版）

执著——执着（第5版）　　　执着——执著（第6版）

我们认为,对于异形词的处理应该多一分谨慎,确属意义"完全相同"的异形词应该加以确认和归并,以减少使用的混乱和麻烦；但是对于词义（包括色彩义、语法义）有差别的（哪怕只是微殊）还是不要贸然归并为妥。

（五）同形同音词的调整

《现汉》为"形同音同,而在意义上需要分别处理的"条目分立条目,"在【】外右上方标注阿拉伯数字"[《凡例》1.2(b)]。如把"按"分立为"按[1]"（用手或指头压）、"按[2]"（考察,核对）,把"大白"分立为【大白】[1]（粉刷墙壁用的石灰岩材料）、【大白】[2]（真相完全清楚）,把"燃点"分立为【燃点】[1]（使燃烧,点着）、【燃点】[2]（物质燃烧所需要的最低温度）等。这种将同形语素和词语与多义语素和词语区别开来的做法是《现汉》建立词目方面的一项创新（韩敬体2004）,得到了学术界的认同和高度评价,此后的语文辞书大都学习、沿用。问题是《现汉》的凡例和编写细则都没有具体、明确地说明这些条目的性质和分立的标准；在实际操作中,显现出分立标准不尽一致的情况,学界对此多有疑问和讨论。

对于这类词,语文学界一般都认为是意义上没有联系或在现代汉语中意义联系不明显的同形同音词。本次修订吸收学界的共识,拟定了"以意义为主要标准,对同形同音条目的分合加以调整"的修订原则,对部分条目的分合进行了调整。在修订过程中,为慎重起见,有把握的改,虽有疑问但没有把握的暂不改动,避免因研究不足而产生新的错误。

1. 凡是有明显引申关系的词语合并为一个词条。例如:

"背¹"(人体躯干的后部——物体的反面或后部)、"背²"(背部对着)合并;

"被¹"(被子)、"被²"(遮盖——遭遇)、"被³"(表示被动的介词、助词)合并;

"仗¹"[兵器的总称——拿着(兵器)——凭借,依仗]、"仗²"(指战争或战斗)合并。

2. 有些词在现代汉语中意义联系不明显,但古代汉语、近代汉语能建立起其词义上的联系的,也可合并。例如:

"管¹"(管子)和"管²"(管理),旧版《现汉》分立,但正如多位学者所指出的,"管"的本义为"竹管",由"竹管"引申为管状乐器,进而泛指管状器物,如管钥,钥匙。典型书证为《左传·僖公三十二年》:"郑人使我掌其北门之管。"杜预注:"管,籥也。""籥"古通"鑰"("钥"的繁体)。如《墨子·号令》:"诸城门吏,各入请籥,开门已,辄复上籥。"掌管钥匙跟"管理"有意义上的联系,故第6版将"管¹""管²"合为一条。[6]

3. 构词语素中有分立成分的,该多音节词予以分立。

原《现汉》"飞白"为多义词:

飞白 ❶一种特殊的书法,笔画中露出一丝丝的白地,像用枯笔写成的样子。也叫飞白书。❷修辞手法,指故意运用白字(别字)达到某种修辞效果。

"飞白"的"白"在义项①中是"空白"义,在义项②中为错别字的"别"义,分别与单字头"白¹、白²"相对应,应该分立,第6版改立【飞白】¹、【飞白】²两个词条。另如"端详、款款"等也属此类情况,不再细说。

4. 凡意义上没有联系的同形同音词分立词条。

原《现汉》"怯"有四个义项:

怯 qiè ❶胆小;害怕:胆~|~场。❷形北京人贬称外地方音(指北方各省):他说话有点儿~。❸〈方〉形不大方,不合时;俗气:这两种颜色配起来显得~。❹〈方〉缺乏知识;外行:露~。

第6版认为,除了义项①"胆小;害怕"符合"怯"义外,其余三个义项的本字应跟"客"有关。所谓"客",主要指非本地的、外来的,这从"客居、客籍、客家、客土、客姓"等复音词中"客"的语素义可知,"怯"的义项②"北京人贬称外地方音"正与此义有关(义项③④

是义项②的引申义)。陈刚(1997)在"怯"下收了多字条"怯八叉"(外地来的不懂本地风土人情的人)、"怯条子、怯外面儿"(不懂行的人或外地初来的人)、"怯相儿"(外地来的内行人)、"怯子"(讲话带外地方音的人)等,在这些词中"怯"的核心义素都是"外地的、外来的",跟"客"相同。从语音上说,东北、华北(包括老北京人)不少地方把"来客了"说成"来 qiě 了"(qiě 指来做客的亲戚)。qiě(客)与"怯"声母、韵母相同,只是声调有别。qiě(客)词义中性,名词;"怯"为贬义词,转用为形容词,故用声调别义(读去声的"客")。据上考察,第 6 版将原"怯"的义项①立为"怯¹",其余三个义项列为"怯²"。

此外,"己、草字、分数、分子、几何"等原为多义词,此次都分别列为两个词条。

(六) 释义提示词的使用

释义提示词是指语文辞书释义时用来提示词义的由来、引申途径,或与字面义不同的实际语义、深层含义以及表达功能等的前导词语,一般用于释文的开头或中间。《现汉》的提示词主要有"指(包括'泛指、特指、借指')、比喻(包括'用于比喻'和代表被释词在例句中用于比喻的符号'◇')、形容、称(包括'讥称、蔑称、尊称')、表示"等。过去辞书界对于如何准确使用释义提示词的问题重视不够,缺乏专门的探讨研究,因而误用、混用的现象非常普遍,《现汉》也不同程度地存在这一问题。本次修订在专题研究的基础上,着重对提示词"比喻、形容、借指"的使用进行了检查,修改了其中使用不当的地方;对其他类使用不尽妥当的提示词也相应做了一些调整。下面举例简介第 6 版对误用提示词"比喻"的几种情况的修订(双横线表示删除,布影处为第 6 版改动的内容,下同)。

1. 不具相似性只有相关性的事物不用"比喻"。例如:

鼻酸 鼻子发酸,~~比喻~~指悲伤心酸。(笔者按,鼻酸是悲伤的生理表现,只有相关性)

白眼儿狼 ~~比喻~~称忘恩负义的人。

边幅 布帛的边缘,~~比喻~~借指人的仪表、衣着:不修~。

肝肠 肝和肠,~~多用于比喻心情~~借指内心:~欲裂|痛断~。

2. 内涵相同,外延扩大的不用"比喻"用"泛指"。例如:

鼻祖 始祖,~~比喻~~泛指创始人。

宠儿 受宠的孩子,泛指~~比喻~~受到宠爱的人或事物:时代的~|互联网是 21 世纪的~。

3. 同一事物不能自己比喻自己,因此合成词词目中有部分构词成分用作喻体,另一部分构词成分跟释义中心语同指的,释义时一般不用"比喻"而用"指"。例如:

黄金时代 ❶指政治、经济或文化最繁荣的时期。（第5版）

"黄金时代"中只有"黄金"是喻体，释义中心语"时期"与词目中的"时代"同指，同类不相喻，故第5版用"指"不用"比喻"是对的。据此，第6版把"黄金时间"的释义"比喻极为宝贵的时间"的"比喻"改为"指"。类似的条目还有"傲骨、病魔、不落窠臼、大发雷霆"等，也都把"比喻"改为"指"。

4. 比喻的功能是形容（使被比喻的事物更加形象、具体，以便于理解），对词目或义项中含比喻成分的词语进行解释，其任务是指出此一比喻的表达功能而不是指出用了什么修辞手法，因此，凡词目或义项中含比喻成分的词语，释文中一般不用"比喻"而用"形容"。

(1) 词目中有"如、若、似"等比喻标记的用"形容"，例如：

如虎添翼 比喻强大的得到援助后更加强大，也比喻凶恶的得到援助后更加凶恶。（第6版将此类误用处皆改为"形容"）

(2) 词目中无比喻标记，但隐含比喻义或用于比喻的用"形容"，例如：

老牛破车 比喻做事慢慢腾腾，像老牛拉破车一样。（第6版把"比喻"改为"形容"）

星散 像星星散布在天空那样，指四处分散。（第6版把"指"改为"形容"）

5.《现汉》的释义中有时不用"比喻"而用"用于比喻"。例如：

宝座 指帝王或神佛的座位，现多用于比喻：登上冠军～。

九鼎 用于比喻，形容分量极重：一言～。

这样用是很有道理的，请看"蜂"的三种释义：

蜂 ❸比喻成群地：～起｜～拥｜～聚。（旧版《现汉》，"蜂"与"成群地"词性不合）

蜂 ❸形容成群地：～起｜～拥｜～聚。（第6版初改稿，未说明"蜂"何以有此义）

蜂 ❸用于比喻，形容成群地：～起｜～拥｜～聚。（第6版改定稿）

区别"比喻"和"用于比喻"是《现汉》的高明之处，确实，有些词语释义提示词不宜用"比喻"而适合用"用于比喻"，例如：

牛毛 牛的毛，比喻很多、很密或很细：～细雨｜苛捐杂税，多如～。（旧版）

此条以"牛毛"（名词）比喻"多、细、密"（形容词），词性不相合，第6版改为：

牛毛 牛的毛，用于比喻，形容事物很多、很密或很细：……

6. 同一词条，释义角度不同，可兼用不同的提示词。例如：

蜻蜓点水 比喻做事肤浅不深入。（旧版）

蜻蜓点水 比喻只轻微地触及事物的表面，形容做事肤浅不深入。（第6版）

第6版对释义提示词的修改内容非常丰富，这里不能面面俱到，今后有专文介绍。

（七）关于释义及其相关问题

释义是决定辞书质量、判定编者水平高低的核心要素和关键指标，词类标注和配例、配图都是为使释义更加准确或明白易懂的手段。关于第6版在这些方面的改进，难以详述，读者只需将新旧版加以比较就可知晓，这里稍做介绍。

1. 新增词语、义项的解释

第6版新增的新词、新义、新用法中有不少是本词典独家新收的，没有他本可以参考。对于这些条目和义项的释义我们反复打磨，力求贴切、准确。例如（略去注音等）：

地沟油 ❶以下水道或泔水中的浮油为原料，经简单加工提炼成的油，俗称地沟油。如用于食用对人体有害。❷泛指质量低劣的食用油。

短板 原指在箍成木桶的许多块木板中，影响木桶盛满水的较短的那块木板，比喻事物的薄弱环节。

顶层设计 工程上指对项目的各个要素和实施步骤进行统筹规划，泛指从战略的高度筹划全局：加强改革～和总体规划。

《现汉》对后缀"化"的解释是："加在名词或形容词之后构成动词，表示转变成某种性质或状态"，由"～化"构成的合成词如果符合这个统一的解释，一般可以不再出条（尤其是"双音节词+化"），但如果不是这样就需要出条具体解释。例如"理想化、情绪化"：

理想化 〔动〕❶想象或描述得过于完美：别把事情～｜小说把男主角～了。❷符合希望或令人满意：设法使教学效果更加～。

情绪化 〔动〕受感情支配而失去理智：冷静点儿，说话做事不要～。

对虚词的释义，学界认为是《现汉》的长项，第6版也力求有所继承和改进。例如第6版为动词"回头"增加了起篇章连接功能的连词义项，为文言词"庶几"重编了释义：

回头 ❺〔连〕不然；否则（用在祈使句后的句子开头申诉理由）：小点儿声儿，～把孩子吵醒了｜快走吧，～要迟到了。

庶几 〈书〉〔副〕❶但愿，表示希望：王～改之！❷或许；也许可以，表示推测：若同心协力，～可成大业｜必须有一笔账，以便检查，～两不含糊。也说庶几乎或庶乎。

对于已收词语的释义我们也都全面检视，修改时也颇费了一番功夫，例如：

好容易 [形]后接动词性成分,表示很不容易(才做到某件事):……

此处限定了词的语用条件,非常必要;如不加限定,"好容易"通常是"很容易"的意思。

旧版"人"❹指某种人:工~|军~|主~|介绍~。第6版改为:

人 ❹指某种身份或职业的人:工~|军~|主~|介绍~|电影~|媒体~。

改后更好地反映了"人"的新的内涵,配上新加的例证,就有了时代感。

修订中我们很注意词义相关的一组词的释义相互间的关照性,例如"嫡出、嫡子、嫡母、妾、大老婆、小老婆、正房、偏房、正室、侧室"是词义密切关联的一组词,这组词的释义有疏漏,请看其中四条的释义:

嫡出 旧指妻子所生(区别于"庶出")。

嫡母 妾所生的子女称父亲的妻子。

嫡子 旧指妻子所生的儿子(区别于"庶子")。特指嫡长子。

妾 ❶旧时男子在妻子以外娶的女子。

这四条释义的问题出在不把"妾"当"妻"看待,其实,"妾"尽管是侧室偏房,但也是"妻",也是"老婆"(故又称"小老婆")。为了解决这个问题,需要增补"正妻"条,第6版补出"正妻"条后问题就顺利解决了:

正妻 宗法制度下处于正统地位的妻子(对"妾"而言)。

妾 ❶旧时男子在正妻以外娶的女子。

原"嫡出、嫡子、嫡母、妾"各条释义中的"妻、妻子"都改为"正妻";"大老婆、正房、正室"都释为"正妻"或"旧时指正妻";"侧室、偏房、小老婆"条可不动。

2. 关于同类词语释义模式和词类标注的统一性和平衡性问题

本次修订用计算机数据库统查内容百余项,不仅使收词的平衡性得到改善,而且也使许多同类词在释义模式和词类标注的一致性方面得到改进,相关词条得到照应,词典体例的贯彻更加严谨。例如"弹指、旋踵、眨眼、转脸、转身"这一组词都是动宾结构,都是用身体某一部分瞬间的动作形容时间极短,它们的释义模式应该相同。但是在旧版《现汉》中只有"眨眼"释作"形容时间很短",其他四个词都释作"比喻时间很短"。根据提示词"比喻、形容"的用法,第6版把这五个词的中心词义统一释作"形容时间很短"。提高收词的平衡性、系统性和同类词释义模式、词类标注等方面的相对一致性,这无疑是辞书应该贯彻的基本原则,但我们在实践中深感对于这一原则的理解不能过于机械,在贯彻中要视具体情况而定,防止简单化、绝对化的倾向,试从释义、标词类、加括注三个方面略做说明。

(1)《现汉》中收了"×匠"的名词14个,其中"金匠、银匠、铁匠、铜匠、锡匠、皮匠、鞋匠、箩匠"释义模式大体相同:定义为"制造或修理……的小手工业者",但是"木匠、瓦匠、泥瓦匠"就不同,分别用"木工、瓦工、泥瓦工"做主条解释,说明他们的职业身份是工人。"漆匠"既是小手工业者,又是工人:

漆工 名❶油漆门窗、器物等的工作。❷做这种工作的工人。

漆匠 名❶称制作油漆器物的小手工业者。❷漆工②。

而"花匠、画匠"又有不同:

花匠 ❶以种花、养花为业的人。❷制作花扦儿的人。

画匠 绘画的工匠,旧时也指缺乏艺术性的画家。

这些不同的处理表明,即使是结构完全相同的同一小类事物的名词,其内涵也会有差异,好的释义就在于既能够反映它们的共性,又能细致地对它们的特性或所存在的差异性加以区别。

(2)"爱好、喜好、偏好、嗜好"是"动＋好(hào)"并列式近义合成词,第 6 版把"爱好"处理为动、名兼类词,而把"喜好、偏好"只处理为动词,把"嗜好"只处理为名词:

爱好 àihào ❶动对某种事物具有浓厚的兴趣;喜爱:～体育|他对打太极拳很～。❷名对某种事物所具有的浓厚兴趣:他的～很广泛|你有什么～?

喜好 xǐhào 动喜欢;爱好:～音乐。

偏好 piānhào 动对某种事物特别爱好:在曲艺中,他～京韵大鼓|防止凭个人的～处理问题。

嗜好 shìhào 名特殊的爱好(多指不良的):他没有别的～,就喜欢喝点儿酒。

汉语语法学界普遍认为对于兼类词的划分应适当从严掌握,我们在斟酌定夺时尽量以语料库的词频统计为据。当然,不把"喜好、偏好"处理为兼类词并不等于说它们就绝对不能当名词用(如"泡吧、逛街是她的喜好/偏好"),"嗜好"也不是绝对不能用作动词(如"他这辈子就嗜好抽烟和喝酒"),但是这类用法现阶段毕竟比较少见。

在词类标注方面,《现汉》从第 1 版(1978)就在释义中标明虚词词类,到 1999 年《现代汉语小词典》第 3 版为多字词标注词类,再到 2005 年《现汉》第 5 版又为单音节词标注词类,走的是一条与学术研究的深入相同步的循序渐进的路子,今后我们还要在这条路上继续探索前进。

(3)某些词是在跟另一个新词相对待的情况下产生的,《现汉》在代表旧事物的后出词的释义后加括注"对某某而言"说明这种关系,而代表新事物的词则不必加。例如:

手机 手持式移动电话机的简称。

座机[2] 固定电话（对"手机"而言）。

原来的电话都是非移动的、放在桌子或墙壁等物体上的，称为电话或电话机；后来有了移动手机，为了加以区别，这才有了"座机"这个名称，所以有必要在"座机"条下加括注（对"手机"而言），而无须在"手机"下括注（对"座机"而言）。当然，随着时间的推移，后出词的使用越来越普遍，人们对相关两个词的前因后果关系越来越模糊时，词典在两条下都加括注也是可行的，不过那是后话了。

再如："眼中钉"和"肉中刺"两个词经常一起使用，但是《现汉》仅在"肉中刺"释义中加了用法括注：

眼中钉 比喻心目中最痛恨、最厌恶的人。

肉中刺 比喻最痛恨而急于除掉的东西（常跟"眼中钉"连用）。

表面看来，这跟保持相关词语释义模式一致性的原则不相合，其实这种不一致的做法恰恰反映了语用的实际情况："眼中钉"可以单用，也可以跟"肉中刺"连用，而"肉中刺"一般不单用，往往要跟"眼中钉"一起使用。

以上各例说明，词典释义在贯彻"一致性"原则时要从语言实际出发，实事求是，以便科学地反映语言现象的复杂性和多样化。

3. 借他山之石攻错，纳百家之言正误

积极审慎地借鉴和吸收学术界新的研究成果和广大读者的合理意见是提高释义水平和词典质量的不可或缺的重要环节。多年来我们坚持从有关学术论著和读者来信中收集各类新见解和对《现汉》的商榷意见，修订中不设门户，唯善是从，深感获益匪浅。比如：

（1）"予取予求"一词，旧版《现汉》的释义是："原指从我这里取，从我这里求（财物）（语出《左传·僖公七年》），后用来指任意索取。"其他各种语文辞书的释义率皆类此。著名文字学家裘锡圭先生力排众议，在《一句至少被误解了一千七百多年的常用的话——"予取予求"》一文中指出"予取予求"的原义是"我只取我所要求的"（裘锡圭1999）。我们认为这一结论是可信的，于是把"予取予求"的释义改为："原指我只取我所要求的（语出《左传·僖公七年》），后用来指任意索取。"

（2）由"高山仰止，景行行止"紧缩而成的"高山景行"这一成语，《现汉》的注音和释义为：【高山景行】gāoshān-jǐngxíng《诗经·小雅·车辖》："高山仰止，景行行止"（高山：比喻道德高尚；景行：比喻行为光明正大；止：语助词），后来用"高山景行"指崇高的德行。苏培成（2010）细论"景行"的"行"应读 háng，义为"大道"，我们认为此说有一定的道理："高山、景行"都是偏正结构，"山、行"为名词，但考虑到原读音通行既久且广(凤凰卫视资深媒体人曹景行的名字也念作 jǐngxíng),故采取了修改括注的方式,将新旧两说并举,供读者参考:……(高山:比喻高尚的品德;景行:比喻光明正大的行为,一说"行"读 háng,景行指大路;止:语助词)……

(3)高小方(2011)指出《现汉》注音中有几处失误,如把"倩"作为同形同音词出了两个字头:

倩[1] qiàn 〈书〉美丽:～装|～影。

倩[2] qiàn 动 请(别人代替自己做事):～人执笔。

高文据《广韵·去声·劲韵》:"倩,假倩也。七政切。"指出"倩[2]"的读音应为 qìng(经查《汉语大字典》和《王力古汉语字典》皆注为 qìng 音)。该文另指出"跂"(抬起脚后跟站着)不当读去声 qì 而应读上声 qǐ,"家计空乏"的"空"不当读阴平而应读去声;"徼"(求)实为"邀"的通假字(如"徼福"义为求福),不当读 jiǎo 而应读 yāo,等等,所说甚是,我们心悦诚服,予以改正。

我们深感,个人和小集体的见识毕竟有限,要提高辞书的修订质量离不开学界的智力支持和广大读者的慧眼金睛;《现汉》第 6 版吸收了学者论著和读者来信的合理意见近百条,此外也大量参考和吸纳了审稿专家的修改意见。如果说《现汉》第 6 版的质量有所提高的话,那绝对跟众多读者、专家提供的真知灼见分不开,恕我们在此不能逐一列举。我们抱着感恩的心情,真诚地向所有使用《现汉》、关心《现汉》、为《现汉》纠错正误的老师们、朋友们表示由衷的感谢!

三

第 6 版付梓后,掩卷静思,我们内心既踏实又不踏实。踏实的是,修订工作始终坚持了以学术研究为指导,以贯彻和引导规范为宗旨,以准确反映时代和词汇系统的新面貌、新变化为目标,在处理具体问题时以系统稳妥为要求;修订组的成员们兢兢业业,在理论研究、编纂实践和吸收新的研究成果上都下了一番功夫;本次修订采取了开门求贤的工作方式,不仅延揽了本所和本院众多学者参与研究和审读,而且还在高校和出版社聘请了一批专家学者为我们审稿把关;一些著名的语言学家、辞书学家担任了本词典的审定委员和学术顾问,为修订工作科学有序地进行提供了可靠的保障。基于上述原因,我们相信:尽管第 6 版还有不少缺点和不足,但它的总体质量和编写水平在以往的基础上有了明显的提高,为今后的修订打下了良好的基础。

让我们心里不踏实的是,读者和社会对《现汉》的要求和期望值很高,而我们的知识和水平极其有限,词典中肯定有不少疏漏和不尽妥当的地方;有的问题虽然看出来了,但苦于一时还拿不出妥善的解决办法,因此第6版肯定留下了许多遗憾和有待今后进一步研究解决的问题,即使是本次修订中已做过研究的十一个专题,也有继续深入研究下去的必要。

近些年来,由于《现汉》在我国辞书史上的重要地位以及在文化教育方面的积极作用和广泛影响,以《现汉》为研究对象的学者越来越多,不少高等院校和研究机构语言专业的研究生也以《现汉》作为硕士论文、博士论文的研究素材。我们欢迎更多的学者加入到研究《现汉》的行列中来,通过大家的参与,让《现汉》的宗旨和其中贯穿的学术思想得以彰显光大,与此同时也使它所存在的问题和疏失在众目睽睽之下显露无遗,从而得到更全面的纠正和完善。学问没有止境,辞书的修订没有止境,古今有匠心的传世之作无一不是长期积累、苦心经营出来的。我们将通过工作总结把从实践中得来的感性知识提高到理论的水平,为今后修订这部词典提供参考,为建立汉语词典学的科学体系贡献一份力量。

谨以此文代表修订组全体成员向《现代汉语词典》的奠基人和开拓者吕叔湘先生和丁声树先生表示永久的怀念和崇高的敬意!

附　注

[1] 2004年在中国社会科学院语言研究所召开的纪念吕叔湘先生百年诞辰的国际研讨会上,曹先擢教授再次撰文评价:"《现代汉语词典》成为我国第一部民族共同语即普通话的词典,在辞书史、文化史上树立了一块丰碑。"(见曹先擢2010)

[2] 新版《汉语拼音正词法基本规则》于2012年6月29日发布,10月1日实施。

[3]《现汉》第5版原有配图约50幅,内容涉及人体、动植物、天文、数学、几何、建筑等多方面,此次修订只对其中两幅图(太阳系、轮子)有所修改。

[4] 关于这一问题,可参看董琨(2004)。孙德宣(1980)也说:"至于义项的排列,一般语文词典可把基本义、通用义排列在前,比喻义、引申义、方言义、古义排列在后。""古今兼收、源流并重的历史性大词典应该严格按照词义演变的先后排列。"

[5] 敦煌写卷中"蹲"(cún)多作"存",为同音借字,如《汉将王陵变》"赚下落马,蹒跪存身",《王梵志诗》"存坐无方便,席上被人嗔"。(见黄征、张涌泉1997:80)

[6] "管"的"管钥、钥匙"义清代文献中仍可见,和邦额《夜谭随录·尤大鼻》:"(董韶)就卧树下,无复知觉,良久醒来,则在一纱帐中,衾枕悉具,惊起欲遁,忽一人振管辟扉,秉烛而入,则十八九女郎也。"(引自《汉语大词典》)

参 考 文 献

1. 曹先擢.指路灯——读《〈现代汉语词典〉编写细则》.//吕叔湘先生百年诞辰纪念文集.北京:商务印书馆,2010.
2. 曹先擢,晁继周.《现代汉语词典》的历史地位.//中国辞书论集2002.北京:商务印书馆,2002.
3. 晁继周.从比较中认识规范性词典.辞书研究,1993(1).
4. 陈刚,宋孝才,张秀珍.现代北京口语词典.北京:语文出版社,1997.
5. 董琨.正确解读王力先生的词典学思想.语言文字应用,2004(3).
6. 董秀芳.汉语的词库与词法.北京:北京大学出版社,2004.
7. 董秀芳.词汇化:汉语双音词的衍生和发展(修订本).北京:商务印书馆,2011.
8. 高小方.《现代汉语词典》(第5版)献疑.语言科学,2011(3).
9. 韩敬体.《现代汉语词典》凝聚了我国一代语文学术大师的智慧.//韩敬体编.《现代汉语词典》编纂学术论文集.北京:商务印书馆,2004.
10. 黄征,张涌泉.敦煌变文校注.北京:中华书局,1997.
11. 江蓝生.《现代汉语词典》与吕叔湘先生的辞书学思想.辞书研究,2004(6).
12. 李行健主编.现代汉语规范词典(第2版).北京:外语教学与研究出版社,语文出版社,2010.
13. 吕叔湘.《现代汉语词典》编写细则(修订稿).//中国社会科学院语言研究所词典编辑室.《现代汉语词典》五十年.北京:商务印书馆,2004.
14. 吕叔湘.在《现代汉语词典》学术研讨会上的讲话.//《现代汉语词典》学术研讨会论文集.北京:商务印书馆,1996.
15. 裘锡圭.裘锡圭学术文化随笔.北京:中国青年出版社,1999.
16. 苏培成."高山景行"的"行"怎么读?.语言文字,2010(2).
17. 孙德宣.《现代汉语词典》编纂杂识.辞书研究,1980(1).
18. 王力.理想的词典.//王力.龙虫并雕斋文集(第一册).北京:中华书局,1980.
19. 徐枢,谭景春.关于《现代汉语词典(第5版)》词类标注的说明.中国语文,2006(1).
20. 异形词研究课题组.第一批异形词整理表说明.北京:语文出版社,2002.
21. 异形词整理组.264组异形词整理表(草案).咬文嚼字,2003(11).
22. 中国社会科学院语言研究所词典编辑室.现代汉语词典(第5版).北京:商务印书馆,2005.
23. 中国社会科学院语言研究所词典编辑室.《现代汉语词典》五十年.北京:商务印书馆,2004.

紧密联系社会语言生活实际
——读《现代汉语词典》第6版

陈 章 太

(教育部语言文字应用研究所　100010)

《现代汉语词典》(以下简称《现汉》)之所以成就卓著、长盛不衰,有多种重要因素,紧贴语言生活是重要因素之一。可以说,语言生活是《现汉》不断发展的原动力,这就如同地下水是泉水的水源一样,水源越充沛洁净,涌出的水就越丰盛清纯。语言生活不断发展变化,促使《现汉》一次次修订,词典活力越来越强,影响越来越大。紧密联系语言生活实际,这是《现汉》一大特点,新修订的第6版充分体现了这个特点,具体表现在两个方面。

一　着力反映语言生活的变化、发展

进入21世纪以来,我们国家和社会的发展变化更快速、更深刻,语言生活也随之发生很大的变化。新事物、新概念、新观念不断产生,新词新义、网络词语、外来词语等大量涌现,语言功能和语言活力逐渐增强,语言生活丰富多彩,和谐语言生活基本形成,语言热点时有出现,人们对语言文字使用和语言生活变化更加关注。作为规范性、权威性的语文性词典,《现汉》对语言生活的这些变化发展,当然要及时记录、准确反映。《现汉》第6版修订工作对此着力甚勤。主要内容有:

1. 增加一部分社会需要的单字,主要是地名、姓氏和科技用字,以及其他一些专用字,一共600多个。

2. 增收反映社会生活和语言生活变化发展的新词语、新用法,以及其他常用词语。如关于住房的词语,仅带"房"字的就有"房贷、房卡、房虫、房费、房托儿、房改房、二手房、廉租房、两限房、经济适用房"等。关于新式生活、社会群体、网络世界、环境保护、经济领域、社会管理等方面的新词语收得也很多。除此之外,还新收了部分外来词、地区词(主要是港澳地区词)、方言词和字母词。共增收新词语3000多条。

3. 增补新义新用法400多项。如:

被 ❻[动]用在动词或名词前,主要表示情况与事实不符或者是被强加的(含讽刺、戏谑意):～就业｜～小康。

雷 ❸〈口〉[动]使震惊:～人｜他的荒唐建议～倒了在座的专家。

奴 ❷称失去某种自由的人,特指为了偿还贷款而不得不辛苦劳作的人(含贬义或戏谑意):洋～｜守财～｜车～｜房～。

山寨 ❸[形]属性词。仿造的;非正牌的:～货｜～手机。❹[形]属性词。非主流的;民间性质的:～文化｜～足球队。

抓手 ❷比喻进行某项工作的入手点和着力点:宣传先进典型是推动道德建设的有力～。

4. 删除少量陈旧词语和词义。

5. 减少一些没有区别意义的普通话必读轻声词和儿化词。

6. 调整、更改了一些字词的读音和注音。如"荫"改注 yīn 和 yìn 两读;"拜拜"的"拜"注音由 bài 改为 bái;"的士"的"的"注音,改 dí 为 dī;"好好"注音 hǎohǎo,括号加注"口语中多儿化,读 hǎohāor";"二流子"的注音 èrliú·zi,括号加注"口语中也读 èrliū·zi"。

《现汉》第6版的这些修订,使其更贴近鲜活的语言生活,更便利人们应用,扩大了社会影响。

二 有效影响和指导语言生活,促进语言生活健康发展

语文性词典不仅要记录、反映语言生活的发展变化,还要有效影响和指导人们对语言文字的使用,促进语言生活健康发展。

《现汉》以其规范性、典范性、权威性和实用性的特点,影响、指导广大读者和社会大众对语言文字的学习和使用,取得了显著实效,做出了重大贡献。第6版的时代性、规范性和实用性更强,对语言生活的影响和指导意义也更大。主要体现在:

1. 词典发行量大,读者群多,影响面广。截至目前,《现汉》的发行量已超过4000多万册,是国内中型规范性语文词典发行量最大的一种,成为许多人的案头必备工具书,影响和指导着广大读者对语言文字的学习和使用。

2.《现汉》以促进现代汉语规范化为己任,始终认真贯彻国家关于语言文字的规范标准,在字形、注音等方面,依据国家的有关规范标准,并十分重视词典释义、例句的规范性。第6版在这方面下了很大功夫,做得更为认真、谨慎、稳妥。

3.《现汉》已成为社会大众判断语言文字使用是否正确的依据。在教育教学、广播电视、新闻出版、国家机关、立法司法、工商管理、信息处理等领域,如果在语言文字使用上出现争议,人们常常以《现汉》作为判断正误的标准,引用《现汉》的释义和用例。

4.《现汉》对语言文字使用相当严谨,力求做到准确、规范、简洁、明了、顺畅、达意,充分体现和发挥表率作用,引导和影响人们正确使用语言文字,其效果十分显著。

附带讨论两个问题:

1.关于"贯彻规范"的问题。国家语言文字规范标准由国家立法机关、中央政府或政府职能部门制定发布,属于国家行为或政府行为,具有较强的指令性,行政、教育、传媒、公共服务等领域都要认真贯彻执行,以促进语言生活的健康发展。语文词典应当科学贯彻国家规范标准,同时也要为修正、完善规范标准提供依据。我以为,《现汉》在处理词典的规范性与国家规范标准的关系上是恰当的,这就是"贯彻标准,不唯标准",也就是说,一般依据规范标准,如果规范标准有不够完善、稍欠严谨或妥当的,即予以修正。《现汉》的这种做法,给我们有益的启示。

2.关于吸收新词语、外来词、网络词、方言词、字母词等的问题。《现汉》对吸收新词语、外来词、网络词、方言词、字母词等采取的原则是"谨慎、稳妥",也就是重视这类词语的出现,全面看待这些词语的积极意义和某些负面影响,谨慎吸收其中使用普遍、词义明确、稳定性较强的词语,总体看来,这样处理是合适的。近年来新词语产生的速度加快,每年出现的新词语有上千条,新的字母词不少,网络词语更多,有的已逐渐融入汉语,很难回避。如何对待这类词语已提上语言规划和词典编纂的议事日程。《现汉》对这类词语特别是新词语的收录是否可以再放宽一点儿,收录稍多一点儿?当然,收录新词语要掌握统一、恰当、可行的原则,避免随意性。对已融入社会生活的字母词,如"A股、B股、H股、AA制、B超、U盘、X光"等可否收入正文,在凡例中做必要的说明?而经过研究、筛选后的其他字母词,仍收入附录性的"西文字母开头的字母词"专栏。当然,这里有读音、排序等问题,还涉及汉语的规范问题,需要认真细致研究解决。

《现汉》第6版的修订,显示出不少新的亮点,对语言生活发展变化的反映更直接、充分,对人们正确使用语言文字的影响更广泛、深刻,这对增强国民语言文字能力,促进现代汉语规范化及汉语对外传播有重要意义。在新的历史时期,《现汉》将再立新功!

《现代汉语词典》的词性标注与现代汉语语法研究

邢 福 义

(华中师范大学　430079)

诚如《现代汉语词典》(以下简称《现汉》)"第6版说明"所言:"编写和修订词典是一项十分繁难复杂的工作,永远没有止境。"《现汉》在国内外享有极高的威望。从汉语语言学研究的角度说,我认为,通过对这部词典的一次次的修订,能够促使我们全面而深入地思考汉语语言学方方面面的问题,从而推动这个学科不断地走向成熟。

众所周知,汉语的词在语法上难以定性归类。但是,由于实际应用的需要,特别是中文信息处理的需要,近年来出版的许多词典,除了一些特别难以认定语法性质的词,所收的词大都标出词性。这是一件好事。万事开头难,有了开头,就会有发展,就会有收获,就会对词类研究有所促进。但是,就目前情况说,还不能给读者造成一个感觉,这就是,汉语的词类问题已经解决或者基本解决了。以影响最大的《现汉》来讲,较为全面地标出词性始于2005年出版的第5版。不过,此前的《现汉》也不是全然不标,只是为数甚少而已。比如,1973年出版的《现汉》试用本,对于"各"这个词,便已经做了指明词性的解释:

各 ❶指示词。a)表示不止一个:世界～国｜本省～地｜～位来宾。b)表示不止一个并且彼此不同:～样的服装都备齐了｜～人回～人的家。❷副词,表示不止一人或一物同做某事或同有某种属性:左右两侧～有一门｜三种办法～有优点,也～有缺点｜两个人～奔前程｜双方～执一词。

过了将近30年,《现汉》2002年增订本仅仅减少个别例子和变动个别用词:

各 ❶指示词。a)表示不止一个:世界～国｜～位来宾。b)表示不止一个并且彼此不同:～种原料都备齐了｜～人回～人的家。❷副词,表示不止一人或一物同做某事或同有某种属性:左右两侧～有一门｜三种办法～有优点,也～有缺点｜两个

人～奔前程|双方～执一词。

到了 2005 年出版的第 5 版,除了增补表示姓氏的名词"各"作为第三义项,并且把"指示词"改为"指示代词",解说和用例基本不变:

各 ❶[代]指示代词。a)表示不止一个:世界～国|～位来宾。b)表示不止一个并且彼此不同:～种原料都备齐了|～人回～人的家。❷[副]表示不止一人或一物同做某事或同有某种属性:双方～执一词|左右两侧～有一门|三种办法～有优点和缺点。❸[名]姓。

这次修订出版的第 6 版,又基本上保持了第 5 版的样子,只做了微小的删改:

各 ❶[代]指示代词。表示不止一个(指某一范围内的所有个体):～方|～界|～国|～位来宾。❷[副]表示不止一人同做某事或不止一物同有某种属性:～领风骚|双方～执一词|左右两侧～有一门|三种办法～有优点和缺点。❸[名]姓。

要标注语法上的词类,自然必须根据一定的语法标准。观察可知,除开姓氏名词"各"不说,《现汉》把"各"分别判定为"代"和"副",根据的是词语组合中词与词排位序列的两种状态。即:1)"各"用在体词性的名词、物量词等前边,语序为"各+体词语"。2)"各"用在动词前边,语序为"各+动词语"。判断其词性的基本语法标准是:一个"各×",如果"各"的后边是体词语,"各"判为代词;如果"各"的后边紧接着出现动词,那么,便判为副词。

问题在于,"各"字的这两个位置,能够作为判别其词性的语法标准吗?举四个例子来说。

例一:"三种办法～有优点和缺点"的"各"标注为副词。但是,这个例子也可以说成"三种办法～有～的优点和缺点"。同类现象多的是。比较:他们各有风格和特长,创作了不少作品。→他们各有各的风格和特长,创作了不少作品。(见人民日报 1981 年 2 月 26 日)——"有"前的"各"判定为副词,而后边所指对象相同却用于名词语前边的"各"则只能判定为指示代词,而不可能被判定为副词。这是否过于生硬牵强,会使人怀疑结论的可靠性?

例二:"各"字头下列有词条"各奔东西",解释是:"各自走向不同的地方,多指分手或离别"。按上述的标准,"各奔东西"中的"各"用在动词语前边,应该是副词。然而,从对"各奔东西"的解释看,"各"又相当于"各自",而"各自"是被标注为代词的。这么一来,是否相互抵牾而难以令人信服?

例三:"各"字头下列有词条"天各一方"。我们知道,"天各一方"由汉代苏武的诗句"良友远离别,各在天一方"演化而成。从"各在天一方"看,"各"用于动词语前边;

从"天各一方"看,"各"用于体词语前边,那么,能说这两个同一意思的"各"分别是副词和指示代词吗?

例四:有这样一个说法,"我们以后各走各路各顾各!"这里一共出现了四个"各"。第一个"各"用在动词前边,应判为副词;第二个"各"用在名词前边,应判为指示代词;第三个"各"又用在动词前边,应判为副词;第四个"各"独用作宾语,显然只能判为指示代词。这四个"各",入句之后是相互扭结相互融通的,怎么可以一会儿判为副词一会儿又判为指示代词?语言事实中,这么集中地使用"各"字的例子比较罕见,不过,我们可以看到很多可以比对的现象:他们各回各家去了。(路遥《人生》)|这下子真的是八仙过海了,各吃各的。(陆文夫《人之窝》)|劳资双方各顾各,十分话只说七分。(周而复《上海的早晨》)——把这些例子放在一起综合观察,可以知道,在对照使用下,这个"各"与那个"各"相互规约,整体地聚合地展示其语法功能,不应该用"名前"和"动前"之类标准来做硬性的切割。在汉语的词类体系里,代词本来就是特殊的一类,跟名词、动词、形容词、副词等所据的分类标准是不一致的!

仅仅一个"各"字,情况就已经十分复杂了。笔者将在大量占有材料的基础上写出一篇文章来证明,把"各"划分为指示代词和副词是值得商榷的,因为那样不能全面周到地解释"各"的语法性质。当然,个人的意见不一定对。之所以特别提到这一点,主要还是想说明,《现汉》所触及的问题何止成千上万!这部由吕叔湘先生、丁声树先生和数代学者呕心沥血编纂出来的皇皇巨著,早已成为广大群众必备的经典辞书,而且必将不断引发一代代学者们的更多思考,从词汇、语音、语法、语用到中文信息处理,启迪诱导一代代学者们做更为深入的学术研究,全面推动现代汉语研究的深入开展。历史定会证明,这部词典具有巨大的能量与永远的活力!

与时俱进是词典修订的灵魂
——初读《现代汉语词典》第6版

李 行 健

（语文出版社　100010）

现代语文词典是当代词语面貌的反映，是指引人们学习、应用语言的重要工具。而语言又是随着社会不断发展变化的，特别是它的词语发展变化更快。大量新词语、新义项和新用法不断涌现。据教育部、国家语委发布的《2011年度中国语言生活状况报告》，2011年产生新词594个。国家语言资源监测与研究中心从2006年到2010年共搜获新词语2977个，在2011年语料中存活下来的仅40％，其中有四分之一已沦为低频度使用词。新词变化迅猛，就要求现代语文词典不断修订，吐故纳新，才能更好地反映语言变化的情况，从而永葆青春，满足读者的需求。《现代汉语词典》（以下简称《现汉》）这几次修订充分说明了这个问题，实践也证明，及时修订某些内容，才能更好地保持词典的实用性和科学性。因此，我认为与时俱进是现代语文词典修订的灵魂。

要与时俱进，就要增补新词语、新义项和新用法，删除过时的词、意义和用法。我感到第6版在这方面有不少新的成果。

一　新词新语的增补

"产能"。进入新世纪以来，这个词的使用频度猛增，近年该词在人民网中用例就有10万次以上。如果我们仅从字面理解为"生产能力"，显然是不够的，没有抓住这个新词所指的核心内容。《现汉》第6版注释为："生产能力，企业在正常状态下能够达到最高产量的实力。"后半句就画龙点睛，抓住了这个词的核心内容。

"达人"。这本不算太新的词，但《现汉》第5版之前均未收录。此前这个词有词典收录，分3个义项：❶通晓事理的人。❷豁达豪放的人。❸显贵的人。（见《现代汉语学习词典》)第6版收录了这个词,将3个义项概括为1个义项,增加义项②"在某方面(学术、艺术、技术等)非常精通的人;高手"。这个义项才是"达人"作为"新词"(也可算新义)的依据。第6版将"达人"原先的3个义项概括为1个义项是合理的,这样更突出了补充的义项②。"达人"今天的新的重要含义和用法正是义项②所体现出来的。

在字母词方面,第6版也适当地予以增补,如"CPI"(消费者价格指数,我国称之为消费价格指数)、"PPI"(工业品出厂价格指数)等。注释的内容也简明扼要。

第6版所收新词还有不少,如"矮化、霸王条款、白名单、保鲜膜、给力、外化、虚拟世界"等,给读者查阅新词提供了很多方便。

二 新义项、新用法的增补也很值得我们关注

"世情"。这是个很古老的词,义项比较多,其中至今常用的是"世俗之情"和"世态人情"。《现汉》第5版以前收释的就是这个义项,表述为"社会上的情况;世态人情",较之传统所指已有所变动。但是,近些年来,特别是2007年胡锦涛《在中国共产党第十七次全国代表大会上的报告》中将"世情"与"国情"并列提出以来,以"世情"指国际形势和世界格局被相当普遍地使用,《现汉》第6版为此给"世情"设立了义项②:"国际上的情况,指国际形势、世界格局等"。收释了现在使用的新义。

"植入"。这是个已经使用了一段时间的新词。前些年,这个词多用于具体、有形的东西,近些年原用法并未减少,同时又增加了用于抽象、无形的东西,如"在计算机中植入了木马病毒、在传统中植入时尚、将先进文化植入企业"等等。《现汉》第6版中增补了"不宜在电视剧中随意~商业广告"例,就很恰当地体现了这种新用法。

《现汉》第6版中增补的这类新义项、新用法还有不少。如"败笔"加了义项"泛指事情中做得不好的部分";"恶作剧"原只有名词义,第6版增补了动词义"捉弄耍笑,使人难堪",并把增补义列为第一义项;"歌迷",第5版为"喜欢听歌曲或唱歌而入迷的人",第6版增加一义项"指对某位歌星十分喜爱和崇拜的人"。

三 传统词语中已死亡或罕用,但近年又"复苏"的词语的增补

"事权"。这是个很古老的词,《淮南子》中就有用例。《汉语大词典》对这个词设立了两个义项。第一个义项"指军事指挥上的种种妥善处置",现今确已不用(至少是

极罕用)。《现汉》第6版未取这个义项,而是把《汉语大词典》中这个词的第二个义项"职权;权力"进行了恰当的改写:"处理事情的权力;职权。特指各级政府对所属国有企业与事业单位行使的行政管理权力。"但释文中"特指"义的表述我感到还可进一步推敲,"事权"涉及的对象也不限于"所属国有企业与事业单位"。"事权"可否理解为"各级政府及职能部门依法行使的行政管理权"?

《现汉》第6版增补的这类词语还有一些,如"遂行、壮行、公序良俗"等。

四 近年稳定地进入普通语文生活词语的百科术语的增补

"让渡"。这是经济学和经济生活领域中早已使用的词,随着市场经济的逐步发展与成熟,特别是2008年政府工作报告中使用了这个词以来,它已高频稳定地进入了寻常百姓家。《现汉》第6版增补这个词是很合适的,这里建议在释文"让出;转让"后加一括注:"(一般是有偿的)"。

"石漠"。这个词在地质领域早就使用,随着全民生态意识、环境意识的增强,现已进入了一般词语。只是,在普通语文生活中更多使用的是"石漠化",人民网已见4000多例"石漠化",是否可以改收"石漠化"呢?当然,"石漠"较之"石漠化",具有词根性质,能产性更强,这也是在收词选择时要全面考虑的。

《现汉》第6版增补的这类词语还有一些,如"矮行星、炭化、减排、软实力、硬实力、性别比"等。

做好新词语、新义项和新用法的收释,并不是一件容易的事。首先要全面观察其是否真正进入了全民语言,考察它的稳定性和使用度后,才能决定有无收释的价值。这项工作可用计算机进行,相对来说还比较好办。最难的是对新词语、新义项和新用法的释义。既然是新的,就是过去没有的,很难找到现成的资料。新的东西往往又是处于变动中的,要概括出准确的含义并给出书面注释,难度也是相当大的。因此,读者对新词语的释义要多一些宽容。新的东西除了还在变动之外,在不同人的观念和认识中也未必都一致。这都是很自然的事情。

《现汉》第6版中有个别的新词语似以不收为宜,现举两例。其一,"苏丹红"。这仅是一种染料,于2005年因特殊原因骤然进入了普通语文生活,且频率出奇的高,但现在时过境迁,已经很少出现在普通语文生活里面了,似可不收(像"三聚氰胺"等也没有收嘛)。其二,"抓手"。这个词的义项③既然是方言,似可不收。义项②似是从义项①引申出来的,虽然新鲜,但群众用得很少,其生命力如何似可怀疑。

细致谨慎,提升完善

——谈《现代汉语词典》第 6 版的修订

苏 培 成

(北京大学中文系　100871)

《现代汉语词典》(以下简称《现汉》)是国内汉语辞书的知名品牌。从 1978 年 12 月第 1 版到 2012 年 6 月第 6 版已经印刷了 443 次,印数高达几千万册。不论是对个人、家庭,还是对机关、学校来说,它都是最常备的现代汉语工具书。半个世纪以来,它对推动汉语规范化、促进我国文化教育事业的发展和繁荣起到了巨大的作用。可以毫不夸张地说,我们每个人都直接或间接地受益于这本辞书。中国社会在不断发展,汉语也在不断发展,作为规范现代汉语的辞书也要与时俱进,不断修订完善,才能长盛不衰。《现汉》自问世以来,经过语言所词典室几代辞书工作者的努力,一直保持着它在现代汉语词典领域的领先地位。

《现汉》第 6 版的修订并不是说发现了有多少差错,不修订就不能继续使用。修订的主要目的是与时俱进,不断反映发展中的现代汉语的新面貌。修订的范围,"第 6 版说明"里列举了九个方面,涉及汉语词典的方方面面,说明这是一次全面的修订。《现汉》是一部成熟的辞书,真正称为错误的并不多,修订很大程度上体现在细节的完善,也就是精益求精上。有时改动的幅度并不大,甚至只是一两个字的增减,但仔细琢磨琢磨,其中也有很多讲究。

这次修订,工作十分细致,态度非常谨慎。这是很值得赞赏的。下面我从十个方面举例说明这次修订取得的成就。

一　对字际关系进行调整

关于"繁"的异体字"緐"。第 5 版在"繁"的后面括注了异体字"緐",第 6 版删去了。为什么？因为这个"緐"是错字。《说文·糸部》有"緐"。"緐，马髦饰也。从糸每。"段注："马髦谓马鬣也，饰亦装饰之饰。盖集丝绦下垂为饰曰緐。引申为緐多，又俗改其字作繁。俗形行而本形废，引申之义行而本义废矣。"汉字里没有"緐"，"緐"是"緐"的错字。早在1955年发布的《第一批异体字整理表》里就把"緐"错成"緐"，而且当作"繁"的异体字。这个错字错了半个多世纪，这次第6版才把它改了过来。

关于"作"和"做"的区分，第5版已经注意去解决这个问题，到了第6版继续做了改进。吕叔湘先生在《现代汉语八百词》里说："'做'和'作'二者在普通话的语音里已经没有区别。习惯上，具体东西的制造一般写成'做'，如'做桌子，做衣服，做文章'；抽象一点的、书面语色彩重一点的词语，特别是成语里，一般都写成'作'，如'作罢，作废，作对，作怪，作乱，作价，作曲，作文，作战，装模作样，认贼作父'。"《现汉》第5版"作"②是"从事某种活动：～孽｜～报告｜自～自受"。到了第6版，在这个义项下把"作报告"删去了，其余的没有改动。再看"软广告"这一条，第5版的释义是"通过广播、影视节目、报刊等，用间接的形式（如情节、对话、道具、新闻报道）对某种商品所作的宣传。"到了第6版，把释义里的"作"改为"做"。第6版的这两处改动，表明编者认为"作报告、作宣传"里的"作"应该改为"做"。这样的改动符合前面引用的吕叔湘先生的意见。

二　增收新词语

增收新词语是这次修订的一项主要内容，第6版增收了许多新词语，如"麻辣、马仔、买官、卖官、美白、贪腐、慢半拍、慢阻肺、人肉搜索、人体炸弹"等。下面举"云计算"为例：

云计算　一种基于互联网的计算方式，通过互联网使大量的计算机形成一个计算能力极强的系统，统一管理和调度资源，将任务分布在各个计算机上，安全可靠地进行超大规模计算，根据用户的需求提供个性化服务。

"云计算"的英文说法是Cloud Computing，是继20世纪80年代大型计算机到客户端—服务器的大转变之后的又一巨变，是信息网络时代产生的新词。《现汉》第6版及时收了这个新词，并且做了比较通俗的解释，是十分必要的。

这几年产生了大量网络词语，对这些网络词语，拒收或滥收都不一定妥当。第6版从中选收了少数几个流传较广、已经进入普通话的网络词语，这种做法是可以接受的。例如：

给力 ❶给予力量;给予支持:只要政策～,新能源汽车一定能够发展起来。❷出力;尽力:抢险救灾中,解放军最～。❸带劲儿:这场球太～了。

粉丝 ❷指迷恋、崇拜某个名人的人:这位歌星拥有大批～。

三 增补新义项

这也是这次修订的重点。这些新义项有些是新产生的,有些是原来就有而漏收的。例如:

猫² 调制解调器的俗称。

灌水 给田地浇水或向容器等里面注水,借指在互联网上发表没有实际内容的帖子。

抹 mā ❸撤销(职务):对不称职的干部,该～就得～。

认 ❺承认价值而愿意接受:现在边境贸易都～人民币|我就～这种牌子的酒。

四 对同形同音条目的分合做了调整

同形同音条目的分立涉及许多问题,总的来说就是不要分得太细,太细不利于使用。学术研究的成果和辞书的处理不一定完全一致。以下合并都是较好的。例如:

第5版"若"分列三条:

若¹ ❶如;好像:安之～素|欣喜～狂|～隐～现|旁～无人|～无其事。❷姓。

若² 如果:人不犯我,我不犯人;人～犯我,我必犯人。

若³ 人称代词。你:～辈。

第6版"若"只分列两条:

若¹ ❶如;好像:安之～素|欣喜～狂|～隐～现|旁～无人|～无其事。❷如果:人不犯我,我不犯人;人～犯我,我必犯人。❸姓。

若² 人称代词。你:～辈。

第5版"入口"分列三条:

入口¹ 进入嘴中。

入口² 外国的货物运进来,有时也指外地的货物运进本地区。

入口³ 进入建筑物或场地所经过的门或门口:～处|车站～。

第6版合并为一条:

入口 ❶进入嘴中。❷进入建筑物或场地所经过的门或门口：～处｜车站～。❸外国的货物运进来，有时也指外地的货物运进本地区。

五　调整了异形词的主副条

例如："美圆"和"美元"是一组异形词，第5版以"美圆"为主条，第6版改为以"美元"为主条。

"子实"和"籽实"是一组异形词，第5版以"子实"为主条，第6版改为以"籽实"为主条。用例见"乳熟"条，第5版的"子实灌浆后"，第6版改为"籽实灌浆后"。

六　修 改 释 义

这也是这次修订的重点。例如：

予取予求 原指从我这里取，从我这里求（财物）（语出《左传·僖公七年》），后用来指任意索取。（第5版）

予取予求 原指我只取我所要求的（语出《左传·僖公七年》），后用来指任意索取。（第6版）

对"予取予求"这个成语，多数辞书的解释与《现汉》第5版相同，根据的是《左传》杜预注："从我取从我求，我不以我为罪衅。"可是仔细体味《左传》的原文："初，申侯，申出也，有宠于楚文王。文王将死，与之璧，使行，曰：'唯我知女。女专利而不厌，予取予求，不女疵瑕也。后之人将求多于女，女必不免。我死，女必速行，无适小国，将不女容焉。'既葬，出奔郑。""予取予求"与"后之人将求多于女"是相对而言的，正因为"后之人将求多于女"，所以楚文王才要申侯"女必速行"。可见第6版的改动是有道理的。再如：

眉头 两眉附近的地方。（第5版）

眉头 眉心附近的地方。（第6版）

用"两眉附近的地方"解释"眉心"似不确切，改后的释义妥帖多了。又如：

软着陆 ❷比喻采取稳妥的措施使某些重大问题和缓地得到解决：扩大内需，实现经济的～。（第5版）

软着陆 ❷比喻国民经济经过一段时间的过快增长后，平稳地回落到适度的区间，没有出现大规模通货紧缩和失业。泛指采取稳妥的措施使某些重大问题和缓

地得到解决:扩大内需,实现经济的～。(第6版)

第6版"软着陆"的释义优于第5版。

七　修改释义的提示词

这是这次修改的一个亮点。例如:

眉睫　眉毛和眼睫毛,比喻近在眼前。(第5版)

眉睫　眉毛和眼睫毛,借指眼前。(第6版)

美梦　比喻美好的幻想(多指不切实际的)。(第5版)

美梦　指美好的幻想(多指不切实际的)。(第6版)

八　修改例词例句

比较下列两个例子,修订后的优于修订前的,不必解释。例如:

没头没脑　(说话、做事)头绪不清或缺乏条理:他听了这句～的话愣住了。(第5版)

没头没脑　形容说话、做事头绪不清或缺乏条理:这件事他说得～的,谁也没听明白。(第6版)

没样儿　没规矩:这孩子给大人宠得真～了。(第5版)

没样儿　没规矩:这孩子没大没小,给大人宠得真～了。(第6版)

九　调 整 字 音

作为辞书,提供准确的读音自然是十分重要的,而汉语文的读音又十分复杂。下面举出第6版修订读音的两个例子:

"瞤"第5版注 rún,第6版改为"rún 又 shùn"。《广韵·谆韵》:"瞤,目动。如匀切。"折合为今音是 rún。《集韵·稕韵》:"瞤,《说文》:开阖目数摇也。输闰切。"折合为今音是 shùn。

"高山景行"的"行",第5版注 xíng,第6版加了括注:"一说'行'读 háng,景行指大路。"现行辞书对它的注音并不一致,《汉语大词典》《中华成语大辞典》注 xíng,《诗经词典》《中国成语大辞典》注 háng。读音不同源于对词义理解的不同。"高山景行"

出自《诗经·小雅·车辖》的"高山仰止,景行行止。"高亨《诗经今注》说:"景行,大道。此二句言仰望高山,走着大路。"褚斌杰《诗经全注》说:"景行(háng杭):大道。行:行走。二句指前去迎亲景况,兼有仰慕对方,快速前行的意思。"

十　检　字　表

辞书要有科学实用的检字表,让读者用最短的时间查到要查的条目。2009年1月2日教育部和国家语委发布了《汉字部首表》和《GB13000.1字符集汉字部首规部规范》,《现汉》第6版应当贯彻执行这两部规范。不过这两部规范并不成熟,使用并不方便。《现汉》第6版"为方便读者查检,《检字表》中有些字采取'多开门'的方式分别收在所属规定部首和传统习用部首之下,收在后者的字右上角加有'。'的标志。"这样处理既贯彻了主管部门的规定,又符合实际,方便了读者。例如,"骞"字既在宀部又在马部,"夙"既在几部又在歹部。

根据以上粗略的分析可以看出,《现代汉语词典》第6版的修订可谓是细致谨慎,精益求精。

精益求精，臻于胜境
——喜读《现代汉语词典》第6版

鲁 国 尧

(南京大学　210093)

我是《现代汉语词典》(以下简称《现汉》)的老读者，从"试印本""试用本"起，我在五十多年的教学、科研、写作中，经常请教《现汉》这位好老师。我家祖孙三代都蒙受了它的恩惠，当年儿子、女儿上学时，《现汉》是他们书包里必带的书，现在我上中学的孙女学习中国语言时离不了它，2012我的甥孙女考大学前跟我讨论语文问题时，就是引用《现汉》为证，因此我对它有深厚的感情。如今《现汉》第6版问世了，虽然工作很忙，我还是抽样拜读了这新版的几十页，同时比照第5版，欣喜之情油然而生。

第6版增加的新词，我看到的就有"清洁能源、清洁燃料、尿不湿、尿崩症、尿频、零和、官本位、现案、现价、网聊、博客、微型博客、微博、律例、公权力、绿化带、微创、微创手术、公筷、清零、零时、零线、带薪、带职、外包、简帛、微火、微寒、公序良俗"等，还有西文字母词"CPI、TNT"等。

我在对照研读第5版和第6版的过程中悟出一个道理：从系统性考虑是增加新词、充实词典的一条途径。普通人都具有很强的联想能力，会注意考察词典收录的情况。例如中国烹调技术有"清蒸、清炖"，那就应该有"清炒"，第6版就增收了这个词。同理，第5版有"卵黄"，第6版就增加了"卵白"；第5版有"卵用鸡"，第6版就增加了"卵用鸭"。

新词的增加最能引发读者的关切之情，而新添恰当的释义和例句也能使词典生色，如"眼"的义项③，第5版释义为："指事物的关键所在；节骨眼儿。"第6版则是："指事物的关键所在或精彩之处：节骨眼儿｜诗眼。"读到这一条，尤其是"诗眼"的跳出，使我眼睛一亮，不禁为之喝彩。

不管是词典还是文稿，所谓"修订"，不外乎"增、删、改"三字。增，是最能引人注目的,词典里新词增加得多,增加得好,可谓修订的"亮点",或者叫"卖点"。删,也要删得得当。"乱"义项①的第五个例句,第5版是"这篇稿子改得太乱了,要重抄一下"。第6版删去"要重抄一下",这五个字有"蛇足"之嫌,确乎可删。

依我之见,"改"却能显示那"细微"或者"精微"之处。改得好的,往往使细心的读者和行家心悦诚服,甚至拍案叫绝。在我读的若干页里,发现下列几例确实改得高明:

1. "尿布",第5版:"包裹婴儿身体下部或铺在婴儿床上接尿用的布。"第6版:"包裹婴儿身体下部或垫在婴儿臀下接大小便的布。"相形之下,自然后者为胜,前者下定义时太拘泥于词素"尿"了。

2. "乱"的义项①"没有秩序,没有条理",其配例之四,第5版是"人声马声乱成一片",第6版改为"吵闹声乱成一片",显然后者更容易为读者接受。

3. "清亮"的义项②"明白",第5版例句为"心里一下子清亮了",第6版在前面加了"听他一说"。这四个字加得十分必要!

4. "公房",第5版释义"属于公家的房屋",第6版"所有权属于国家或集体的房屋"。论科学性,前者的释义不太成功,缘于为词素"公"字所困。

5. "卵翼",第5版:"鸟用翼护卵,孵出小鸟,比喻养育或庇护(多含贬义):卵翼之下。"第6版例句改为:"在黑势力的卵翼之下为所欲为。"第6版虽然多了9个字,但多得恰到好处。

我们都有改文稿的经验,一般的所谓"修改"是凭一己的学识、经验修改,甚或"跟着感觉走",带有随机性,欠缺系统性,我称之为"非理性的修改"。

据修订者说,在《现汉》第6版修订之前和修订过程中,整个团队做了大量的学术研究,十几个课题组分别做了长时间的研究,取得了丰硕的成果。《现汉》第6版就是建立在这样的学术研究的基础上,成为《现代汉语词典》修订史上的里程碑。

这种基于学术研究的"理性修订"应该成为一种范式,值得今后的修订及其他词典修订工程效法。

"金无足赤,人无完人",任何事物都有不足,但是人们可以发挥主观能动性,精益求精,从而臻于胜境。在词典的编纂和修订中,我们应该力求打造"固若金汤"的释义,不畏"穷追猛打",尽可能使释义"无懈可击"。

例如"长官"一词,《现汉》的每一版的释义都是"……的官吏",但是各版稍有不同,现胪陈于下:试印本(1960年):"〈旧〉指行政单位或军队的最高级官吏。"试用本(1965年):"旧时指行政单位或军队的高级官吏。"第1版(1978年)、第2版(1983年)、第3版(1996)、第4版(2002年)因袭不改,第5版有所改动,删去打头的"旧时"二字:"指行政单位或军队的高级官吏。"第6版同于第5版。诸版孰是孰非需要做出评判,依我之见,《现汉》的试印本、试用本、第1、2、3版的释义正确,第4版错误,第5、6本删去"旧时"删对了。理由如下:在清代和民国时期,"长官"一词用得很多,如民国时"第×战区司令长官"常常见诸报端。1949年后大陆地区不再管某些高级官员叫"长官"了,所以第3版及其以前的诸版冠以"旧时"都是对的。可是1997年7月1日香港回归祖国,中国设立香港特别行政区,其首长名称为"行政长官",从此时起,"长官"一词的释义绝不能再加"旧时"的定语了。

那么,删去了"旧时",第5、6版的释义就正确了?答曰:不能这样说。那是因为一枚埋藏很深的定时炸弹还没有拆除掉,这枚炸弹是,第6版的释义仍旧是"……的高级官吏","高级"两字无妨,问题出在中心语,读者会追着查"官吏"的解释。现在将《现汉》"官吏"释义的原委叙述于下,试印本:"君主时代政府工作人员的总称。"试用本:"旧时政府工作人员的总称。"此后第1—6版陈陈相因,没有任何改动,"旧时"依然。到了第6版,"长官"虽摘掉了"旧时"的帽子,可是"官吏"的"旧时"帽子却没有摘。于是连续读"长官"和"官吏"两条的读者必然会问:现任的香港和澳门特别行政区的行政长官明明是"现时"的,怎么是"旧时"的呢?关键在第4版的"长官":"旧时指行政单位或军队的高级官吏。"到了第5版、第6版里,只顾删去了头上的"旧时",却没有将尾巴"官吏"一词改掉,如果同时将"官吏"改为"官员",那就"无懈可击"了。

又如"登陆",释义为"渡过海洋或江河登上陆地",例子之一:"登陆月球",只要有点怀疑精神的读者就会问:航天员登陆月球表面需要渡过什么海洋或江河?

现在实拟一个"穷追"的流程图:

清稿:誊清了的稿子。→誊:誊写。→誊写:照底稿抄写。→抄写:照着原文写下来。→写:用笔在纸上或其他东西上做字。

读者一路"追"下去,原来这"写、抄写、誊写、誊、清稿"五个词都适用于纸笔时代。可是如今杂志社、出版社的"清稿"大多数甚或绝大多数都是电脑打字稿,手写抄誊的很少见了。我查了《现汉》的各个版次,这五个词的释义或定义基本上源于20世纪60年代的试印本和试用本,短短五十年,沧海已经变桑田。

似可得出这样的结论:对释义,特别是含有较多词的定义,如果对所含词即每个环节不断"穷追",就很有可能发现"有懈可击"。所以我向中国社科院语言研究所词典编辑室和商务印书馆建议:下次修订词典时,似可以增加一项"专项整治",对释义的每个所含词"穷追"不舍,如果发现"懈"处,即采取有效的修改措施,力争将每个释义打造得"固若金汤"。

修订工作中,要重视一致性或类似性:如第 6 版中的以下几个词给出了比喻义:

包袱 ❸比喻某种负担。

万金油 ❷比喻什么都能做,但什么都不擅长的人。

蝇头 苍蝇的头,用于比喻,形容东西非常小。

现成饭 比喻不劳而获的利益。

可是,"绿灯"条就没有给出"放行通过"的比喻义,"空降"也未说明现在也用来比喻(官员)由上级派下。再看:鸭……通称鸭子。眼……通称眼睛。可是"耳""鼻"没有讲明"通称耳朵""通称鼻子"。

在收词方面,也应有统一标准。收了"学人",就应该收"出版人"。

做标"〈书〉"类词语的"专项整治"时,不能只限于词典里标有"〈书〉"的词条或义项。许多未标"〈书〉"的词或义项应该戴上"〈书〉"的帽子,如"乱臣、附逆、匡复"以及"尸"的义项②。

时代在飞速前进,社会在加速发展,《现汉》第 7 版必将收录更多的新词,给读者带来更多的惊喜,这是毋庸置疑的。依我所见,到时可否增收"万人坑、奸人、带头人、零容忍、备阅录、语言入侵、浴霸、简餐、黄段子、清凉装"等词?

在收词方面,我们既要前瞻,广收那些涌现的新词,同时也要后顾,当然是适当的后顾,不能喧宾夺主。20 世纪 50—70 年代的一批词,如"工作者、当权派、火箭干部、三门干部、三同、候补党员、三面红旗、多快好省、力争上游、大跃进、人民公社、放卫星、白专、红专、又红又专"等,要不要收?很值得讨论。上述词中,《现汉》第 6 版收了"力争上游、人民公社"。的确,这些新中国成立后前三十年的词,今天已经不用或很少用了,可是当年轻人阅读那个时期的历史文献、小说戏剧等时,需要查阅《现汉》,就会要求我们的词典满足他们的要求。我们的词典是现代汉语的词典啊!

这里提一个问题供修订者考虑。"荼",自第 5 版起,标为"方言词",此前诸版都没有任何标注。据我所知,这个"荼",是古语词,如要加标注,首先应该加个"〈书〉",此说有书为证,《新唐书·白敏中传》:"是时,居易足病废,宰相李德裕言其衰荼不任事。"严复《原强》:"民力已荼,民智已卑,民德已薄。"当是某方言继承了这个古语词,所以才有"〈方〉"。因此,从理论上说,"荼"之前可加"〈书〉"和"〈方〉"两项桂冠。不过,《现汉》里还没有见过同时戴两顶帽子的,加什么标志,请编纂家和出版人定夺吧。

词典中相关词语的横向照应
——谈《现代汉语词典》第6版条目修订

谭 景 春

(中国社会科学院语言研究所 100732)

提要 本文详细解析《现代汉语词典》第6版对6组词语的修订，涉及收词、释义、义项分合、词类标注等方面，记录修订的过程和内容，分析修订的原因和理由，说明是怎样在研究的基础上对它们进行修订的。

关键词 《现代汉语词典》 条目 词典修订 属性词 成语

《现代汉语词典》(以下简称《现汉》)第6版已经面世了。这次修订的一个特点就是更加注重以学术研究为先导，在深入研究的基础上进行修订，以确保修订的质量。词典编纂和修订的根基是科研，词典的编写、修订都要以科研做后盾。《现汉》编写过程中，在著名语言学家吕叔湘先生、丁声树先生带领下，始终坚持以科研引航，才确保了《现汉》的高质量，才使《现汉》成为一部精品辞书。《现汉》第6版的修订工作继承了这个好传统，在修订之初就针对《现汉》编写和修订中尚未全面系统解决的若干问题设立了相关的十几个研究专题并逐一调查研究。下面列举6组词语，涉及收词、释义、义项分合、词类标注等方面，记录它们的修订过程及内容，分析修订的原因和理由，说明是怎样在研究的基础上进行修订的。

1."高跟、坡跟、平跟"与"单口、对口、多口、群口"

高跟ⱼ**鞋** 名 后跟部分特别高的女鞋。(第5版)[1]

单口 形 属性词。曲艺的一种表演形式，只有一个演员进行表演，如京韵大鼓、山东快书、单口快板等。(第5版)

单口相声 只有一个人表演的相声。(第5版)

对口 形 ❶属性词。相声、山歌等的一种表演方式，两个人交替着说或唱：~相声｜~山歌。❷……(第5版)

对口快板儿 由两个人对口表演的快板儿。（第5版）

对口相声 由两个人表演的相声。（第5版）

多口相声 由几个人表演的相声。（第5版）

第5版收了"高跟儿鞋"，但近些年出现了使用频率较高的新词"坡跟鞋、平跟鞋"，第6版本来打算仿"高跟儿鞋"，补收"坡跟鞋、平跟鞋"。但是现在"高跟、坡跟、平跟"组合面宽了，而且可以用在"是……的"结构中。例如：

高跟凉鞋、高跟拖鞋、高跟布鞋、高跟女鞋、高跟男鞋、那双鞋是高跟的

坡跟凉鞋、坡跟拖鞋、坡跟布鞋、坡跟女鞋、坡跟男鞋、那双鞋是坡跟的

平跟凉鞋、平跟拖鞋、平跟布鞋、平跟女鞋、那双鞋是平跟的

以前"高跟"不大单用，一般只跟"鞋"组合，所以可以只收"高跟儿鞋"。现在情况变了，就可以改收"高跟、坡跟、平跟"，并以"高跟鞋"等词为例，而不再收"高跟儿鞋"。因此第6版做了如下的修改：

高跟（～儿） 形 属性词。鞋后跟部分特别高的：～鞋。

平跟（～儿） 形 属性词。鞋底前后一样高的：～鞋。

坡跟（～儿） 形 属性词。鞋底前低后高呈坡状的：～鞋。

第5版对"单口"等条目的收录很不平齐，"单口"下边只收了"单口相声"一个条目，"对口"下边收了"对口快板儿、对口相声"两个条目，没有收"多口"，却收了"多口相声"，而且还漏收了比"多口"使用频率还高的"群口"。其实，这种情况同样也可以只收"单口、对口、多口、群口"等双字词，而以"单口相声、单口快板儿"等为例，而不把"单口相声、单口快板儿"等收作条目。因此第6版做了如下的修改：

单口 形 ❶属性词。曲艺的一种表演形式，只有一个演员进行表演的：～相声｜～快板儿。

对口 形 ❶属性词。曲艺、歌唱等的一种表演方式，两个人交替着说或唱的：～快板儿｜～相声｜～山歌。❷……

多口 形 ❶属性词。群口：～相声｜～快板儿。

群口 形 ❶属性词。曲艺的一种表演形式，由三个或三个以上演员进行表演的：～相声｜～快板儿。

这样修改既可以反映词语的用法，使收词更加平齐，又能够涵盖住"高跟鞋、单口相声、单口快板儿"等三字词和四字词组。这样收词可以达到以少胜多、以简驭繁的效果，从而提高收词的概括力和涵盖面。另外，"这类词正在每日每时地大量产生"（吕叔湘1979：38），所以适当地多收一些这样的词，也是符合实际语言发展变化的。

2. 完胜、完败、险胜

完胜 动 球类、棋类比赛中指以明显优势战胜对手：主队3比0～客队。(第5版)

完败 动 球类、棋类比赛中指以明显劣势输给对手：甲队0比3～于乙队。(第5版)

险胜 动 比赛中以很小的差距战胜对方：甲队以31比30～乙队。(第5版)

"完胜、完败"不仅是"以明显优势战胜对手、以明显劣势输给对手"，而且是在整个比赛中始终处于优势、劣势。下面三条语料能够说明这一点。

足球中的"完胜"指的是什么意思？答：场面占优，控制了整场比赛，一般没有失球，进2球以上，标准比分2：0。(百度网)

足球比赛中完胜是什么意思？答：一般来说满足以下三个条件就可以成为完胜对手了：1.己方不失球。2.在控球时间和攻势的数据统计方面占有明显优势。3.典型的以3球击败对手。(百度网)

赛前，韩国媒体曾预测，客观实力山下敬吾稍强于孔杰，但从今天的比赛过程看，完全不是这回事。山下敬吾从头输到尾，孔杰则下了一盘完胜局。(人民网)

就"完胜"的意思，我们还请教过三位同事。第一位说完胜是赢得多，还得一直压着对方打。第二位说完胜是过程好，胜得多。第三位说赢得比较多，没有反复。

因此仿"险胜"对"完胜、完败"做了如下的修改并给"完败"增补了第二个义项。

完胜 动 球类、棋类等比赛中指始终占有明显优势并以较大差距战胜对手：主队3比0～客队。(一稿)

完败 动 ❶球类、棋类等比赛中指始终处于明显劣势并以较大差距输给对手：甲队0比3～于乙队。❷球类、棋类等比赛中指始终占有明显优势并以较大差距战胜对手：乙队3比0～甲队。(一稿)

对这样的修改审稿人提出了问题：说"以较大差距输给对手"可以，比如"惜败"的释义就是"比赛中以很小的差距败给对方(含惋惜意)"，但说"以较大差距战胜对手"就显得不够好了。另外给"完败"增补的"使动"义项，释义中用的"战胜"没有体现出"使动义"。因此又做了第二次修改：

完胜 动 球类、棋类等比赛中指始终领先并以较大优势战胜对手：主队3比0～客队。(二稿)

完败 动 ❶球类、棋类等比赛中指始终落后并以较大劣势输给对手：甲队0比3～于乙队。❷球类、棋类等比赛中指始终领先并以较大优势击败对手：乙队3比0～甲队。(二稿)

对二稿的修改审稿人认为仍然存在着问题:在球类比赛中,"领先、落后"是比分上有差距,但球类比赛开始阶段往往没有比分的差距,只有优势、劣势之分。(领先:体育比赛中分数比对手高。《现代汉语学习词典》)因此又对"完胜、完败"做了第三次修改,同时也对"险胜"做了修改。

完胜 动 球类、棋类等比赛中指始终处于上风并以较大优势战胜对手:主队3比0～客队。(三稿)

完败 动 ❶球类、棋类等比赛中指始终处于下风并以较大劣势输给对手:甲队0比3～于乙队。❷球类、棋类等比赛中指始终处于上风并以较大优势击败对手:乙队3比0～甲队。(三稿)

险胜 动 比赛中以很小的优势战胜对方:甲队以31比30～乙队。

3. 非、非得

非…… ❻副 不:～同小可|～同寻常。❼副 跟"不"呼应,表示必须:要想做出成绩,～下苦功不可。❽副 一定要;偏偏:不行,我～去! ❾……(第5版)

非得 副 表示必须(一般跟"不"呼应):棉花长了蚜虫,～打药(不成)|干这活儿～胆大(不行)。(第5版)

"非"和"非得"是同义词,用法也基本相同,但处理得不一致。对同一种用法,"非"分为⑦⑧两个义项,而"非得"只有一个义项。因此最初给"非得"增补了一个义项,修改为:

非得 副 ❶表示必须(一般跟"不"呼应):棉花长了蚜虫,～打药(不成)|干这活儿～胆大(不行)。❷非⑧:不让他去,他～去。

这样修订是"非得"向"非"靠齐,但又出现了新问题,"非得"原义项的例子"不成、不行"在括号内,表示可以有,也可以省略。新增补的义项②其实就是义项①(即原义项)"不成、不行"省略的情况,这样两个义项的意义就有了交叉,界限不分明。另外,像"非"那样分为两个义项,也会造成理解上的困惑。"非"是"不"的意思,"非……不可",双重否定,表示强烈的肯定(必须),但一个"非"字怎么也是"必须(一定要)"的意思呢? 也就是说"非"既表示否定又表示肯定,这就一般读者来讲是不容易理解的。

这里需要交代一句,"非"义项⑧《现汉》第1版的释义是"必须",第2—4版的释义是"必须;偏偏",第5版改为"一定要;偏偏"。其实"必须"就是"一定要"的意思,这样修改可能是为了避免两个义项使用完全相同的词语来释义。

其实,"非"⑦⑧两个义项的意义是相同的,"非"表示肯定是由于省略了后面的"不可"等造成的。早在1958年,吕叔湘先生撰写《〈现代汉语词典〉编写细则》时就指出"非＝非……不可"(第81页)。近些年来,也有学者对此问题进行过论述(参看:王灿龙2008)。因此第6版对"非、非得"又做了如下的修改:

非…… ❻副不:～同小可｜～同寻常。❼副跟"不可、不成、不行"呼应,表示必须(口语中"不可"等有时可以省略):要想做出成绩,～下苦功不可｜你不让我去,我～去！❽……

非得 副非⑦:干这活儿～胆大不行｜棉花长了蚜虫,～打药｜这病要想去根儿,～动手术。

合为一个义项和分作两个义项相比,同样能够涵盖住"非、非得"的两种用法,而且用括注说明"非、非得"单用也能表示"必须"是由于省略了后面的"不可"等造成的,这揭示了语言演变的过程,便于一般读者的理解。另外,这样修改也把"非"和"非得"联系了起来,并用例句表示"非得"后面省略"不可"等的频率要比"非"高。

4. 方尺、方寸、方里、方丈

方尺 ❶名一尺见方。❷量平方尺。(第5版)

方寸 ❶名一寸见方:～之木。❷量平方寸。❸……(第5版)

方里 ❶名一里见方。❷量平方里。(第5版)

方丈 ❶名一丈见方。❷量平方丈。(第5版)

这几个词的义项①都是"一×见方","见方"《现汉》的释义是:

见方 名❶用在表长度的数量词后,表示以该长度为边的正方形:这间屋子有一丈～。❷……(第6版)

根据"见方"的释义,"一尺见方"基本上就等于"正方形的一平方尺",与义项②相比多出了个"一"字和"正方形"。先说"一"字,很显然,词的字面义没有"一"的意思,这个"一"字是从哪里来的呢?

数量组合,数词如果是"一"在一定的语境中往往可以省略,而其他数词是不能省略的。例如:

那一丝微弱的光芒此刻已经有方尺大小。(百度网)

把时隔两千年,相距数万里的两件旷世奇迹,跨时空的展现在不足方尺的扇面上。(百度网)

此作虽不足一方尺,却笔墨格局堪称宏大。(百度网)

而齐白石一幅只有两方尺的山水小品,竟在上海朵云轩秋拍会上拍出200多万的齐氏小品天价。(百度网)

杨正新的《山水写意图》不足三方尺,也拍得3.96万。(百度网)

由此看来,义项①中的"一"不是词目词本身固有的意义,而是一定的语境中隐含的意义。类似的还有"点儿"和"一点儿",可以说"吃点儿东西再走",也可以说"吃一点儿东西再走",意思是一样的。

再说"正方形","方尺、方丈"等只是面积单位,不一定"见方",也就是说不一定成正方形。例如:

  这里有周加华一百多幅作品,小到方尺,大到方丈。(百度网)

此例中的"方尺、方丈"不可能都是正方形的。再如"不足方尺的扇面","扇面"也不是正方形的。因此如果要说明是正方形,需要在后面再加"见方"二字。例如:

  何凯笑着朝陈长生拱了拱手,随后指着台上的那方尺许见方的玉石道。(百度网)

  骆英接过来一看,是一方尺来见方的雪白绢帕,上面还有血渍。(百度网)

这说明"方尺、方寸、方里、方丈"等词本身也不含有"正方形"的意思,如果词义本身就含有"正方形"的意思,也就没有必要再加"见方"二字了。其实义项①就是一定语境中的义项②,义项②完全可以涵盖义项①。因此没有必要再分立出义项①来。根据以上的分析,第6版对"方尺、方寸、方里、方丈"的释义做了如下的修改:

  方尺 量平方尺。

  方寸 ❶量平方寸。❷……

  方里 量平方里。

  方丈 量平方丈。

5. 杞人忧天、杞人之忧;黔驴技穷、黔驴之技;青黄不接、强弩之末

  杞人忧天 传说杞国有个人怕天塌下来,吃饭睡觉都感到不安(见于《列子·天瑞》)。比喻不必要的忧虑。也说杞人之忧。(第5版)

  杞人之忧 杞人忧天。(第5版)

  黔驴技穷 比喻仅有的一点伎俩也用完了。参看〔黔驴之技〕。(第5版)

  黔驴之技 ……后来用"黔驴之技"比喻虚有其表,本领有限。(第5版)

1958年发表于《中国语文》的《〈现代汉语词典〉凡例和样稿》指出:"名词、动词、形容词虽不注明,但在释义中暗示出来。"这就是说对名词要用名词性的词语来解释,对动词要用动词性词语来解释,即释词和被释词的词性要相一致。这一点在《现汉》对词的释义中基本上是贯彻下来了,在成语中也有所体现。例如:

  八斗才 宋无名氏《释常谈》:"谢灵运尝曰:'天下才有一石,曹子建独占八斗,我得一斗,天下共分一斗。'"后来用"八斗才"比喻很高的才能。(第5版)

  才高八斗 形容文采非常高。参看〔八斗才〕。(第5版)

我们应该把"释词和被释词的词性要相一致"这一观念彻底贯彻到成语释义中，因为成语在用法上也有不同，有的是名词性的，有的是动词性的。比如"杞人忧天、黔驴技穷"就是动词性的，"杞人之忧、黔驴之技"就是名词性的。但是"杞人忧天"的原释义却是名词性的，"黔驴之技"的原释义却是动词性的。这样就不够协调，最好把"杞人忧天"释为动词性的，把"黔驴之技"释为名词性的。因此第6版对这两对成语做了如下的修改：

杞人忧天 传说杞国有个人怕天塌下来，吃饭睡觉都感到不安（见于《列子·天瑞》）。借指为不必忧虑的事情而忧虑。

杞人之忧 指不必要的忧虑。参看〖杞人忧天〗。

黔驴技穷 借指仅有的一点儿本领也用完了（多含贬义）。参看〖黔驴之技〗。

黔驴之技 ……后来用"黔驴之技"借指虚有其表的人很有限的一点儿本领（多含贬义）。

根据"释词和被释词的词性要相一致"的释义原则，第6版对"青黄不接、强弩之末"也做了修改：

青黄不接 指庄稼还没有成熟，陈粮已经吃完，比喻人力或物力等暂时的缺乏。（第5版）

青黄不接 指庄稼还没有成熟，陈粮已经吃完，比喻人力或物力等暂时缺乏，接续不上。（第6版）

强弩之末 《汉书·韩安国传》："强弩之末，力不能入鲁缟。"强弩射出的箭，到最后力量弱了，连鲁缟（薄绸子）都穿不透，比喻很强的力量已经微弱。（第5版）

强弩之末 《汉书·韩安国传》："强弩之末，力不能入鲁缟。"强弩射出的箭，到最后力量弱了，连鲁缟（薄绸子）都穿不透，比喻起初很强后来变得很微弱的力量。（第6版）

6. 高价、低价、廉价

高价 名高出一般的价格：～商品｜～出售｜～收购古画。（第5版）

低价 名低于一般的价格：～转让。（第5版）

廉价 名便宜的价格：～书｜～出售。（第5版）

"高×""低×"构成的词，有一些《现汉》归到了属性词，如"高档、低档、高级、低级、高龄、低龄"等。"高价、低价"虽然常常做定语、状语，但它们也有很多名词用例。例如：

一块水晶腕表拍出了110万的高价。（人民网）

一名学生家长抱怨,幼儿园就是利用家长舍得为孩子花钱的心理要高价。(人民网)

　　废品收购店将电瓶"翻新"后再以高价转手,从中牟利。(人民网)

　　其余地块基本以低价直接成交。(人民网)

因此第5版把"高价、低价"归入了名词。由于"低价、廉价"构词相同,"低、廉"意义也基本相同,所以做了一致的处理,把"廉价"原来的释义"价钱比一般低"改为"便宜的价格",并将其标作名词。第6版修订时发现"高价、低价"的释义"高出一般的价格、低于一般的价格"有歧义,它们可以分析为谓词性的:"高出/一般的价格、低于/一般的价格",也可以分析为名词性的:"高出一般的/价格、低于一般的/价格"。为了避免歧义,初稿把它们修订为:

高价 名 比一般价格高的价格:～商品｜～出售｜～收购古画。

低价 名 比一般价格低的价格:～转让。

但这样的释义不够简明,因此又做了一次修改,仿"高温(较高的温度)、低温(较低的温度)、高龄(年龄较大的)、低龄(年龄较小的)"的释义,最后修改为:

高价 名 较高的价格:～商品｜～出售｜～收购古画。

低价 名 较低的价格:～转让。

"廉价"虽然构词上与"低价"相同,但实际用法很不一样,"廉价"以前一般只做定语或状语,现在经常做谓语,并可以受程度副词修饰,也就是说"廉价"原本是属性词,现在已经转变为一般的形容词了(参看:张国宪2006:52)。因此第6版把"廉价"改标为形容词,并将释义修改为:

廉价 形 价钱比一般低的:～书｜～出售｜这种产品的原料其实很～。

"廉价"的修改过程说明,同类型的词一般应该做一致的处理,但还是要以实际用法为依据,不能过于追求一致。

　　以上六组词语的修订,只是举例性的,在整个修订数量中所占的比例微乎其微。编写出一部好的辞书很难,把一部好的辞书修订好也不容易。《现汉》是精品辞书,已达到了很高的水准,在此基础上每前进一步都要付出很大的努力,都要以学术研究做支撑。我们不敢说这些修订都正确,但都是在认真思考、深入研究的基础上进行的。如果我们修订的内容存在着什么问题,希望广大读者给我们提出来,以便我们在下次修订的时候改正,使《现汉》通过不断的修订更趋完善。

附　　注

[1] 本文的词语注释主要出自《现汉》,以下出自《现汉》的不再一一标出,必要时只注明版次,出自其他词典的则随文注明。另外,为了节省篇幅,删去了与本文无关的义项,对某些释义及例子也做了删减。

参　考　文　献

1. 符淮青.词义的分析和描写.北京:语文出版社,1996.
2. 吕叔湘.《现代汉语词典》编写细则(修订稿).//中国社会科学院语言研究所词典编辑室.《现代汉语词典》五十年.北京:商务印书馆,2004.
3. 吕叔湘.汉语语法分析问题.北京:商务印书馆,1979.
4. 王灿龙."非 VP 不可"句式中"不可"的隐现——兼谈"非"的虚化.中国语文,2008(2).
5. 张国宪.现代汉语形容词功能与认知研究.北京:商务印书馆,2006.
6. 张志毅,张庆云.词汇语义学(第三版).北京:商务印书馆,2012.
7. 中国科学院语言研究所词典编辑室.《现代汉语词典》凡例和样稿.中国语文,1958(9).
8. 朱德熙.语法讲义.北京:商务印书馆,1982.

词汇的汰旧与词典条目的更新
——以《现代汉语词典》为例

周 荐
（澳门理工学院澳门语言文化研究中心）

提要 词汇是语言这个生命体的大动脉中奔流着的血液，随时要将养分输送到语言这个生命体的各个部分。语言中有刚刚吸纳进来的新养分，也有需要淘汰出去的旧废料。定期筛选新词语，可使词汇得以沙里淘金；定期沙汰旧词语，可使工具书腾出篇幅，吸纳更有用的词语。淘汰旧词语跟增添新词语同样重要。词语由新而旧，最终被汰出，一般有三种情况：自动变成旧词语，无须宣布；已成旧词语，而后被宣布，贴上旧词语的标签；尚在使用中，被甄别为应予淘汰的词语。旧词语也是语言中的重要成员，它们的离去将带走重要的信息。不将这些信息及时地记录下来，是语言史的损失，也是文化史的损失。

关键词 旧词语　淘汰　词典条目更新

一

何谓旧词语？一般来说，今日之前用过的词语就是旧词语。但是词汇学上所说的旧词语，应有一个较为明确的界定：旧词语指今天在世的人们历史上曾经使用过而现已不用，一旦再见到便生出无限沧桑感的词语。例如20世纪上半叶通行而为今日弃用的"更夫、马弁、马夫、仆人、村公所、参议院、金银券、维持会"，它们给予现代人的是一种陈旧的时代色彩。有陈旧的时代色彩的旧词语有其词汇学上的标记，一些语文工具书在为旧词语释义时，常用的"旧时""旧称"等字眼即其标记。下面的词语出自《新编国语日报辞典》（台北：国语日报社2000；以下简称《新编》）：

　　村塾　旧时乡村中的学堂。
　　书僮　旧时侍候主人及其子弟读书并做杂事的未成年的仆人。
　　望门寡　旧时女子订婚后未婚夫就死去，俗称望门寡。
　　棒头出孝子　旧时的教育理念，认为使用打骂等严格方法管教，孩子才会听话且孝顺父母。

下面的词语出自《现代汉语词典》(以下简称《现汉》)：

查照 旧时公文用语,叫对方注意文件内容,或按照文件内容(办事)：即希～｜希～办理。

校场 旧时操演或比武的场地。也作较场。

戒尺 旧时教师对学生施行体罚时所用的木板。

菌素 抗生素的旧称。

词典为旧词语释义时所做的标记,不同于为古雅的词语释义时所做的标记,后者常被标以特定的符号,比如《现汉》标〈书〉,《新编》标文。而有着古雅色彩的词语,常是古词语、文言词语,它们都与旧词语有别。

古词语并不能简单地理解成古代的词语；"古代的词语"这一说法本身就有歧义,它们可指古代产生出来且仅通行于古代某个时期的词语,亦可指古代产生出来并一直沿用下来的词语。这里所说的"古词语",应理解成：产生、流行于古代的书面语或口语而在现代书面语中沿用下来的词语。古词语,由于产生于古代并流行于古代,在现代只用于书面语,与现代产生的词语相比照,而有着古雅的时代色彩。例如：

敝屣　倒屣　底定　倏忽　俄顷　蓬荜　庶几　执牛耳　千金裘　绕指柔　杵臼交　家天下　杜鹃啼血　投鞭断流　韦编三绝　五十步笑百步　位卑未敢忘忧国

与古词语一样有着古雅色彩的是文言词语。凡文言词语都产生于古代,并且都产生于古代的书面语,流行于古代的书面语,它沿用至今也仅出现于现代的书面语中,例如：

承乏　承祧　驰废　崇闳　厂忧　覆瓿　干谒　皮臧　滥觞　投缳　崴蕤　须臾　政躬　支颐　忮求　咳唾成珠　民胞物与　樯倾楫摧　如汤沃雪　菽水承欢　岳峙渊渟

如果拿文言词语与古词语相比较的话,文言词语只是古词语中的一部分,即：产生于古代并在现代书面语中使用,带有浓重的书面语色彩的那部分古词语,才是文言词语。古词语的另一部分,就是产生于古代的口语,也间或在现代口语中出现,但随着时代的变化却多在现代书面语中使用的词语,例如"恁地、怎生"。

谈到文言词语,就不得不涉及被人称作"文化词语"的那部分词语。所谓"文化词语",在创造的当初是有典故的,或涉及典故的,带有很浓重的古代历史文化讯息。"文化词语"中的"典故词语"很值得研究。例如：

"说项",典出唐代杨敬之诗"平生不解藏人善,到处逢人说项斯"。

"推敲",典出贾岛的诗句"鸟宿池边树,僧推月下门"的下联,被韩愈改为"僧敲月下门"。

"舐痔",典出《庄子·列御寇》"秦王有病召医。破痈溃痤者得车一乘,舐痔者得车五乘"。

"俎上肉",典出"人为刀俎,我为鱼肉"。

也许是因为典故都非现代人易于了解的,文化词语身上所带的古雅色调不言自明,因而无须再为其加上古雅的标记。不少成语是有典故的,一些词也是有出典的,也应属文化词语。一些文化词语存在着为社会认知和为词典收取的问题。《现汉》当收而未收的词语中就有一些属于文化词语。例如"潜邸"就是个文化词,义为"皇帝作为储君时居住的府邸",可惜《现汉》各版均漏收。再如"哀家、丹墀、定谳、祭拜、弃市、铅华"也是文化词语,其中有的词(如"铅华")《现汉》第 6 版收了,但"哀家"等词《现汉》第 6 版仍未收立。当然,若说起《现汉》该收而未收的词语,那就不仅仅是文化词了,不少非文化词也未收,例如"打鱼、归零、荒腔走板"。对文化词语,《现汉》《新编》这样的语文工具书弃取态度不同,例如:"卑湿、丛菁、厚贶、化鹤、化俗、化雨、化泽、口给、劳生、厉阶、厉疫、匿笑、匹练、区宇、劝农、胜状、胜概、危宿、危语、勿药、友朋、匝月、卓立、卓锡、卓卓、半部论语、博施济众、卜昼卜夜、功不唐捐、厚德载福、加膝坠渊、勤则不匮、千里同风、千里神交、势高益威"《新编》标⬚文,视为雅词,《现汉》不收;有的词,《新编》收了,但却未标⬚文,《现汉》也还是没收,例如"丛木、名彦、卿云、吮墨、口含钱、厚貌深情、口耳之学、参辰卯酉"。看来,一些词语为某部语文工具书弃还是取,是不是文化词语倒不一定是参照的坐标,重要的还是看它们是否为现代社会习见和常用。

当然,不同的语文工具书可能会在一些词语是否具有陈旧(或古雅)的色彩的认定上意见不相一致。例如"查照",《现汉》说明它是"旧时公文用语",而《新编》只说它是"公文用语",未加"旧时"二字限定。当然,一个词语不为某部语文工具书标"旧"而为其标上"古",不意味着它就不是旧词语。例如《新编》所收的下面的词,就仍是具有陈旧的时代色彩的词语:

　　更漏 古时夜间凭漏壶表示的时刻报更,所以漏壶又叫更漏。

当然,"旧"还是"新",是使用该词语的语言社区的人们的语感。在此社区是旧词语,在彼社区未必就陈旧。例如《新编》所收的"撤差",释义为:"免去原来的职务。旧时称'撤官职'。"看来,对于台湾社区的人们来说,"撤差"比之"撤官职",没有陈旧的时代色彩。但是对于大陆社区的人来说,"撤差"已是有着陈旧的时代色彩的词语,更遑论"撤官职"。

与旧词语接近的还有一类历史词语。历史词语也是产生并流行于古代的词语,所不同的是,或者其所反映的客观对象现代已不复存在,该词语也已随之消亡,或者其所反映的客观对象现代已用另一词语来称说,原来的词语也已退出历史舞台。无论是上述哪种情况,历史词语都是仅存于古代而不在现代交际中使用的词语。历史词语中已随所反映的客观对象消亡了的词语,借用俞敏先生(1984)"化石语素"的说法,可称之为"化石词语"。说它们是"化石词语",是因为它们不但现代不再使用,而且古代文献中的用例不经专家考释也无法辨识。例如《红楼梦》第四十一回说到贾母、宝玉、黛玉、宝钗一行带刘姥姥到栊翠庵玩,妙玉没用已被刘姥姥用过的茶盏给宝钗、黛玉用,而"另拿出两只杯来,一个旁边有一耳,杯上镌着'瓟斝'三个字……妙玉斟了一斝递与宝钗。那一只形似钵而小,也有三个垂珠篆字,镌着'点犀䀉',妙玉斟了一䀉与黛玉……"。何为"斝""䀉"? 何为"瓟"? 常人很难搞明白,此书的注也只是笼而统之地说"斝是一种古代大酒杯。瓟都是瓜类名","䀉是古代碗类的器皿"(人民文学出版社 1964:507)。这说明,上述词已成为历史词,彻底死亡,一般人不但不再使用它们,连认识和了解它们的机会和可能都极少。

旧词语与历史词语有区别,也有联系。旧词语是人们曾经使用过而今天的绝大多数人都已不再使用的那部分词语。例如"玉牒"(皇家的族谱)"补子"(封建时代官服上表示官阶的布饰)"水法"(人造喷泉)"点主"(人死后,用鸡血在该人的牌位上点的仪式)"起居注""军机处"这些词语,在 20 世纪初,甚至 20 世纪中叶,还都可算作是旧词语,而到了 21 世纪的今天,它们无疑已成为历史词语了。

历史上为帝王将相们创造的词语,如"朕、孤家、伏惟、钦此",更属于为个别人所创造的词语,也更易于走入历史词语的行列。而为人唾弃的社会现象,记录它们的词语,也往往容易成为历史词语。例如伪满时期在东北地区流行的"抓浮浪""勤劳奉仕"等词语,随着日本帝国主义被赶出中国,伪满统治的土崩瓦解,迅即变成了历史词语。

旧词语、历史词语中的个别单位,在一定的条件下存在着"复苏"或"返祖"的可能。词语"复苏"或"返祖",亦可称"词语回潮"。刚刚退出历史舞台成为历史陈迹的那部分旧词语,最容易借助一定的力量重返舞台,成为复苏词语。复苏后的词语,当然就不好再视为历史的陈迹,虽然它们还可能附有陈旧的时代色彩,例如半个多世纪前常见的"土豪"一词,如今重又出现在人们的口中。复苏词语可以是成批出现的,例如在早已走上改革开放康庄大道的今日大陆,倘张口闭口仍是"造反、批斗、封资修、路线斗争",无疑会被痛斥为"文革腔",所使用的这些词语当然也就成了"回潮词语"。这些引人遐思,使人产生强烈的怀旧情绪的"文革"词语还可举出一些,例如:

  特嫌 臭老九 帝修反 封资修 工宣队 黑五类 红卫兵 喷气式 反修防修 奇装异服 牛鬼蛇神 三反分子 资反路线 批倒 斗臭 造反有理 地富反坏右

  历史词语中的个别成员可以改头换面在后世作为新词语出现,意义上也可能会有所不同。例如唐代有"行货"一词,据陆宗达《训诂简论》(北京出版社 2002)考证,古"行"字训"通行大路",引申为"普通"义。现代人们常挂在嘴边的"行货",即是"大路货"的意思。再如"大婚",《国语辞典》(商务印书馆国际有限公司 2011)释义为"皇帝婚礼",倘非皇帝,任何的婚礼都不可妄称"大婚"。爱新觉罗·溥仪《末代皇帝溥仪自传》(群众出版社 2007)一书谈到溥仪逊位多年后举行的婚礼时用的是打了引号的"大婚":

  当王公大臣们奉了太妃们之命,向我提出我已经到了"大婚"的年龄的时候,我是当做一件"龙凤呈祥"天经地义的事来接受的。

溥仪书中的"大婚",今天看来已是历史词语。该词被作者打上引号是正确的,因为溥仪三岁登基,六岁逊位,结婚时早已是民国的普通国民,不是什么皇帝了。但现今一些传媒经常把稍有名气的人的婚礼称作"大婚",例如 2012 年 5 月 15 日《南方都市报》有一则题为《郭晶晶大婚或与霍家争产案有关 换婚宴地损 300 万》的新闻,其中就用上了"大婚";甚至一些名洋人的婚礼也被称作"大婚",例如 2010 年 7 月 2 日"新浪女性"发表题为《克林顿女儿大婚 穿谁家婚纱》的消息。上述"大婚",大概只可理解为"盛大的婚礼",而不能理解作"皇帝的婚礼"。"大婚"这样专为最高统治者创造并使用的词,被用在普通人身上,反映了词义的泛化。

  有的复苏词语,恐怕只能算是借用——因古今事物对象存在着某种相似性,便将历史词语借来一用,加以比附,并不一定意味着肯定它们的内涵。请看下面的例子:

  "斩立决""斩监候":大约 20 个月前,辽宁铁岭市中院曾以"一审"的名义,以组织、领导黑社会性质组织罪等六项罪名判处原沈阳嘉阳集团董事长刘涌"斩立决"。但在 2003 年 8 月 15 日,辽宁省高院终审改判刘涌"斩监候",缓期两年执行。[1]

  "遣唐使":中日建交 30 周年,日本向中国派出了 13 000 人"遣唐使"团。[2]

看看下面"驸马"这个例子的使用,就更明白该词的比附性了:2010 年 3 月 11 日《北京青年报》B2 版一则新闻的标题为《摩纳哥"驸马"打人遭重罚》,再看内文,写的是:

"德国一家地方法院9日就摩纳哥公主卡罗琳之夫汉诺威亲王恩斯特·奥古斯特打人案作出裁决,判处他支付20万欧元罚金。"

不能排除有的词语之复苏,的确是当今社会没有比已成历史词语的那个词语更合用的了,所以只好重新启用了它,例如:

"什一":此次移交地方的四所院校,共涉及资产上百亿元,人员万余——虽不足裁军总人数之什一,却已是本次最集中的裁军措施。[3]

"什一"是古代汉语中的一个词,现已罕用,是"十之一",亦即"十分之一"之意。"什"其实就是"十","什一"其实就是"十一"。"什一"若写作"十一",当然易与基数词相混。有识之士又重新启用"什一",还是很有必要的。

二

淘汰旧词语不像增添新词语那般容易。新词语一出现,我们即可捕捉到它的踪影,记录在案。而旧词语踪迹何时消失,是否永不再出现,却难遽下结论。说有易说无难,此之谓也。但是,尽管如此,以如今的科研手段,以研究新词语的那种研究力度来研究旧词语,分析旧词语,看它们是何时何地、如何淡出使用域的,是什么原因导致其成为旧词语的,将旧词语消失的确切信息统统捕捉到,不难做到。一般来说,词语由新而旧最终被淘汰出现实正常的交际领域,有三种情形:自动变成旧词语,无须什么人宣布,为其贴上旧词语的标签;已成旧词语,而后被宣布,贴上旧词语的标签;尚在使用中,被甄别为应予淘汰的词语,助推其走进旧词语的行列。

旧词语的消失是语言发展中的自然现象,是历史的必然,是词汇新陈代谢的一个极其自然的过程。如同新词语的成批涌现,旧词语的消失也不是个别的,而是一个时代一个时代的,一批一批的。纵观那些词语的发展历程,可以看到绝大多数的词语都经历过新词语而旧词语而历史词语的自然的演进过程,例如站在我们今天的立场上看到的那些渐行渐远已然成为旧词语的"文革"词语、民国词语、晚清词语,早已离我们远去成为"化石词语"的近代词语、中古词语、上古词语、远古词语等历史词语。一个时代会有一个时代的词语。一个新时代的来临会带来一批新词语,一个旧时代的离开也会带走一批旧词语。这样的一个词语的更替过程通常是很自然的,无须人为的推动,也无须专为其贴上旧词语的标签。

普通词语变为旧词语的这一过程的出现,一般无须由谁下行政命令来实现。但在旧词语消失的问题上,行政命令也可起到一定的助推作用。当语言使用者认定那些词语已不合时宜时,人们可为那些词语贴上旧的标签。例如"赤脚医生"这个词语创造于"文化大革命"时期,1968年9月14日,《人民日报》一篇题为《从"赤脚医生"的成长看医学教育革命的方向》的文章,让"赤脚医生"的名称走向全国。1985年1月25日,《人民日报》发表《不再使用"赤脚医生"名称,巩固发展乡村医生队伍》一文,到此,"赤脚医生"的历史也就结束了。然而,不少当年的"赤脚医生"如今仍然在世,有的甚至身份改变成了"乡村医生"。虽然今已无人再有"赤脚医生"的身份,但是每当有人提起"赤脚医生"的话题,便会在当年生活过的人心中引起无限的沧桑之感。"投机倒把"这个词,从1949年起就成为一个高频的普通词语,甚至成为法律词语,数十年来极大地影响了中国社会的方方面面。但是1997年《刑法》修订取消"投机倒把"罪名后,"投机倒把"这个带有很浓的计划经济时代色彩的词语逐渐淡出历史。2009年8月26日,中央电视台"朝闻天下"栏目又报道"投机倒把、投机倒把罪"这两个词语在正在修改的法律中将予以删除,这两个词语将彻底走入历史。同时走入历史的还有"修正主义"这样的词语。2009年9月3日《北京晚报》披露,新版《党的建设词典》将"修正主义"这个较为陈旧的词语删除掉了。但是,行政命令或可使那些旧词语在公文上消失,却未必可使之在全社会顿然匿迹。"赤脚医生、投机倒把、投机倒把罪、修正主义"等词语可能就并未因行政命令的颁布而迅速彻底地消失,2013年7月19日,卫生部长陈竺就发表题为《当年"赤脚医生"写下人生传奇》的文章;google上甚至有"赤脚医生网""赤脚医生群"。至于"投机倒把、投机倒把罪、修正主义"更不时出现在当代人的语言生活中,打开"巍巍昆仑""毛泽东旗帜""乌有之乡""毛泽东思想"等红色网站,莫说"赤脚医生、投机倒把、投机倒把罪、修正主义"这些词语,就连数十年前早已不用的"文革"词语也不难觅到踪迹。旧词语的消失需要一个过程,为其贴上旧词语的标签,能在这个自然的过程中起到一定的助推作用。

  词语产生并投入使用后会产生一定的惯性。使用者的好恶,虽对一个词语寿命的长短起到一定的影响,但这影响是有限度的。但是如果对词语施加一定的干预和影响,就能推动词语的新陈代谢运动。当我们预测出一个词语不合时代需要而应该将其淘汰出去时,就要毫不吝惜地主动性地对其加以淘汰。例如"民警"略自"人民警察",是1949年以后创造的一个词。创造此词的初衷或许是以此新称谓将新时代的警察与旧社会的警察区别开:旧社会的警察是压迫人民的,而新社会的警察则是为人民服务的,因此新社会的警察应与之前的警察在称谓上区别开来,是"人民警察"。很明显,"民警"是个褒义词。但是这样的褒义词使用起来就会出问题。如果我们所称呼的是敌对国家和地区的警察,习惯上不称"民警"而只称"警察";如果我们称中国大陆的警察时,好像都可称"民警",尤其是称呼每日面对公众的派出所的警察时。但是,任何地方、任何时代的警察,都有好坏之分。好"民警"称"警察",有何不可?坏"警察"称"民警",于理难通。

"民警"的称谓,对外有时会带来尴尬。我们称呼外国的警察,似乎一般都称"警察"而不称"民警"。这就容易予人外国的"警察"均非保护人民的"民警"的错觉。我们在国内的职责为保护人民的"民警"一旦派驻国外,似乎就不好再称"民警"而成了"警察",但他们的职责理所当然仍是保护当地人民。没有一个国家宣称它的警察是只为保护少数人的利益,而不保护最广大人民的生命财产安全的。代表不代表人民,不是只看贴在脸上的标签。生活中不会因语言中有"民警"这个词,就会使所有的警察具有了为人民服务的性质;反之,生活中也不会因为语言中没有"民警"这个词,使警察不具保护人民的性质。"警察"不应因为没有"人民"的标签而使自身的性质发生改变。

"民警"不属于专业性的警种称谓。警种如乘警、法警、水警、武警、刑警、狱警、户籍警、片儿警等,他们都是"民警",其实也都是"警察"。或曰:"民警"就是"警察";"民警"一词的英译与"警察"一样,也是 police。既然"民警"跟"警察"是异名同实词,那么弃"警察"而取"民警"究竟有何意义,殊难理解。"民警"与"警察"比较,前者虽然较易拉近警察与人民的距离,增加某种亲近感,但后者似乎更具术语称谓的庄重性和严肃性,例如"中国刑事警察学院""香港警察局""澳门治安警察局""台北市政府警察局"中的"警察"都不可换以"民警"。再从缩略构词的角度看,"武警"是"武装警察"的略称,而不是"武装民警"的略称。"人民政府"未略作"民府"(倒是有"民政"一词,但那是"国内行政事务"意),"人民法院"未略作"民院"("民院"一般是"民族学院"的略语;倒也有"民法"一词,但那是法律的名词),"人民教帅"未略作"民教""民师","人民币"未略作"民币","人民警察"不略作"民警"道理上也是说得通的。

综上所述,像"民警"这样的词的创造,带有鲜明的时代性,它们是否还适宜如今的社会?回答如果是否定的,那么我们是否可以助其走进旧词语的行列了呢?

三

任何一种语言的词汇都必须在新增词语的同时淘汰旧词语,因为任何一部词典的容量都是有限的。以汉语为例,1960 年出版的《现汉》试印本收 43 000 条,1965 年的《现汉》试用本收 53 000 条,5 年间增收了 10 000 条。1978 年的《现汉》第 1 版,收条达56 000条,13年间增加了3000条。1996年的《现汉》修订本收条达60 000条,18年间增收了4000条。2002年出版的《现汉》增补本,虽未给出该版收条总数,但在"增补本说明"中说"在1996年修订本的基础上增收了近些年来产生的新词新义1200余条",也就是说,该版《现汉》实际收条达到61 000余条,6年间增收了1200条。2005年的《现汉》第5版收条65 000条,3年间增收3800条。2012年《现汉》第6版收条达69 000条,8年间增收4000条。不难看出,这52年也不平衡。"文革"期间,正常的文化建设基本处于停滞状态,因此从1965年试用本至1978年的第一版,13年间才增收3000条,平均每年才增230条。而从2002年的增补本到2005年的第5版,3年间就增收3800条,平均每年增1266条。《现汉》在增收新词语的同时也在淘汰旧词语,但前者的数量远超后者的数量,52年间词条净增26 000条,平均每年增加500条。这个数字与最近几年教育部的项目"新词语编年本"的成品《汉语新词语》所收年度新词语的数量还是大致吻合的。年均增收500条词语,百年就又是一部《现汉》的篇幅,这对任何一部纸质的语文工具书来说都是无法承受的。因此,建立一定的机制,积极而有序地淘汰旧词语,是当前需要认真考虑的问题了。

淘汰旧词语,不可像扫除垃圾一样一股脑儿地将其统统清理掉。旧词语是我们过往生活的忠实记录者,是我们语言昔日的精品,我们要像珍视新词语、现有词语一样对待旧词语,"事死如事生"。我们要为淘汰掉的旧词语立下档案,记录它们是何时因为何种原因退出语言生活的,它们的生命周期为何,其生命周期的递减率是怎样的,它们是否复苏过,或短暂复苏而后又在何时何地重新走入历史,它们中的一些成员死而复生、生而复死的原因是什么,等等。有必要的话,可设立国家级研究课题,组织队伍进行专项研究;可编写一部《现代汉语淘汰词语词典》,甚至可以出版编年本的《现代汉语淘汰词语词典》;还可建设旧词语的网站,随时监测。

语言学家不是法官,不是卫道士,语言生活中出现哪些新词语,不是语言学家的责任。但是工具书收不收那些条目,该不该将一些不合时宜的词语淘汰掉,语言学家责无旁贷。词典有教化之责,这是毋庸置疑的。例如"屌丝"《现汉》《新编》不收,值得称道;"官声"《现汉》未收,《新编》也未收,却是憾事;一些词语悄无声息地告别这个世界,直至若干年后才被人惊觉,却又不知它是何时、何地、因何缘故被淘汰出局的,给人留下长久的遗憾和难解的困惑;更有一些词语是当初特殊时代的出品,而今时过境迁,已与当今的社会多有不宜,似可考虑将其甄选出来,助其走进历史,好为词典腾出更多的篇幅,收录更有价值的词语。我们要将淘汰旧词语作为一件重要的工作来抓,常抓不懈,将后世的人们了解我们今天的钥匙交到后人的手上,尽力给后世留下一份比较完整而珍贵的历史记录。

附 注

[1] 参看章敬平.拐点——影响中国未来的 12 个月.新世界出版社,2004.
[2] 参看吴海蔓.王毅赴日新使命.经济观察报,2004-10-18.
[3] 参看郭玉洁.中国精兵之路.财经,2004(19).

参 考 文 献

1. 刘叔新.汉语描写词汇学.北京:商务印书馆,1990.
2. 吕叔湘.大家来关心新词新义.辞书研究.1984(1).
3. 马琳琳.论旧词语的复活.辽宁教育行政学院学报,2006(7).
4. 孙常叙.汉语词汇(重排本).北京:商务印书馆,2006.
5. 俞敏.化石语素.中国语文,1984(1).
6. 周荐.论词的构成、结构和地位.中国语文,2003(2).
7. 周荐.新词语的认定及其为词典收录等问题.江苏大学学报,2007(3).
8. 周荐."瓶""酒"与词语形义关系论略——以两岸汉语词语为例.澳门理工学报,2009(2).
9. 周荐.汉语词汇趣说.北京:商务印书馆(香港)有限公司,2012.

词汇化与词典的收词及释义

——以《现代汉语词典》第 6 版对 "×了/着" 结构的处理为例

侯 瑞 芬

(中国社会科学院语言研究所　100732)

提要　《现代汉语词典》对 "×了/着" 结构的处理有一个不断丰富和完善的过程。这类结构能否收入词典最重要的是看其整体意义是否不同于成分义的加合,但词典收词也往往会有实用性的考虑。词典对这类结构的处理主要有 "举例说明" "括注或注意说明" 和 "分别出条说明" 三种模式,应该根据具体情况做出合理的选择。这些收录原则和处理模式对其他经词汇化而来的结构的处理也有一定的借鉴作用。

关键词　×了　×着　词汇化　词典收词

一　引　　言

　　词汇系统是不断发展变化的,其中一个重要表现是新词的不断产生。新词的产生途径,除了语言使用者有意识地创造一些新词外,原先非词的结构在使用中也会逐渐融合,成为新的词汇单位。对于前一种方式产生的新词,比如"团购、蚁族、隐婚"等,人们容易察觉;而后一种新词是原有的语言单位从分立到融合的结果,经常被人们所忽视。比如说到"不说",我们首先想到这是一个动词短语,很少有词典收录它,但我们会听到这样的句子:

　　(1)这种衣服贵不说,质量也很差。

　　(2)人家哭了,你不说劝劝,还说风凉话。

　　这里的"不说"所表达的意义已经不是"不"和"说"意义的简单组合,它是一个具有独立意义和用法的新词。

　　这种一个语言形式从非词的单位变为词的过程即词汇化。最常见的词汇化是从短语演变为词,并列、偏正、动宾、主谓不同类型的短语都可以发生词汇化,上面提到的"不说"就是偏正短语词汇化形成的。另外,非短语结构也可以发生词汇化(董秀芳 2002;江蓝生 2004;刘红妮 2009),如:

×以:得以、给以、何以、加以、借以、可以、难以、所以、予以、足以、赖以、致以

×是:倒是、凡是、敢是、还是、横是、就是、老是、算是、先是、硬是、于是、真是、只是、自是、若是、可是、要是、愣是、怕是、总是

×于:敢于、便于、濒于、不下于、不至于、长于、处于、对于、甘于、等于、关于、惯于、归于、过于、基于、急于、见于、鉴于、居于、苦于、乐于、利于、忙于、难于、善于、属于、位于、限于、以至于、易于、勇于、由于、寓于、在于、至于、终于、忠于、碍于、安于、出于、富于、迫于、擅于、适于、趋于

这些结构已经发生词汇化或正处于词汇化的过程中,它们的意义已经难以从构成成分的字面意义推断出来,理应在词典中有所反映。但由于种种原因,这些结构还没有得到词典编纂者足够的重视,相关的研究成果在词典中的体现也还很不够。

我们从《现代汉语词典》(以下简称《现汉》)对"×了(·le)"和"×着(·zhe)"两类结构的处理入手,探讨这类由非短语结构经词汇化形成的词在收入词典时应该遵循怎样的原则,在释义时应该采取什么样的模式。为使问题更为集中,这里主要讨论从体标记"了/着"发展而来的"×了/着"。

二 现代汉语中的"×了/着"结构及词典的收录

"×了/着"是现代汉语中很常见的一类结构,《现汉》各版本对"×了/着"类结构都有所收录,具体情况如下:

版本	"×了"结构 收录词条	数量	"×着"结构 收录词条	数量
第3版	除了、为了、罢了	3	跟着、接着(❶用手接。❷连着;紧跟着)、为着、有着、悠着、紧着(加紧)、向着、可着、来着、归着、花搭着、明摆着、怎么着、这么着、那么着、意味着	16
第5版	除了、为了、罢了、得了	4	跟着、接着(动连着;紧跟着)、为着、有着、悠着、紧着(动加紧)、向着、可着、来着、归着、嗔着、花插着、花搭着、明摆着、怎么着、这么着、那么着、意味着	18

续表

版本	"×了"结构		"×着"结构	
	收录词条	数量	收录词条	数量
第6版	除了、为了、罢了、<u>得了</u>、<u>对了</u>、<u>完了</u>、<u>好了</u>、<u>行了</u>、<u>算了</u>	9	跟着、接着(❶动连着 ❷副表示跟前面的动作紧相连)、为着、有着、悠着、紧着(动❶加紧❷紧缩)、向着、可着、来着、归着、<u>喷着</u>、<u>本着</u>、<u>随着</u>、花插着、花搭着、明摆着、怎么着、这么着、那么着、意味着	20

说明:用下划线标注的为该版本新增词条或义项。

可以看到,《现汉》收录了不少"×了/着"类结构,而且每次修订都增加一些。第5版增加了"得了、喷着、花插着",第6版增加了"对了、好了、行了、完了、算了、本着、随着",并对"接着"和"紧着"的释义进行了修改。

除此之外,《现汉》在一些词的释义中也提到和"了/着"共现的要求,如在"算"的释义中提到"后面跟'了'","就是"的释义中提到"多加'了'","认"表示"认吃亏"的义项中用括注说明"后面多带'了'","老"在"指人死"的义项中括注说明"必带'了'","极"的释义中用"注意"的形式提到做补语时后面一般带"了"。"就、借、尽"的一些义项中提到"有时跟'着'连用","对"的释义中提到"常跟'着'","该"的释义中用"注意"的方式提到"有时带'着'"等等。

《现汉》第6版对"×了"的增补尤为突出。对于这类结构,董秀芳(2004)、彭伶楠(2006)、李宗江(2008)、李慧敏(2010)曾做过较为细致的研究。我们在此基础上,着重分析新增加的"×了"类结构,即"对了、完了、好了、行了、算了"。

1. 对了

"对"是形容词,意思是"相合;正确;正常"。在对话中,"对"可以用来表达说话者对对方的赞同和认可。

(3)"有空吗,喝两盅去。"

"有空。"

"不用跟家里打声招呼啊。"

"男人嘛,偶尔失踪一下也是应当。"江建平说得气壮山河。

"**对**,我也不打招呼,让她们等!等一下自己的男人怎么了?"管军也说得气壮山河的。

"**对**,让她们等!"(《半路夫妻》)

"对"和"了"组合也有这种用法,两者的不同在于"对了"往往表示对方的看法有所变化,而说话人赞同的是变化之后的看法。或者,对方的看法是说话人之前没有想到的。

(4)客:您就拿我来说吧,我蒙受了这么大损失,我都没说上日本找他们退款去。

莫:你也没钱去呀,我还真不是小瞧你。

客:有钱我也不去呀!你给我办护照啊?

莫:**对了**,有护照轮得上你吗?(《编辑部的故事》)

这里的"对了"是对对方变化后的看法的认同。

(5)戈:唷,干嘛你一个人唱啊!大家唱行不行啊?老刘、牛大姐,还有那老陈都能唱。

余:怎么了,怎么了?好事儿别忘了我啊。

戈:**对了**,老余也能唱了。你把那米继红、蕾丝都可以叫上嘛?(《编辑部的故事》)

这里的"对了"是对自己没有想到的看法的认同。这个对话中"余"所说的话可以缺省:

(5')戈:唷,干嘛你一个人唱啊!大家唱行不行啊?老刘、牛大姐,还有那老陈都能唱。(看到余从外面进来)**对了**,老余也能唱了。你把那米继红、蕾丝都可以叫上嘛?

在这种语境中,"对了"可以进一步脱离对之前话语的依赖,逐渐失去评价意义。

(6)"你如果看不上他,这事就当没有,他也不至于因此受到伤害……"

"**对了**,他有孩子没有?"

"有一个儿子,五六岁了好像。"(《牵手》)

这里说话人用"对了"打断了对方的话,这里的"对了"已经完全没有评价的意义,也不能用"你说得正确了"来替换,只是表示说话人突然想起某事。

《现汉》第6版中增收了"对了"一词:

对了 duì·le 动 ❶表示同意:~,就这么办。❷表示突然想起某事:~,还有件事得跟你说|~,别忘了吃药。

2. 完了

"完了"中的"完"是动词,表示"完结"。"完"和"了"的组合在句中常在动词后充当补语,是"结束了;完成了"的意思。当叙述先后发生的一系列事情时,常会出现动词重复使用的情况:

(7)他摇摇头,"现在连冯汉章在北京住什么地方都不清楚,去了以后还得先找人,找到人就得马上抓,抓**完了**马上就押回来,哪有时间闲串门呢?"(《便衣警察》)

这种句法位置使得"完"前的动词省略成为可能。"完了"逐渐发展出连词的用法。

(8)男的房主忙不迭地给胡小玲倒水,**完了**忙着翻抽屉去了,还是没给管军水喝,也没给管军让座。(《半路夫妻》)

(9)"一开始说押两块钱,我说行,旁边儿有人说下两块钱还不如不下呢……**完了**那男的就掏出钱包说我这儿两千多,押老爷子那儿……"(《半路夫妻》)

这里的"完了"不再充当动词的补语,直接连接两个小句,从意义上看也已经不能用"结束了""完成了"来替换。

《现汉》第6版中增收了"完了"一词:

完了 wán·le〈口〉匣用在句中,表示两件事相承接,依次发生:下了班先接孩子,~还得买菜。

3. 好了

"好"在对话中有表示"赞许、同意或结束"等用法:

(15)B:你洗澡在哪儿,在你工作那儿呀?

D:在单位。

B:**好**,**好**,省事,又干净。(北京口语语料库)

(16)圆圆:二叔,您好好干,我要在北京混不下去了,我就到海南找您去。

志新:**好**!到那我封你个师长旅长干干。(《我爱我家》)

(17)旅游学院的一间教室里,一节课刚刚上完。老师合起备课的笔记,然后宣布下课。

老师:"**好**,今天就到这儿,下课。"(海岩《五星饭店》)

"好"还可以用来转换或岔开话题,如:

(18)一天,我不想说那一天是几月几日。我家永远记得那日子,我一说,我现在立即就会……就会……**好**,我就说这天的事吧……(《一百个人的十年》)

"好了"也可以用来表示"结束",如:

(19)孙:别忘了,她是人工智能型儿的。啊,不仅会认钱呢,还会花钱。你们要不信哪,什么时候跟她去商店看看,买的东西啊,保准不吃亏。油着呢,是不是,蕾丝?

蕾:承蒙夸奖。

大家:哈哈哈。

孙:**好了**,我该告辞了。谢谢你们租用了蕾丝。(《编辑部的故事》)

"好了"还可以表示"制止"。

(20)李:你这话说得有点儿不讲道理。

何:我不讲道理?哼,我今天来啊,就是来跟你讲道理,不但我要跟你讲,我还要拉上你们去法庭上去讲。我今天把话已经说到这儿了,你们必须立即停止侵犯,否则一切后果由你们负责。

牛:**好了**,老何同志,别发火,别发火嘛。我们可以按你的要求立即责令他们停止这台晚会的举办……(《编辑部的故事》)

而"赞许"和"同意"则是"好"具有的功能,"好了"没有这样的用法。有时候"好了"看似表示同意,但实际上这种同意是为了不再继续对某个问题纠缠下去而做出妥协。

(21)旁边的传武闲不住,不停地捣乱,哥儿俩你一拳我一脚地逗了起来,不小心把夏老爷子的老花镜摔碎了。

传杰急哭了说:"都是你,看掌柜的不罚你才怪。"传武说:"怨你,谁叫你乱动!"传杰说:"你要无赖!"传武说:"**好了**,怨俺还不成吗?俺兜着。"(《闯关东》)

"好了"还可以用在句末,表示对某种意见或建议的接受和认可,在使用中可以表达"安抚对方"和"不在乎"两种不同的语气:

(22)妈说,他会借给的,你放心去**好了**,王三为了给妈治病,不想去也硬着头皮去了。(乔典运《香与香》)

(23)他把电话打到火葬场,说了一大通莫名其妙的话,被公安人员揭穿后,方才罢休。但仍公然挑衅说:"我的名字都是假的,你们公安局有本事去调查**好了**。"(王朔《枉然不供》)

《现汉》第6版中增收了"好了"一词:

好了 hǎo·le ❶动用在句首,表示结束或制止:～,今天就谈到这里|～,别再吵了! ❷助用在句末,表示安抚对方的语气:没问题,你放心～|有问题尽管提～。❸助用在句末,表示听凭,不在乎:他一定要去,就让他去～|让他告去～,我不怕!

4. 行了

"行"有"可以"的意思,用来应答时表示同意。

69

(24)"要不,咱们也别跟这儿站着了。"他说。

"**行**,那就各忙各的吧……我去派出所,你呢?"(《半路夫妻》)

"行了"与"行"的用法有明显不同,多用来表示结束或制止:

(25)传武对刘根儿说:"你年纪轻轻的,又没家没业,晚上能有啥事儿?可别不学好!我手下的兵,一不许赌,二不许嫖!"鲜儿说:"**行了**,我看这孩子不是那号人。"(《闯关东》)

《现汉》第6版中增收了"行了"一词:

行了 xíng·le 动 表示结束或制止:～,没事就先回去吧｜～,～,别说了。

5. 算了

"算"在汉语中有"作罢""到此为止"的意思,如:

(26)你不用找我,我天天都不一定在哪儿,他们什么时候抓住我什么时候**算**。(《半路夫妻》)

(27)时局艰难,今后,凡是找不到活儿干的,柜上还给每月开五块钱的份例,直到把咱们家底儿吃光了**算**。(《大宅门》)

"算了"也有"作罢"、"不再计较"的意思,如:

(28)既然是闹着玩,这事就**算了**,以后别这么闹就是了!(刘震云《一地鸡毛》)

(29)鹤苏看那神情,明知道他是不行,也只好**算了**,和他点了点头,就让听差将他带了出去。(《金粉世家》)

"算了"也可以用在句末,用来提出某种建议,如:

(30)"我得出去十来天,到外地弄鸭子,这里没人收账,我正愁找不到人,你以后每天下班,来替我收收账**算了**!"(刘震云《一地鸡毛》)

(31)镇三江说:"兄弟,你人品好,本事大,有胆有识,就留俺二龙山上**算了**,保你吃香的,喝辣的。"(《闯关东》)

《现汉》第6版中增收了"算了"一词:

算了 suàn·le ❶ 动 作罢;不再计较:他不愿意就～吧｜他不甘心,难道就这样～不成? ❷ 助 用在句末,表示祈使、终止等语气:别等了,早点儿去～｜今天干不完,就干到这里～。

通过分析,我们可以看到,以上几个"×了"结构中,"×"和"了"组合后,或者是所表达的意义发生了较大的改变,或者是增加或失去了某些功能。《现汉》对"×了"这种意义的发展做出了解说。

三 "×了/着"结构的收录原则及处理模式选择

1. "×了/着"结构的收录原则

梁源、王洪君(1999)对二字短语和二字词的定义是这样的:"二字短语"指"'字义＋结构义＝整体义'且'结构规则可自由类推使用'的两字组合","二字词"指"'字义＋结构义≠整体义',且/或'整体功能不同于同类短语'的两字组合"。二字词和二字短语的区分有意义和结构功能两个标准,而两者又以意义标准为主。

从意义上来看,词汇化而来的语言单位要收入词典,最重要的一点就是看其组合义是不是已经不同于成分义的加合。对于"×了/着"类结构来说,如果结构组合的整体意义已经不同于"×"和"了/着"加合的意义,那么这个"×了/着"结构可以收入词典。

在具体操作上,我们可以运用替换的手段来进行判断。如果"×了"结构中的"×"可以用与"×"类似的词去替换,那么说明这个"×了"结构的意义是其成分义的加合,就不能收入词典。反之,则可以收入词典。如"行":

行 ❾ 动 可以：～,咱们就照这样办吧｜算了,把事情说明白就～了。

这里的例句中也出现了"行了"的形式,但是它的意思就是"可以了",我们不必单独出一个义项"行了"表示"可以了"。相反,在"你放心去好了""让他告去好了"中,"好"不能用与之相近的词替换,它已经和"了"黏合在一起产生了新的意义,词典中应该收录。

2. "×了/着"结构的处理模式

虽然我们把组合义是不是等同于成分义的加合,作为决定一个结构是否能收入词典的基本原则,但是,仍需考虑语言的复杂性和词典的实用性等因素。这里我们试图以"×了/着"结构为例,分析它们的不同处理模式,希望能在词典编纂中对经历词汇化过程的非短语结构的处理有所帮助。

大致来说,对于"×了/着"结构,词典可以采取三种模式进行解释。

第一种方式是在"×"的释义后用举例的方式说明"×"与"了/着"的搭配关系。如：

仗[1] zhàng ❶……❷……❸ 动 凭借；倚仗：狗～人势｜他～着自己老子的势力欺负人。

这种释义方式分别列举了"×"和"×了/着"的用法,但对"×"和"×了/着"之间的关系不做说明,具有较强的包容性。

第二种方式是在"×"的释义中用括注或"注意"的方式来说明与"了/着"的搭配

使用。如：

  对 duì ❸〔动〕朝着；向着(常跟"着")：～着镜子理理头发｜枪口～着敌人。

  该¹ gāi〔动〕❶a)按次序等应当轮到；按情理应当(由……来做)：下面～你发言了｜这一回～我了吧？｜这个工作～老张来担任。〔注意〕有时带"着"(·zhe)：今天晚上该着你值班了。

  这种方式对"×了/着"的性质不做交代，把带"了/着"看作"×"的一种用法，既对词的用法进行了说明，又可以减少词条的数量，比较简明。

  第三种方式是"×"和"×了/着"分别出条。如"为"和"为了"：

  为 wèi ❶〈书〉帮助；卫护：～吕氏者右袒，～刘氏者左袒。❷〔介〕表示行为的对象；替：～你庆幸｜～人民服务｜～这本书写一篇序。❸〔介〕表示原因、目的：大家都～这件事高兴｜～建设伟大祖国而奋斗。❹〔介〕〈书〉对；向：不足～外人道。

  为了 wèi·le〔介〕表示目的：～工作学习新知识｜～人民利益而献身｜～教育群众，首先要向群众学习。〔注意〕表示原因，一般用"因为"，不用"为了"。

  这种方式明确承认"×了/着"作为词的地位。其优点是每个词有什么用法一目了然。

  (1) 语言结构的意义与处理模式的选择

  语言结构的意义对处理模式的选择有着重要影响，主要表现为"×"和"×了/着"意义之间的联系影响着我们对处理模式的选择。可以分为三种情况：

  1) 如果"×"和"×了/着"的意义没有明显的区别，那么用举例或者括注的方式处理是一种简便的方式。

  汉语中"顺着、沿着、朝着、照着、借着、趁着、凭着"等词可以看作是一个介词(董秀芳 2004：180—181)，因为它们与不加"着"的形式在意义上没有太大的变化，所以词典大多用举例或括注的方式处理。如：

  借 jiè ❸〔介〕(有时跟"着"连用)引进动作、行为所利用或凭借的时机、事物等：～着灯光看书｜～出差的机会调查方言。

  凭¹ píng ❹〔介〕表示凭借、根据：～票付款｜～经验判断｜劳动人民～着智慧和双手创造世界。

  顺 shùn ❷〔介〕依着自然情势(移动)；沿(着)：～大道走｜水～着山沟流。

  有些学者认为，《现汉》没有将所有具有介词性质的"×着"逐一列出是编纂的失误，这是对词典编纂工作的误解。吕叔湘先生主持制订的《现代汉语词典编写细则》(修订稿)明确指出："选收词汇应以普通词汇为主"，"普通词汇里的单纯词必须保证不漏收,合成词和词组是否立专条,看是否需要注释而定。"对于这类意义没有明显区别×和"×了/着"来说,分别出条进行解释会形成大量没有查检价值的冗余词条,浪费词典的篇幅。

2)如果"×"和"×了/着"的用法存在一定的交叉,那么最好分别解释"×"和"×了/着",以便于对"×"和"×了/着"的用法有更清晰的说明。如"为"和"为了"、"好"和"好了"的用法存在交叉,就采用了分别出条的模式。

3)如果"×"和"×了/着"的用法或意义出现了比较明显的差别,也最好分别解释"×"和"×了/着"。如"对"和"对了"、"行"和"行了"的意义有了明显的差别,就可以分别出条处理。再比如"悠"和"悠着":

悠² yōu 动〈口〉悠荡:站在秋千上来回～|他抓住杠子,一～就上去了。

悠着 yōu·zhe 动〈方〉控制着不使过度:～点劲儿,别干得太猛了。

(2) 语言结构的性质与处理模式的选择

语言结构的性质也影响着我们对处理模式的选择。首先,我们要确定"×了/着"的语法性质,这是不言而喻的。词汇化是一个渐进的过程,如果"×了/着"结构已经完成词汇化过程,成为一个公认的词,理所当然应该分别对"×"和"×了/着"进行解释,如上面提到的作为连词的"完了"。如果认为"×了/着"作为词的资格还存在争议,那么用举例或者括注的形式进行解释是一种较好的选择。

其次,"×"的语法性质对处理模式的选择也有一定影响。我们知道,带"着、了、过"是动词的一个显著特点,大多数动词都有这种性质。所以,如果是动词加"了/着"构成的"×了/着"形式,其中"×"的意义没有发生改变,可以不单独出条,只在词头"×"下用例子或括注的形式进行说明。如果这个动词在使用时不是必须带"了/着",可以选择第一种处理模式,即举例的方式。如:

醒 xǐng ❷ 动 睡眠状态结束,大脑皮层恢复兴奋状态。也指尚未入睡:大梦初～|我还～着呢,热得睡不着。

如果这个动词在使用时必须带"了/着"时,词典通常采取第二种处理模式,即括注或"注意"的形式进行说明,这也是为了简便而采取的一种变通方式。如:

认 rèn 动 ❹ 认吃亏(后面要带"了"):你不用管,这事我～了。

老 lǎo ❸ 动 婉辞,指人死(多指老人,必带"了"):隔壁前天～了人了。

再次,"×了/着"的词性是否发生改变对处理模式的选择也有一定影响。如果"×了/着"的词性与"×"不同,词典通常单独出条进行解释。"紧着"的情况就是这样,"紧"是形容词,"紧着"是动词,也发生了转类。"跟着"与此类似:

跟着 gēn·zhe ❶动 跟②。❷副 紧接着：听完报告～就讨论。

"跟着"如果没有副词的用法，就可以不出条。

(3) 音节数与处理模式的选择

释义模式的选择似乎与音节数也有关系。汉语中的词大多数是双音节的，当一个双音节词"×"与"了/着"组合时，即使"了/着"的出现是强制性的，词典一般也只收"×"作为词条。如：

就是[1] jiùshì ❶助 用在句末表示肯定（多加"了"）：我一定办到，你放心～了。❷副 单用，表示同意：～，～，您的话很对。

但如果"×"在现代汉语中已经没有单独使用的情况，那么，直接以"×了/着"出条也无不可。如"花搭着"：

花搭着 huā·dā·zhe 副〈口〉种类或质量不同的东西错综搭配：细粮粗粮～吃。

明摆着 míngbǎi·zhe 动 明显地摆在眼前，容易看得清楚：道理～，用不着解释｜～有困难，他还是硬把这活儿揽下来了。

除此之外，语言结构的使用频率、词典的规模以及读者对象等因素也对其处理模式的选择有着不同程度的影响，在词典编纂中应该根据实际情况综合考虑。

四 结 语

本文以"×了/着"结构为例，分析了《现汉》第 6 版在处理上的一些变化。对于《现汉》第 6 版中增收的"×了/着"类词条做了较为系统的梳理，对其主要用法尤其是一些口语中的用法进行了较为全面的解释。在此基础上，从是否收词和采取哪种释义模式的角度对"×了/着"类结构进行了讨论。

"×了/着"结构能否收入词典，最重要的是看其整体意义是否不同于成分义的加合，但词典收词也往往会有实用性的考虑。在词典中这类结构的处理主要有"举例说明""括注或注意说明"和"分别出条说明"三种模式，我们应该根据具体情况做出合理的选择。这些收录原则和处理模式对其他经词汇化而来的结构的处理也有一定的借鉴作用。

词典应该动态地反映语言实际面貌，而词汇化正是语言动态发展的一种表现，对经历词汇化的结构进行关注并在词典中有所体现对提高词典的质量有重要意义。

参 考 文 献

1. 董秀芳.词汇化:汉语双音词的衍生和发展.成都:四川民族出版社,2002.
2. 董秀芳.汉语的词库与词法.北京:北京大学出版社,2004.
3. 江蓝生.跨层非短语结构"的话"的词汇化.中国语文,2004(5).
4. 李慧敏.现代汉语"×了"类话语标记的互动话语功能研究.//北京语言大学博士学位论文,2010.
5. 李宗江.近代汉语完成动词向句末虚成分的演变.//历史语言学研究(第一辑).北京:商务印书馆,2008.
6. 梁源,王洪君.二字短语凝固度分级初探.//计算语言学文集.北京:清华大学出版社,1999.
7. 刘红妮.汉语非句法结构的词汇化.//上海师范大学博士论文,2009.
8. 吕叔湘.《现代汉语词典》编写细则(修订稿).//中国社会科学院语言研究所词典编辑室.《现代汉语词典》五十年.北京:商务印书馆,2004.
9. 彭伶楠.现代汉语双音词"×了"虚化与词汇化研究——以"好了"、"行了"、"罢了"、"完了"为例.//上海师范大学硕士学位论文,2006.

《现代汉语词典》对科技词的处理

周 明 鉴

（科学出版社　100717）

语文词典中酌收百科词是个常识性的问题。从多年来辞书评奖和辞书质量检查的情况来看，百科词的收词和释义常常是差错高发区。百科词涉及科学技术（包括自然科学和工程技术）和社会科学两大类。本文主要谈谈《现代汉语词典》（以下简称《现汉》）中有关科技词的问题。

吕叔湘先生在他亲自拟定的《〈现代汉语词典〉编写细则》中，对百科词的收词、释义等问题就已经做出明确规定，例如，第 10 条指出："本辞典选收专科语汇……应尽先选收中学课本、通俗读物里出现的，在政治学习、文化学习上有用的，与日常生活关系密切的。"第 99 条又指出："哲社科技术语的注解要能反映最新科学成就，但是不宜过于烦琐。注解行文要尽量求其通畅易懂，少用'行话'。"这些都是非常精辟，具有理论性和前瞻性的。所以词典出版后能基本满足广大读者的需求，受到了广泛的欢迎。为了使词典能更加完善，编者和出版者都在不断探索，以使其质量能进一步提高。

但是，由于辞书编纂的难度巨大，耗时长久，以及社会环境、语言生活及科学技术发展的迅速，词典中总会留下若干遗憾。正如学者们经常说的，"任何一部精品辞书的出版之日，就是修订工作开始之时"。中国社会科学院语言研究所词典编辑室和商务印书馆对此有清醒的认识，所以以持续的关注和努力，进行了五次修订，使其不断完善，赶上时代的步伐。

自然科学和工程技术门类繁多。按照国家标准 GB/T 13745—92《学科分类与编码》，一级学科有 39 个，二级学科有 401 个。各门学科的内容千差万别，术语成千上万，可谓"隔行如隔山"。为了编好词典中的科技词，中国社会科学院语言研究所词典编辑室专设由具备一定科技基础知识的同志组成的科技组，在对第 4 版进行修订时，还特邀十几位学科专家组成科技专家组，负责对科技词的修订提出意见。这样做的优点有以下几点：

1. 学科专家能注意按照学科系统由上而下进行收词,避免了一般语文词典编纂时按首字母或笔画分工收词容易出现的收词不系统、不平衡的弊病;

2. 学科专家能更加准确把握释义,而不是从二手、三手材料中辗转引用未经行家确认的释义;

3. 学科专家了解本学科的最新进展,能及时收入有关的新术语;

4. 学科专家熟悉与本学科有关的国家标准及规范,能提供符合规范化原则的术语及释文。

专家组的组成是有相当难度的,虽然各学科都有大量专家,甚至还有众多院士,但适合这项工作的专家是很少的。因为,适合进行辞书编纂的专家一定要具有以下条件:

1. 熟悉某一学科,并具有较宽的知识面;

2. 有较高的文字水平;

3. 学风严谨;

4. 有一定的辞书学知识,还要愿意并且有条件为辞书编纂出力。

由于词典是一种必须严格按照辞书学理论编纂的出版物,而精通辞书学的学科专家奇缺,所以还采取了学科专家与词典学家密切合作的做法。由于各学科都有成千上万个专业术语,都有条件单独编成一部大型学科词典,而《现汉》是一部中型语文词典,所以,各学科的收词的数量和范围必须要符合本词典的性质和规模的要求。这就需要辞书学家的参与。

学科专家编写的释文虽然很准确,但作为语文词典,其释文必须符合吕叔湘先生指出的"通畅易懂、少用'行话'"的要求。所以,学科专家编写或修改的释文都要由词典室科技组做"语文化"处理,使一般具有中等文化程度的读者都能看懂。所谓"语文化",从某种意义上来说,就是适当降低释义的科学性,用更通俗易懂的语言对词目进行阐释,使目标读者更容易理解。

"语文化"的一个重要内容就是"少用'行话'",也就是释文应尽量不出现本书中未收入的过专、过偏的术语。如果出现了这样的术语,吕先生已经在第99条中提出了解决办法,即:"(A)最好是避免这个术语;(B)其次是用这个术语而用括号加注;(C)必不得已则补收这个术语作一条。"吕先生还说:"末一条是不得已的办法,因为辗转援引很难有止境。"

"语文化"的结果是可能会损害释文的科学性,甚至出现差错。所以,语文化后的释文还要返回到学科专家手中,请他们判定是否改出错来了。如果有,就请他们进行修改。如此往复多次,使释文达到"科学家认为不错,一般读者能看懂"的境界。有同志将这种做法称为"水磨功夫",《现汉》中的科技条的确是用这种"水磨功夫"编出来的。

这就是《现汉》中的科技条较少出现科学性差错,而且具有较好的可读性的重要原因。

《现代汉语词典》第 6 版科技条目的修订

王 伟 李志江

(中国社会科学院语言研究所 100732)

提要 本文阐述了《现代汉语词典》第 6 版科技条目修订的思路与实践:加强规范性、确保科学性、完善系统性、补充知识性、体现时代性。在修订中,力求这五个方面的完美结合,使科技条目与时俱进、日臻完善。

关键词 《现代汉语词典》 科技条目 规范性 科学性 系统性 知识性 时代性

《现代汉语词典》(以下简称《现汉》)第 6 版的修订工作从 2007 年 10 月开始,至 2012 年 3 月完成,2012 年 6 月正式出版。

《现汉》第 5 版收录科技条目约 1 万条(如果以义项为单位,则在 1.3 万个左右),是《现汉》正式出版以来一次全面、深入的修订,得到了专家和读者的普遍肯定。基于这种情况,《现汉》第 6 版科技条目的主要修订任务是:在全书科技条目篇幅不明显增加的前提下,增收一些近年出现,并已进入社会日常生活的科技新词,修正第 5 版中存在的少量失误和不足,及时反映科技发展的新面貌、新水平,进一步提高科技条目的编写质量和查考价值。我们的修订主要从规范性、科学性、系统性、知识性、时代性五个方面着手进行。

一 加强规范性

《现汉》科技条目的收词及其释义,既要贯彻国家的语言文字规范,也要遵从国家的科技名词规范。科技词语常常遇到一物多名的情况,我们一般把专业领域中使用的名称作为正条,并详细注释,对异名、异形做副条处理,彼此挂钩。科学技术日新月

---

* 本文定稿过程中,吸收了谭景春、王楠、潘雪莲等先生提出的宝贵意见,谨致谢忱。

异,科技词语因而也发展迅速,新旧名称常有变化,我们要在词典中及时反映这种变化,这是《现汉》规范性的重要体现。《现汉》在科技条目的修订中,始终强调规范性,及时跟进科技词语的最新变化。《现汉》第 6 版在加强规范性方面主要采取了以下几种方法:

1. 参考《通用规范汉字表》,适量增收表中的科技用字及相关的科技条目

2013 年,教育部发布的《通用规范汉字表》中,有部分《现汉》第 5 版未收的字,第 6 版酌情做了增收。在增收科技用字时,有时会带出相关的科技词语,我们会一并考虑是否收录。例如:

䓛 guān 名 有机化合物,针状晶体,浅黄色,可看作是六个苯环组成的环烃。

《通用规范汉字表》收录了"䓛"字,该字有 guān 和 guàn 两个读音,存在争议,我们根据《有机化学命名原则》中的相关条文,将其读音确定为 guān。

又如:

扦 qiān ❶见 26 页〖白扦〗、1055 页〖青扦〗。❷用于地名:～树底(在河北)|～木沟(在山西)。

白扦 báiqiān 名 常绿乔木,高可达 30 米,叶子四棱状锥形,球果圆柱状长卵形。木材可用来制电线杆、枕木、家具等。

青扦 qīngqiān 名 常绿大乔木,高可达 50 米,叶子四棱状锥形,先端尖,球果圆柱状长卵形。木材可用来制电线杆、枕木、家具等。宜于造林,也供观赏。

《通用规范汉字表》收录了"扦"字,《现汉》第 6 版据此增收单字"扦"及由"扦"作为语素构成的相关科技条目"白扦、青扦"。

再如:

蛃 bǐng 见 1175 页〖石蛃〗。

石蛃 shíbǐng 名 昆虫,身体长,棕褐色,体表有鳞片,触角丝状细长,生活在阴湿的地方。种类很多。

《通用规范汉字表》收录了"蛃"字,现有资料中"蛃"只见于"石蛃",《现汉》第 6 版据此增收单字"蛃"及由"蛃"作为语素构成的相关科技条目"石蛃"。

2. 进一步贯彻科技名词规范

科技名词的规范,我们主要遵照全国科学技术名词审定委员会(以下简称"名词委")审定公布的科技名词。由于不同学科的名词审定工作是陆续进行、公布的,《现汉》不但要陆续予以跟进,还要注意及时发现和纠正之前跟进不到位的现象。第 6 版修订中,我们特别加强了对科技名词规范的学习和检查,进一步贯彻了科技名词规范。

例如：

《现汉》第 5 版：

无纺织布 wúfǎngzhībù 名 一种以纺织纤维为原料，外观和用途相当于布匹的片状物，因不经过一般的纺织过程，而通过机械或化学方法使纤维黏结得名。可做包装用布等。也叫不织布。

不织布 bùzhībù 名 无纺织布。

《现汉》第 6 版：

无纺布 wúfǎngbù 名 一种以纺织纤维为原料，外观和用途相当于布匹的片状物，因不经过一般的纺织过程，而通过机械或化学方法使纤维黏结得名。无纺布广泛应用于日常生活、工农业、交通、医疗卫生、航空航天等领域。

过去"无纺布、无纺织布、不织布"这几个名称一直并行使用，现在名词委推荐使用的是"无纺布"，我们随之予以调整，进一步贯彻了科技名词规范。

又如：

《现汉》第 5 版：

声速 shēngsù 名 声波传播的速度。不同的介质中声速不同，在 15℃ 的空气中每秒为 340 米，在水中每秒为 1440 米。旧称音速。

音速 yīnsù 名 声速的旧称。

超声速 chāoshēngsù 名 超过声速（340 米/秒）的速度。也叫超音速。

超音速 chāoyīnsù 名 超声速。

《现汉》第 6 版：

超声速 chāoshēngsù 名 超过声速（340 米/秒）的速度。旧称超音速。

超音速 chāoyīnsù 名 超声速的旧称。

名词委推荐使用的规范名词是"声速""超声速"，再参考《现汉》第 5 版"声速"和"音速"释义的处理方式，第 6 版对"超声速"和"超音速"的释义做了修改，进一步贯彻了科技名词规范。

类似的情况还有"太阳能电池""平舳"等。

3．进一步贯彻计量单位规范

例如：

《现汉》第 5 版：

道¹ dào ……⓫（～儿）量 计量单位，忽米的俗称。

丝（絲）sī ……❸[量]表示长度、重量的单位。a)长度,10忽等于1丝,10丝等于1毫。俗称1忽米为1丝。b)质量或重量,10忽等于1丝,10丝等于1毫。

《现汉》第6版：

道¹ dào ……⓫(～儿)[量]计量单位,相当于10微米。

丝（絲）sī ……❸[量]表示长度、重量的单位。a)长度,10忽等于1丝,10丝等于1毫。b)质量或重量,10忽等于1丝,10丝等于1毫。

"忽米"是公制长度单位,不是法定计量单位,第6版删除了"忽米",并在与之关联的"道"和"丝"的释义中做了相应的处理,进一步贯彻了计量单位规范。

又如：

《现汉》第5版：

电流 diànliú [名]❶电荷的定向流动。电流通过导体会产生热效应、磁效应、化学效应、发光效应等。❷电流强度的简称。

电流强度 diànliú qiángdù 单位时间内通过导体横截面的电量。单位是安培。简称电流。

《现汉》第6版：

电流 diànliú [名]❶电荷的定向流动。电流通过导体会产生热效应、磁效应、化学效应、发光效应等。❷单位时间内通过导体横截面的电量。单位是安培。旧称电流强度。

【**电流强度**】diànliú qiángdù 电流②的旧称。

《中华人民共和国法定计量单位》推荐使用的规范名词是"电流",《现汉》第6版把词目从"电流强度"调整为"电流",进一步贯彻了计量单位规范。

4. 释文中采用科技名词的规范名称

例如：

《现汉》第5版：

流线型 liúxiànxíng [名]前圆后尖,表面光滑,略像水滴的形状。具有这种形状的物体在流体中运动时所受阻力最小,所以汽车、火车、飞机机身、潜水艇等的外形常做成流线型。

艇 tǐng [名]❶比较轻便的船,如游艇、救生艇等。❷小型军用船只,如炮艇。潜水艇无论大小习惯上都称为艇。

《现汉》第6版：

流线型 liúxiànxíng [名]前圆后尖,表面光滑,略像水滴的形状。具有这种形状的物体在流体中运动时所受阻力最小,所以汽车、火车、飞机机身、潜艇等的外形常做成流线型。

艇 tǐng 名❶比较轻便的船,如游艇、救生艇等。❷小型军用船只,如炮艇。潜艇无论大小一般都称为艇。

名词委推荐使用的规范名词是"潜艇",而不是"潜水艇"。我们对此进行了全书统查,把全书释文中的"潜水艇"统改为"潜艇"。

又如:

《现汉》第5版:

机体 jītǐ 名 具有生命的个体的统称,包括植物和动物,如最低等最原始的单细胞生物、最高等最复杂的人类。也叫有机体。

发病 fā//bìng 动 某种疾病在有机体内开始发生:～率|秋冬之交容易～。

酶 méi 名 生物体的细胞产生的有机胶状物质,由蛋白质组成,作用是加速有机体内进行的化学变化,如促进体内的氧化作用、消化作用、发酵等。一种酶只能对某一类或某一个化学变化起催化作用。

《现汉》第6版:

发病 fā//bìng 动 某种疾病在机体内开始发生:～率|秋冬之交容易～。

酶 méi 名 生物体的细胞产生的有机胶状物质,由蛋白质组成,作用是加速机体内进行的化学变化,如促进体内的氧化作用、消化作用、发酵等。一种酶只能对某一类或某一个化学变化起催化作用。

生物学中,"机体"是规范名词,《现汉》第5版中,"机体"为正条,"有机体"为副条。但在"发病""酶"的释义中又出现了"有机体",这不符合《现汉》行文中应采用规范名词的原则,第6版做了修订,把相关释义中的"有机体"改为"机体"。

二 确保科学性

科学性是《现汉》科技条目释义的核心,通过这一次修订,《现汉》中科技条目释义的科学性更趋完善。

例如:

《现汉》第5版:

海洛因 hǎiluòyīn 名 有机化合物,白色晶体,有苦味,有毒,用吗啡制成。医药上用作镇静、麻醉药。常用成瘾。作为毒品时也叫白面儿。[英 heroin]

《现汉》第 6 版：

海洛因 hǎiluòyīn [名]有机化合物，白色晶体粉末，有苦味，有毒，用吗啡制成。医药上用作镇静、麻醉药。极易成瘾。作为毒品时也叫白面儿。[英 heroin]

服食海洛因，很快就会成瘾，所以必须远离毒品。《现汉》第 5 版释义中说"常用成瘾"不够妥当，第 6 版改为"极易成瘾"，更科学精准。

又如：

《现汉》第 5 版：

二年生 èrniánshēng [形]属性词。（植物）种子萌发的当年只长出根和叶子，次年才开花结实，然后死亡的，如萝卜、白菜、洋葱等都是二年生的。

白菜 báicài [名]❶一年生或二年生草本植物，叶子大，花淡黄色。是常见蔬菜。品种很多，有大白菜、小白菜等。❷专指大白菜。

洋葱 yángcōng [名]❶二年生或多年生草本植物，花茎细长，中空，花小，色白。鳞茎扁球形，白色或带紫红色，是常见蔬菜。❷这种植物的鳞茎。‖也叫葱头。

冬小麦 dōngxiǎomài [名]指秋天播种第二年夏天收割的小麦。

《现汉》第 6 版：

二年生 èrniánshēng [形]属性词。（植物）种子萌发的当年只长出根和叶子，次年才开花结实，然后死亡的，如萝卜、冬小麦等都是二年生的。

《现汉》第 5 版"二年生"的释义中说：如萝卜、白菜、洋葱等都是二年生的。我们来看"白菜"的释义：一年生或二年生草本植物；"洋葱"的释义：二年生或多年生草本植物。举例应尽量举典型的例子，而白菜和洋葱都不是典型的二年生植物，第 6 版将"白菜、洋葱"改为典型的二年生植物"冬小麦"，更科学精准。

再如：

《现汉》第 5 版：

闰年 rùnnián [名]阳历有闰日的一年叫闰年，这年有 366 天。农历有闰月的一年也叫闰年，这年有 13 个月，即 383 天或 384 天。

《现汉》第 6 版：

闰年 rùnnián [名]阳历有闰日的一年叫闰年，这年有 366 天。农历有闰月的一年也叫闰年，这年有 13 个月，即 383 天、384 天或 385 天。

《现汉》第 5 版"闰年"的释义不够完善，闰年也有 385 天的。第 6 版修订之后，弥补了缺憾，注释更为严谨。

类似的情况还有对"虹吸现象、伽马刀、梭子蟹、变色龙"等词条释义的修改。

三　完善系统性

《现汉》向来重视系统性，一方面是收词的系统性，一方面是相关条目释义的系统性。《现汉》第 6 版着重对收词的系统性做了检查和调整。

例如：

肾炎 shènyán 名 肾脏发炎的病，通常指肾小球肾炎，由链球菌等细菌或病毒引起。症状是血尿、高血压、水肿等，严重的出现心力衰竭或尿毒症。

从医学上看，"×炎"可能有上百种，是否收录、收多收少、哪些收哪些不收，取决于词典的性质和规模。作为小型语文词典的《现代汉语小词典》均未收录"×炎"，而作为中型语文词典的《现汉》则收录了较为常见的。如《现汉》第 5 版收了常见的"肠炎、肺炎、肝炎、关节炎、阑尾炎、盲肠炎、心肌炎"等，但未收同样常见的"肾炎"，第 6 版予以增补，这体现了《现汉》科技条目收词的系统性。

又如：

《现汉》第 5 版：

穗状花序 suìzhuàng huāxù 花序的一种，主轴很长，没有花梗，花直接生在主轴上面，如车前、小麦的花序。

花序分为有限花序和无限花序两大类，常见的有限花序有聚伞花序等，常见的无限花序有总状花序、穗状花序、伞形花序等。《现汉》收科技条目时，首先收录基本概念，基本概念的下位词则只收常见的。如收了基本概念"花序"，"花序"的下位词则只收常见的。《现汉》第 5 版修订初稿时，曾经收录了"聚伞花序、总状花序、穗状花序、伞形花序"等，在修订后期，要求科技条目适度删减条目、压缩篇幅。在删词过程中，只删了"聚伞花序、总状花序、伞形花序"，而漏删了"穗状花序"，造成了各种花序收词不统一的缺憾。这一组词要么统一收录，要么统一删除，处理方式要一致。第 6 版删除了"穗状花序"，使收词更具系统性。

冉如：

《现汉》第 5 版：

斩假石 zhǎnjiǎshí 名 剁斧石。

《现汉》第 5 版收录了"斩假石"，并作为"剁斧石"的副条处理，却漏收了主条"剁斧石"。严格地说，这是一处硬伤。出现这种情况的原因，也是因第 5 版删减科技条目不够慎重造成的。第 6 版修订时发现这一问题，并删去了"斩假石"。为了避免类似失误,今后删条时要统查全文,以保证收词的系统性。

四 补充知识性

在科技条目的释义中,要尽可能地交代其命名理据和应用领域等,使读者不仅知其然,而且知其所以然,不仅知道它是什么,而且还知道它用在什么地方。通过补充命名理据、应用领域等手段,把枯燥、生涩的专业知识和通俗易懂的语言生活有机地联系起来,便于读者更好地理解其科技内涵。

例如:

《现汉》第5版:

干电池 gāndiànchí 名 电池的一种。参看306页〖电池〗。

《现汉》第6版:

干电池 gāndiànchí 名 电池的一种,<u>因其电解液用淀粉糊固定,不能流动,所以叫干电池</u>。参看292页〖电池〗。

《现汉》第5版"干电池"的释义过于简单,读者查了之后依然无法明白词义。第6版补充了"干电池"的命名理据,为读者提供了更多的信息,有助于读者理解词义。

类似补充命名理据的条目还有"白面儿、关东糖、鹤嘴镐、鸡新城疫、雨花石"等。

又如:

《现汉》第5版:

无纺织布 wúfǎngzhībù 名 一种以纺织纤维为原料,外观和用途相当于布匹的片状物,因不经过一般的纺织过程,而通过机械或化学方法使纤维黏结得名。可做包装用布等。也叫不织布。

《现汉》第6版:

无纺布 wúfǎngbù 名 一种以纺织纤维为原料,外观和用途相当于布匹的片状物,因不经过一般的纺织过程,而通过机械或化学方法使纤维黏结得名。<u>无纺布广泛应用于日常生活、工农业、交通、医疗卫生、航空航天等领域</u>。

《现汉》第6版补充了"无纺布"应用领域的释义内容,使之与日常生活发生了联系,更便于读者理解。

五 体现时代性

《现汉》第5版出版以后的几年中,大量的科技新词新义不断涌现,也有少量的词语退出了词汇系统。我们要在词典中及时反映这种变化,在积极稳妥地收录新词新义的同时,也要适度删减一些陈旧的、过时的条目,以体现《现汉》的时代性。《现汉》第 6 版在体现时代性方面主要包括以下几种情况:

1. 增收新词、增补新义

(1)增收新词

例如:

物联网 wùliánwǎng 名 物与物相连的互联网。通过射频识别技术和信息传感设备(红外感应器、全球定位系统、激光扫描器等),按照约定的协议,将物品与互联网连接起来,实现物品的自动识别、跟踪、管理以及信息交换等。

物联网的概念,最早是美国在 1999 年提出的,十几年后的今天,物联网已经成为众所周知的新兴产业,成为新一代信息技术的重要组成部分。《现汉》第 6 版增收"物联网",以体现科技的发展、社会的进步。

又如:

抑郁症 yìyùzhèng 名 一种精神疾病,症状是情绪低落、自我责难、焦虑不安或反应迟钝等,严重时会自我伤害甚至自杀。也叫忧郁症。

据世界卫生组织统计,全球抑郁症的发病率约为 11%。当前全球十大疾病中,抑郁症排名第四位,预计到 2020 年,它可能成为仅次于心脑血管病的第二大疾病,因此引起了全社会的关注,《现汉》第 6 版增收"抑郁症"一词。

再如:

矮行星 ǎixíngxīng 名 沿不同的椭圆形轨道绕太阳运行的天体,呈圆球形,不能清除其轨道附近的其他物体。太阳系中的矮行星有冥王星、谷神星等。

2006 年 8 月,第 26 届国际天文学联合会通过决议,将原来九大行星中的冥王星不再作为行星看待,而归入矮行星的行列。《现汉》第 6 版据此增收了"矮行星",并修订了"行星、大行星、类地行星"等相关条目的释义。

随着新生事物进入人们的日常生活,《现汉》第 6 版还收录了"被动吸烟、彩铃、光伏效应、动车、屏蔽门、高铁、轨道交通、减速带、太空垃圾、网络综合征、微博、移动硬盘、云计算"等新词。

(2)增补新义

例如:

补丁(补钉、补靪) bǔ·ding 名 ❶补在破损的衣服或其他物品上面的东西:打~|~摞~。❷指补丁程序,用来修补计算机程序漏洞或升级软件。

随着社会的发展,计算机已经成为人们工作和生活中不可缺少的设备,而给计算机打补丁也成为维护计算机的常用手段。对这类日常生活中常见常用的词语的科技义，《现汉》第 6 版予以增补。类似的情况还有"黑、网、碟、老化、热浪"等。限于篇幅，下面仅列举两例：

黑 hēi ❶[形]像煤或墨的颜色（跟"白"相对）：～板｜～斑｜～头发｜白纸～字｜脸都晒～了。❷[形]黑暗：～牢｜天～了｜屋子里很～。❸(～儿)夜晚；黑夜：摸～儿｜起早贪～。❹隐秘的；非法的：～市｜～话｜～户｜～窝点｜～社会。❺[形]坏；狠毒：～心肠｜这种人心太～。❻[动]暗中坑害、欺骗或攻击：被骗子～了两万块钱｜昨夜被人～了一砖头。❼[动]通过互联网非法侵入他人的计算机系统查看、更改、窃取保密数据或干扰计算机程序：他们的网站被人～了。❽(Hēi)[名]姓。

网（網）wǎng ❶[名]用绳线等结成的捕鱼捉鸟的器具：一张～｜渔～｜结～｜撒～｜张～◇法～｜情～。❷[名]形状像网的东西：～袋｜蜘蛛～｜球～。❸[名]像网一样纵横交错的组织或系统：通信～｜交通～｜灌溉～｜营销～。❹[名]特指计算机网络：上～｜互联～。❺[动]用网捕捉：～着了一条鱼。❻[动]像网似的笼罩着：眼里～着红丝。

2. 删除旧词

《现汉》第 6 版删除的科技条目很少，主要是过于陈旧或使用频率较低的方言词、口语词等。

例如：

耳朵底子 ěr·duo dǐ·zi〈方〉中耳炎。

霍闪 huòshǎn〈方〉[名]闪电。

郎猫 lángmāo〈口〉[名]雄猫。

随着社会的发展、时代的进步，科学技术与人们日常生活的关系日益密切，越来越多的科技词语进入人们的日常生活并迅速普及。因此，科技条目在语文词典中的地位也有提升的趋势，国外的著名词典，如《牛津英语词典》《拉鲁斯法语词典》等，在其修订中都重视科技条目的及时收录和不断修订，《现汉》也是如此。只有开阔眼界，踏实前进，力求规范性、科学性、系统性、知识性、时代性的完美结合，才能使《现汉》与时俱进，更好地满足广大读者的需求。

参 考 文 献

1. 江蓝生.《现代汉语词典》第 6 版概述.辞书研究,2013(2).
2. 柯琦.科技词条的处理.辞书研究,1981(3).
3. 李志江.论《现代汉语词典》的百科条目.//《现代汉语词典》学术研讨会论文集.北京：商务

印书馆,1996.
4. 李志江,曹兰萍.《现汉》科技条目的修订.辞书研究,1997(1).
5. 李志江.第5版《现代汉语词典》科技条目的修订.辞书研究,2006(1).
6. 刘庆隆.辞书编纂工艺导论.武汉:崇文书局,2008.
7. 谭景春.加强研究,提高质量——谈《现代汉语词典》第6版条目修订.辞书研究,2013(2).

《现代汉语词典》第 6 版反义别义条目的修订

杜 翔

(中国社会科学院语言研究所 100732)

提要 别义造词是为了区别一个事物参照这个事物的名称而造出新词,包括别义原生造词和别义派生造词两类。别义词对被参照的原有词有单向依赖关系,别义词和参照词组成的别义聚合则有类义关系,第 6 版给需要交代得名之由的别义词在释义中标注"对'××'而言",给已视为类义关系的别义聚合的每一个词语都标注"区别于'××'"。反义关系标注"跟'××'相对",给相对应的词条给以释义行文、义项顺序等做了平行处理。

关键词 别义词 反义词 释义标注

词汇的基本功能是命名。随着同一类事物中新成员的出现,产生了新的词汇,使原有事物和新事物之间在某个意义上区别开来,我们说两者之间存在着别义关系(杜翔 2007)。别义词是汉语里起区别意义作用的一类词,是由于有参照词的存在才产生的,也是为强调与参照词的区别时才使用的(晁继周 2007)。别义词和参照词构成了别义聚合。本文重点考察别义聚合跟反义聚合、类义聚合的关系,讨论《现代汉语词典》(以下简称《现汉》)第 6 版在第 5 版基础上对反义、别义条目释义标注上所做的修订。

一 别义聚合与反义、类义聚合的关系

在新词命名的过程中,参照某个词或者就着事物的某个特征而造词的情况十分普遍。如电梯出现以后,原有楼梯被命名为"步梯";电梯一般都是垂直升降的,出现斜向运行的自动扶梯以后,原有电梯被命名为"直梯",其中"步梯""直梯"分别是"电梯""自动扶梯"出现以后对原事物重新命名,是为了区别于新事物而对原有事物特性的强化。"步梯—电梯""直梯—自动扶梯"分别组成了一个别义聚合(前者为别义词,后者为参照词),"楼梯"→"电梯"→"步梯","斜向运行的自动扶梯"→"直梯"分别形

成了链式的造词脉络。又如"干洗",意思是"用汽油或其他溶剂去掉衣服上的污垢",其特点是"不用水洗",为有别于"用水洗",于是造出了"干洗"。第6版增收了"水洗",它是参照"干洗"对原有"洗"重新命名而产生的别义词,"干洗—用水洗""水洗—干洗"分别组成了一个别义聚合(前者为别义词,后者为参照特征或参照词),"用水洗"→"干洗"→"水洗"也形成了链式的造词脉络。

词汇有多种语义聚合关系,刘叔新先生(1990)归纳为同义组、反义组、对比组、分割对象组等语义聚合。其中分割对象组,是指一种事物的各个不同部分,用意义不同的两个或多个词语分别加以反映,这些词语之间就在意义范围上彼此制约着。同作为某个词的几个下位词,恰好把一种事物完整地"分割"开来,几个下位词彼此会有分割对象的关系。如:戏剧—悲剧、喜剧、正剧;旧体诗—古体诗、近体诗;饺子—水饺、蒸饺、煎饺。刘先生所说的分割对象组类似于葛本仪先生(2001)提出的类属词。类属词又称上下位词,如"颜色"与"红、黄、蓝、白、黑"形成类属词的关系,"颜色"是类概念,"红、黄、蓝、白、黑"是"颜色"的种概念。其他如"金属"与"金、银、铜、铁、锡","年龄"与"老年、中年、青年、少年、童年、幼年",都属于类属词的意义类聚。在一个上位词之下形成的具有别义关系的一组下位词,可以视为分割对象组,相互间具有类义关系。

别义关系构成的逻辑基础是由于新概念的产生,原有概念的外延增加,成为新概念和原有概念之上的一个上位概念,由此命名的别义词和原有参照词形成了别义聚合,词与词之间形成了类义关系。概括起来说,别义聚合和反义、类聚合的命名着眼的角度不同,别义聚合着眼于某词区别于他词,强调其中各分类成员之间的区别,重在该词得名之由的溯源;反义聚合着眼于甲乙两词之间的矛盾对立,描述的是分布于同一语义场的两极或两侧的成员,重在揭示语义之反,语义之同是隐含的;类义聚合着眼于一组词语具有共同上位义,描述的是分布于具有共同上位义的同一语义场的各分类成员,重在揭示类属之同。一组词从不同角度来考察,会有不同的结论。

试以刘叔新先生在反义组中所举的"宏观世界—微观世界"为例。从词语产生的过程来看,因为人类发现了分子、原子、电子、夸克等极微小物质的领域"微观世界",原有的"世界"需要重新命名,产生了别义词"宏观世界"。"宏观世界"和"微观世界"有共同的上位词"世界",两者具有类义关系;但是从概念上看两者又存在矛盾对立,有反义关系。

有人认为,别义聚合往往两两相对,可以视为具有对立关系的反义聚合。我们知道,别义聚合虽然大多是两个一组,但也有三个以上为一组的,如"常衡、金衡、药衡",

"陈述句、疑问句、祈使句、感叹句",这种情况下,没办法视为对立对比关系。

即便是那些两两相对的别义聚合,把它们视为反义聚合还是比较勉强。刘叔新先生(1991)曾指出,词汇单位互相对照的现象相当普遍,如果把这些成双相对照的词语单位视为互为反义词语是成问题的,和一般的语感会有差距。他赞同《韦伯斯特新同义词词典》的做法,编者把"对照的词"与反义词区分开来,在举出同义词之后,不仅附列反义词,还列出对照的词,如词目"感性的"之下,有反义词"理性的",有"对照的词""智力的、内心的、心理的、精神的"等。刘先生认为,虽然这部词典中的"对照的词",性质上不见得都和汉语互相对比的词语一致,但这为反义词和对比词分开提供了一个良好借鉴。其实,刘先生区分反义词和对比词,从严限定反义词范围的思路也为别义聚合的定位提供了借鉴。基于别义聚合"别义成分+类义成分"的偏正式结构的特点,人们更多地把它们作为具有类义关系的一组词来看待,属于"同类"而且"有别",把别义聚合视为类义关系。

我们可以从结构和造词层次上把别义聚合和反义聚合大致划分出来。"别义成分+类义成分"的偏正式结构属二次造词,即以语素与语素组合构成复合词,或以词与词组合构成短语,以名词或名词性短语为主,不管这类结构的对立对比程度如何,我们都把它们作为别义聚合。反义聚合从严限定在一次造词上,以动词或形容词为主。

二　别义聚合的释义标注

1. 旧版《现汉》别义聚合释义标注的类型

(1)单向标注"区别于'××'"

别义词是为了区别一个事物而参照这个事物的名称造出的,因此,在词典注释中应该在别义词的释义中提示跟参照词之间的单向依赖关系,以揭示其得名之由。《现汉》第5版在这类别义词的释义中单向标注"区别于'××'",参照词不做标注。

如"白米—糙米"。为了有别于糙米,原先的大米被命名为"白米",从得名之由来看,别义词"白米"对参照词"糙米"有单向依赖性。

白米　去了糠的大米(区别于"糙米"),有时泛指大米。

糙米　碾得不精的大米。

又如"黑灾—白灾"。"白灾"中的"白"抓住了暴风雪的特点,"黑灾"是根据"白灾"的词形,使用"白"的反义语素"黑"来给牧区的另一种常见灾害进行命名,"黑"跟

"黑灾"本身的语义无关,如果离开了"白灾","黑灾"的命名就无从索解。从得名之由来看,"黑灾"对参照词"白灾"有单向依赖性。

黑灾 由于持续干旱,造成牧区牲畜大量死亡的灾害(区别于"白灾")。

白灾 牧区指暴风雪造成的大面积的灾害。

(2)逐一标注"区别于'××'"

我们知道,某个别义词的形成之初,它的使用频率大大低于相应的参照词,词典注释中只对别义词进行标注,表明了别义词对参照词存在单向依赖关系,有利于读者对词的意义和用法的理解。但是当这个别义词逐渐被人们接受,普遍使用开来以后,人们更多地把它们作为具有类义关系的一组词来看待。《现汉》给这些别义聚合的每个词语的注释中逐个标注"区别于'××'",提示它们相互间的类义关系。

如"活校—死校",这是校对方法的分类:

活校 按照原稿校对,同时检查原稿有无错误、缺漏,叫活校(区别于"死校")。

死校 按照原稿校对,只对原稿负责,叫死校(区别于"活校")。

又如"常衡—金衡—药衡",这是以适用场合的不同对英美质量制度所做的分类:

常衡 英美质量制度,用于金银、药物以外的一般物品(区别于"金衡、药衡")。

金衡 英美质量制度,用于金、银等贵重金属(区别于"常衡、药衡")。

药衡 英美质量制度,用于药物(区别于"常衡、金衡")。

《现汉》从第1版开始,就给别义词标注"区别于'××'",既用于强调溯源的单向标注,也用于强调类义关系的逐项标注。《现汉》收录的别义词逐版增加,这种同一种释义括注既用于单向标注,又用于逐项标注的做法引起了读者的误解,认为体例不一致,是词典释义的疏漏。因此,我们有必要对这两种情况做出不同的括注。

(3)单向标注"对'××'而言"

《现汉》标注单向依赖关系的还有一个标注"对'××'而言"。如:

机芯 钟表、电视机等内部的机器(对外壳而言)。

连裆裤 裆里不开口的裤子(对"开裆裤"而言)。

2. 第6版别义聚合释义标注的修订

从上面列举的情况可以发现,旧版《现汉》在标注别义关系时,标注单向依赖关系的体例既用"对'××'而言",也用"区别于'××'",这在一些类似条目中特别明显。如第5版以下各条:

本文 原文(区别于"译文"或"注解")。

本土 指殖民国家本国的领土(对所掠夺的殖民地而言)。

原版 书籍、音像制品等原来的版本(区别于翻印版、翻录版)。

原著 著作的原本(对译本、缩写本、删节本、改编本而言)。

旧版《现汉》原有的"对××而言"和"区别于'××'"这两种标注给我们提供了厘清体例的选项,在第6版修订中,我们做了如下分工:给那些需要溯源、揭示其得名之由的别义词,单向标注"对××而言",提示跟参照词之间的单向依赖关系;给那些通行时间较久、不必交代得名之由的别义聚合,逐条标注"区别于'××'"的释义标注,提示它们相互间的类义关系。把上述例子中单向标注的"区别于'××'"改为"对××而言"。

旧版《现汉》中跟"对××而言"形式上类似的一个标注是"就/指××而言/说",用来指明语义的范围或某个方面。第6版把指明语义范围的标注统一为"就/指××而言"。如第5版:

变革 改变事物的本质(多指社会制度而言)。

生源 学生的来源(多就招生而言)。

异乡 外乡;外地(就做客的人而言)。

脑际 脑海(就记忆、印象说)。

长此以往 老是这样下去(多就不好的情况说)。

第6版把"变革"的括注改为"多就社会制度而言",把"脑际"的括注改为"就记忆、印象而言",把"长此以往"的括注改为"多就不好的情况而言",使同类情况下的体例得到了统一。

三 反义聚合的释义标注

旧版《现汉》用"跟'××'相对"表示反义关系,第6版沿用这一体例。在反义聚合的释义标注中,碰到的难题是:二次造词的"别义成分+类义成分"的偏正式结构的标注,即一组单字或复合词构成的反义聚合,由这个单字或复合词作为修饰成分构成的相对应的偏正关系复合词或短语如何标注。就《现汉》而言,这类条目同类的情况未能统一处理,释义标注有不少可商榷之处。如第5版"生、熟"字下的"生人—熟人"互相括注"跟'××'相对","生客—熟客"未做标注,"生字—熟字"只在"熟字"后括注"区别于'生字'"(第1—4版此处括注"跟'生字'相对"),"生字"未做标注。

为了更好地研究这类条目的释义标注,我们对《现汉》第5版的"大""小"字头下所收的这类对应条目做一番考察。考察中我们事先排除那些没有共同类义的条目,如:大肚子—小肚子(前者是肚子大,后者指身体部位)、大将—小将(前者是军衔名,后者指年轻将领)、大姐—小姐(前者是大姐姐,后者指年轻女子)、大舌头—小舌(前者指舌头不灵活,后者指身体部位),"大×—小×"条目互相对应共有76组:

大巴—小巴、大白菜—小白菜、大班—小班(另有"中班")、大便—小便、大菜—小菜、大肠—小肠、大潮—小潮、大车—小车、大乘—小乘、大词—小词(另有"中词")、大葱—小葱、大豆—小豆、大队—小队(另有"中队")、大额—小额、大姑子—小姑子、大褂儿—小褂儿、大寒—小寒、大号—小号(型号)、大号—小号(乐器)、大户—小户、大花脸—小花脸、大环境—小环境、大黄鱼—小黄鱼、大家庭—小家庭、大建—小建、大节—小节、大解—小解、大尽—小尽、大舅子—小舅子、大楷—小楷、大考—小考、大老婆—小老婆、大礼拜—小礼拜、大量—小量、大麦—小麦、大猫熊—小猫熊、大毛—小毛、大米—小米、大名—小名、大拇哥—小拇哥儿、大拇指—小拇指(另有"中拇指")、大脑—小脑(另有"中脑")、大鲵—小鲵、大年—小年、大票—小票、大气候—小气候、大前提—小前提、大钱—小钱、大球—小球、大曲—小曲、大人—小人儿、大人物—小人物、大提琴—小提琴(另有"中提琴")、大同乡—小同乡、大头—小头、大腿—小腿、大我—小我、大五金—小五金、大戏—小戏、大写—小写、大行星—小行星、大型—小型(另有"中型、微型")、大熊猫—小熊猫、大修—小修、大学—小学(另有"中学")、大雪—小雪(另有"中雪")、大循环—小循环、大样—小样、大衣—小衣、大姨子—大姨子、大雨—小雨(另有"中雨")、大月—小月、大灶—小灶(另有"中灶")、大站—小站、大指—小指(另有"中指")、大篆—小篆。

根据其得名之由、结构关系等不同,可分为两种情况:

1)某种具体事物的名称,如:大白菜—小白菜、大便—小便、大肠—小肠、大葱—小葱、大豆—小豆、大号—小号(乐器)、大黄鱼—小黄鱼、大楷—小楷、大麦—小麦、大米—小米、大脑—小脑、大鲵—小鲵、大钱—小钱、大腿—小腿、大熊猫—小熊猫、大指—小指、大篆—小篆。在这些事物的名称中,"大、小"之间的对立关系只在得名之由的层面上,词与词之间不能看作反义聚合,如果需要交代得名之由,可以视为别义聚合进行标注。如"大篆"《现汉》第5版释为"指笔画较繁复的篆书,是周朝的字体,秦朝创制小篆以后把它叫做大篆",就是因为小篆出现以后对原有篆书的重新命名,"大篆"就是一个别义词。

2)对应词语的内部组成成分较分散,"别义成分"和"类义成分"是一种组合关系,别义成分"大、小"表示类义成分在体积、面积、数量、力量、强度、排行、年纪等的差别。如:大巴—小巴、大班—小班(另有"中班")、大队—小队(另有"中队")、大额—小额、大姑子—小姑子、大号—小号(型号)、大舅子—小舅子、大考—小考、大老婆—小老婆、大量—小量、大球—小球、大人—小人儿、大人物—小人物、大同乡—小同乡、大头—小头、大我—小我、大写—小写、大型—小型、大修—小修、大样—小样、大姨子—大姨子、大灶—小灶(另有"中灶")、大站—小站。纳入语义关系标注范围的主要是这些条目。

这类二次成词的条目数量大，见词明义，《现汉》在单字"大""小"下已经分别列出相对应的义项：

　　大　❶形 在体积、面积、数量、力量、强度等方面超过一般或超过所比较的对象（跟"小"相对）：房子～｜地方～｜年纪～｜声音太～｜外面风～｜团结起来力量～｜你的孩子现在多～了？❹形 排行第一的：老～｜～哥。（第6版）

　　小　❶形 在体积、面积、数量、力量、强度等方面不及一般的或不及比较的对象（跟"大"相对）：～河｜～桌子｜地方～｜鞋～了点儿｜我比你～一岁｜声音太～，听不见。❺形 排行最末的：～儿子｜他是我的～弟弟。（第6版）

根据语文词典"以字带词"的编写通例，《现汉》对这类二次成词条目一般不做语义关系标注，以免不胜其烦、顾此失彼。第5版只对7组聚合做了标注，其中互注"跟××相对"的有"大考—小考""大球—小球""大同乡—小同乡""大我—小我""大写—小写"，互注"区别于'××'"的有"大样—小样""大灶—中灶—小灶"。就是第5版标注的这7组，也还可以删减。第6版已删去了"大考—小考""大同乡—小同乡"的标注。考察第6版仍标注的"大球—小球""大我—小我""大写—小写"，其实也可调整为别义聚合，其中"大球—小球""大写—小写"释义可不做标注或逐一标注"区别于'××'"，别义词"小我"因为有了"大我"这个参照词而对原有的"我"的重新命名，"小我"是别义逆推词，释义可单向标注"对'大我'而言"，"大我"不做标注。

"大""小"字下所收偏正式复合词条目中，有些条目虽然在词形上没有构成严格对应的"大×—小×"这样的聚合，但是从语义上能找到相参照的词语。如"大门"（参照"二门"和各房各屋的门）、"大枪"（参照"手枪"或其他短枪等）、"大人"（参照"小孩儿"），《现汉》给这几个别义词在释义中做了单向标注。

当然，还有为数不少的"挂单"条目，提示了产生别义词的"空位"，即"潜词"（王希杰1996），其中有些"挂单"条目跟相对应的条目之间难以分出谁是源谁是流，说是"潜词"，还不如坦率地说是词典的失收。以第5版收的"挂单"条目"大课、大姓、大众、大族""小报、小工、小两口、小龙"为例，"大课—小课""大姓—小姓""大族—小族""大报—小报""老两口—小两口"均为平行的一组组词语，应该一起出条或一起删条。第6版因"小两口"而增收"老两口儿"，释为"指老年夫妇"，并将"小两口"的词形改为

"小两口儿",两者释义未做语义关系标注。第6版因"大众"而新收潜词"小众",释为"人数少的群体(对'大众'而言)"。

其实,"大工""小龙"相对应的潜词"小工""大龙"也可补出,试拟释义如下:

小工 壮工。(第6版,"壮工"释为"从事简单体力劳动的没有专门技术的工人")

大工 从事体力劳动并有一定专门技术的工人。(新拟条)

小龙 指十二生肖中的蛇。(第6版)

大龙 指十二生肖中的龙(对"小龙"而言)。(新拟条)

四 相对应条目的平行处理

同场同模式,同类条目同样处理在辞书编纂中已取得共识(李智初 2007)。反义、类义聚合内各条目在义项编排和释义行文等应该特别讲究,第6版在这方面做了修订。如第5版"牡—牝":

牡 雄性的(跟"牝"相对):～牛。

牝 雌性的(指鸟兽,跟"牡"相对):～牛|～鸡。

"牝"提示了语义范围"指鸟兽",而"牡"却没有,第6版修订时把"牡"的括注改为"指鸟兽,跟'牝'相对"。

当然,这种做法并非"一刀切",有些聚合内各成员之间并不完全对等,需要给以特别标注。如第5版"呼—吸":

呼 生物体把体内的气体排出体外(跟"吸"相对):～吸|～出一口气。

吸 生物体把液体、气体等引入体内(跟"呼"相对):呼～|深深地～了一口气。

两者使用范围并不相等,"呼"只限于"体内的气体;气息",第6版修订时把"吸"的括注改为"跟'呼'相对,但'呼'限于气息",提示了使用范围。

多义项反义聚合成员之间语义大都一一对应,但也有个别一对多的情况。如第5版"绝对—相对":

绝对 ❶[形]没有任何条件的;不受任何限制的(跟"相对"相对):～真理|～服从|反对～平均主义。❷[形]属性词。只以某一条件为根据,不管其他条件的:～值|～温度|～高度。

相对 ❸[形]属性词。依靠一定条件而存在,随着一定条件而变化的(跟"绝对"相对):～高度|在绝对的总的宇宙发展过程中,各个具体过程的发展都是～的。

"绝对"①是指无条件的,"绝对"②是指根据某一条件的,从两个角度分别对应

"相对"③,第 5 版只标注了"绝对"①、"相对"③之间的反义关系,漏标了"绝对"②、"相对"③之间的反义关系。第 6 版修订时把"绝对"①的括注改为"跟'相对'相对,下②同"。

第 6 版对于那些平列的别义聚合各成员也做了平行处理。如第 5 版"古代—近代—现代":

古代 过去距离现代较远的时代(区别于"近代、现代")。在我国历史分期上多指 19 世纪中叶以前。

近代 过去距离现代较近的时代,在我国历史分期上多指 19 世纪中叶到五四运动之间的时期。

现代 现在这个时代。在我国历史分期上多指五四运动到现在的时期。

第 5 版对"古代"做了单向标注。"古代、近代、现代"的单向依赖关系不明显,宜作为一组平列的类义聚合看待,考虑到类似的聚合"上古、中古、近古"未做标注,第 6 版删去了"古代"注释中的括注。做同样处理的有"人力车",第 5 版单向括注"区别于'兽力车'和'机动车'",第 6 版删去了这一括注。

一对反义词聚合,往往平行引申出多个义项,这些引申出的对应义项之间也有反义关系,原版本在标注后有的义项时一一标注"跟'××'相对",有的在首次出现"跟'××'相对"的义项中标注"下同"或"下×同"(×为义项号),处理不一致,第 6 版按照后一种方法做了统一。如第 5 版"强—弱":

强 ❶[形]力量大(跟"弱"相对):～国│富～│身～体壮│工作能力～。❻[形]用在分数或小数后面,表示略多于此数(跟"弱"相对):实际产量超过原定计划 12%～。

弱 ❶[形]气力小;势力差(跟"强"相对):软～│衰～│他年纪虽老,干活并不～。

❻[形]用在分数或小数后面,表示略少于此数(跟"强"相对):三分之二～。

第 6 版修订时分别把"强""弱"义项①括注改为"跟'××'相对,下⑥同",同时删去了义项⑥后的括注;同时,参照"弱"义项①的释义,把"强"义项①修订为"力量大;势力大",以使释义平齐。

参 考 文 献

1. 晁继周.说别义词.江苏大学学报(社会科学版),2007(5).
2. 杜翔.略论别义关系与别义词.辞书研究,2007(5).
3. 符淮青.现代汉语词汇.北京:北京大学出版社,1985.
4. 葛本仪.现代汉语词汇学.济南:山东人民出版社,2001.

5. 顾阳,沈阳.汉语合成复合词的构造过程.中国语文,2001(2).
6. 李志江.试论《现代汉语词典》反义词处理的层次.∥词汇学理论与应用(四).北京:商务印书馆,2008.
7. 李智初.现代语文辞书释语的同场同模式原则.辞书研究,2007(3).
8. 刘叔新.汉语反义词语的类别和特点.世界汉语教学,1988(3).
9. 刘叔新.汉语描写词汇学.北京:商务印书馆,1990.
10. 刘叔新.词语对比的聚合及其与反义聚合的比较.语文研究,1991(3).
11. 沈家煊.语用原则、语用推理和语义演变.外语教学与研究,2004(4).
12. 石安石,詹人凤.反义词聚的共性、类别及不平衡性.∥语言学论丛(第十辑).北京:商务印书馆,1983.
13. 孙常叙.汉语词汇.长春:吉林人民出版社,1956.
14. 王希杰.修辞学通论.南京:南京大学出版社,1996.
15. 夏广兴,徐时仪.汉语反义词研究述略.大同高专学报,1997(4).
16. 张庆云,张志毅主编.反义词大词典.上海:上海辞书出版社,2003.
17. 朱德熙.关于向心结构的定义.中国语文,1984(6).

《现代汉语词典》第 6 版中地名字头的修订

张 铁 文

(中国社会科学院语言研究所　100732)

提要　《现代汉语词典》第 6 版对地名字头进行了较大幅度的修订。近年来,随着我国经济、社会的快速发展和改革开放的深入进行,民政、测绘、公安部门在实际工作中遇到很多生僻地名用字电脑录入方面的新问题。我们得到相关部门反馈来的地名用字 300 多个,主要通过参考各类工具书、网上资料查核、地图核对、电话咨询、实地调查等五种手段对收集到的地名用字逐一进行筛查甄别,最后选取其中 100 多个地名用字收入《现代汉语词典》第 6 版,以方便读者查检使用。

关键词　现代汉语词典　地名字头　修订

《现代汉语词典》(简称《现汉》)第 6 版对地名字头进行了较大幅度的修订。人类社会生产生活中的各类信息 80% 以上与地理位置有关,地名信息在人类活动及生产实践过程中起着非常重要的作用。随着我国经济、社会的快速发展,随着改革开放的深入进行,民政、测绘、公安部门在实际工作中遇到很多地名用字方面的新问题,一些地名用字在社会上被较多使用,但由于常用工具书未收录,电脑字库中也未收,导致相关部门在地名信息录入时面临现实困难。《通用规范汉字表》(由教育部、国家语言文字工作委员会组织制定,国务院 2013 年 6 月 5 日公开发布)中三级字收入了部分地名用字,主要由民政部和国家测绘地理信息局提供。在《通用规范汉字表》制定过程中,我们参与了相关地名用字的分析和处理。我们从《通用规范汉字表》研制组(以下简称字表研制组)得到相关部门反馈来的地名用字 300 多个,多为乡镇级及其以下的地名用字。我们主要通过参考各类工具书、网上资料查核、地图核对、电话咨询、实地调查等五种方法对收集到的地名用字逐一进行筛查甄别,最后选取其中 100 多个地名用字收入《现汉》第 6 版,以方便读者查检使用。

一　参考各类工具书

地名用字往往不单用于地名,因此首先要利用《汉语大字典》《汉语大词典》等工具书对收集来的 300 多个地名用字进行查检分析,如果只有古义而无现代义,无常用语文义,才考虑用地名释义方式处理,因为此时地名用法是该字唯一的现代用法,是目前词典中需要表现出来的该字的主要用法。

以"堉"字为例。在字表研制组所提供的资料中,"堉"是地名用字之一。《汉语大字典》该字的释义是土埂子。考察得知,"堉"字现在既可单用为"土坝"义,又用于地名,常见于湖北省鄂东地区。综合多方资料,《现汉》第 6 版收入了"堉"字条:

堉 lǜ 土埂。

只释出其现代语文义,未用地名用字释义方式释义。

确认对某一地名用字采用地名用字方式释义后,要利用《中华人民共和国地名大词典》(五卷本)、《中华人民共和国地名词典》(分卷本)、《中国地名录》、《全国乡镇地名录》、《中华人民共和国行政区划简册》(年册)、各省市地名录、方志等工具书对地名进行精细的查证核实,确保该字确实用于地名,该地名确实在实际使用中,然后确认字形、字音、字义。

以"蚆"字为例。在字表研制组所提供的资料中,地名用字"蚆"字提供的地名用例是"蚆蛸村"。查检地图可知,蚆蛸村位于大连市长海县蚆蛸岛。

《辽宁省地名录》(辽宁省地名委员会办公室编 1988)收入"蚆蛸岛",注音为 Bashao Dao,未标声调。

《大连国土资源地图集》(测绘出版社 1993)该岛标注为"蚆蛸岛"。

《辽宁省海岛资源综合调查地图集》(科学出版社 1996)中该岛标注为"巴蛸岛"。

《辽宁省地图集》(辽宁省测绘局编制 1997)该岛标注为"巴蛸岛",该村标注为"蚆蛸村"。

《中华人民共和国地名大词典》第四卷(商务印书馆 2002)收入"巴蛸岛"词条:巴蛸岛[Bāshāo Dǎo] 在辽东半岛东南侧黄海海域,小长山岛东侧。属长海县。岛形似巴蛸,故名。古称八岔岛……(第 6586 页)

《辽宁省地图册》(中国地图出版社 2004)该岛标注为"蚆蛸岛"。

《辽宁省公路网图集》(辽宁省交通厅公路管理局、辽宁经纬测绘科技有限公司 2004)该岛标注为"蚆蛸岛",该村标注为"蚆蛸村"。

《辽宁省林业地图集》(中国林业出版社 2008)该岛标注为"虷蛸岛",该村标注为"虷蛸村"。

《中国文物地图集·辽宁分册》(西安地图出版社 2009)该岛标注为"虷蛸岛",该村标注为"虷蛸村"。

《辽宁省地图集》(中国地图出版社 2009)该岛标注为"虷蛸岛",该村标注为"虷蛸村"。

我们又打电话咨询了当地旅游局的工作人员,得知"虷蛸"读 bāshāo,"虷"字字形中有虫字旁。

从相关方志和地图资料可以看到,虷蛸岛曾经在 20 世纪 90 年代使用"巴蛸"词形,之后又恢复原词形"虷蛸"。

综合相关资料,《现汉》第 6 版收入了"虷"字条:

虷 bā 虷蛸(Bāshāo),岛名,在辽宁。

再以"妣"字为例。在字表研制组所提供的资料中,地名用字"妣"未提供地名用例。利用谷歌和百度搜索引擎,可检索到江西省上饶市玉山县妣姆镇。

查检 1983 年版的《玉山县地名志》可以得知妣姆这一地名的得名由来:

在县城西面十八公里黄家溪北岸,有一个名叫妣姆的地方,现在的妣姆公社以它取名。妣姆之名虽沿用久远,在县内遐迩闻名,但究其来历,却很少为人知晓。

妣姆原名石笋山。相传在明初,有一王姓在此落户。儿媳为人贤惠,治家勤俭,一家四口虽清茶淡饭,倒还清静自在。儿媳十九岁怀孕的那年,丈夫突然暴病去世,全家十分悲伤。不久遗腹子出世了,全家又喜又愁。公婆年迈多病,生活的重担自然落在儿媳身上。自此她更加勤勉奋发,日耕夜织,里外操劳,尽心服侍二老,悉心抚育幼子,竭尽全力为王家支撑门户,以期有出头之日。公婆见她正青春貌美,这样苦熬孤守,于心不忍,劝她改嫁。她却跪告说:"公婆在上,儿媳矢志苦守,奉养大人到老!",并谢绝了一切媒妁之言,舍命护住这个贫苦家庭。后来公婆去世了,孤儿寡母相依为命,其情更加凄然。她省吃俭用,仍然供儿子上学,母子过着艰难清苦的生活。

寒窗苦,织机寒,十多年后,儿子不负母望,终于考取了功名,光耀了王家门第。后来这位寡妇寿享古稀,儿子也官拜尚书。

村人谓其仪容端庄,妣也;妇道高尚,姆也。在她去世后,为颂扬其妇仪妇德,使后人仿效,就在村西修一庙宇,为母子塑了像。并改村名为妣姆。

《江西省地图集》(江西省测绘局编制 1988)将该地标注为"妣姆",为乡镇级行政区划单位。

《中华人民共和国地名大词典》第二卷(商务印书馆 1999)第 2292 页收入了"妣姆乡"条。

《中华人民共和国政区标准地名图集》(星球地图出版社 2001)中该地标注为"必姆镇"。

《江西省地图集》(中国地图出版社 2008)该地标注为"必姆镇"。

《中华人民共和国乡镇行政区划简册》(中国统计出版社 2010)名录部分第 182 页地名一览表中列有江西省上饶市玉山县必姆镇。

从以上方志和地图资料可知,目前该地地名为必姆镇,曾用名为妣姆乡。进一步查检民政资料得知,1996 年 3 月 19 日,撤销必姆乡,设立必姆镇(赣民字[1996]51 号批复)。1997 年 3 月 21 日,妣姆镇更名为必姆镇(赣民字[1997]59 号批复)。由此可知,"妣"字已被当地简化为"必"字,不再用于地名,因此暂无收入该地名用字的迫切需要,《现汉》本次修订未收入该字。

二　网上资料查核

1. 搜索引擎方面:主要利用谷歌和百度,可进行地名的初步筛查。

以"琋"字为例。在字表研制组所提供的资料中,地名用字"琋"的地名用例是"玳琋村"。利用谷歌和百度搜索引擎,可检索到广东省惠州市惠城区潼湖镇有玳琋村,百度地图该地标注为"玳琋村",打电话咨询当地镇政府,确认该地名为玳琋村。虽然无法确定字表研制组所提供的资料中的玳琋村究竟位于何地,但推测"玳琋村"为"玳琋村"的误写可能性较大。因此"琋"字最终未作为地名用字收入《现汉》第 6 版。

2. 行政区划网方面:主要利用行政区划网 http://www.xzqh.org/,该网站非民政部门官方建立,权威性略低,但是更新及时,内容丰富,是目前比较好用的行政区划网上资料。民政部地名所也有行政区划网可供参考。

3. 民政部门各级地名网,如中国地名网(民政部地名研究所主办)、山东地名网、浙江地名网。各地地名网一般由当地民政部门主办。

4. 字音确定方面也可利用网络视频资料来辅助,如从地名用字所在地新闻的视频片段了解该字在当地媒体的读音。

以"脿"字为例。在字表研制组所提供的资料中,地名用字"脿"字的地名用例是"法脿乡"和"禄脿镇"。禄脿距离安宁城 30 多公里,地处易门、禄丰、罗茨、安宁的交界处,自古就是云南茶马古道上昆明通往滇西必经之路。网上检索到一段介绍禄脿老街旅游的视频,从中可以了解到主持人和解说时该字的读音,可作为确定读音的参考资料之一。

5. 有些地名要利用网上新闻(文字版)验证其当前的最新使用情况。

以"濯"字为例。在字表研制组所提供的资料中,地名用字"濯"的地名用例是"濯阳镇"。网上可检索到该镇位于河南省驻马店市遂平县。《中华人民共和国地名大词典》第二卷(商务印书馆1999)第2968页收入了"濯阳镇"条。释义中提到濯阳镇为遂平县人民政府驻地,1951年置城关镇,1959年改公社,1962年复置镇,1987年以古为濯阳县治更名。因该资料较早,近年的行政区划变更情况不明。这时可利用百度新闻一类的搜索引擎检索,可较方便地了解该地名现今的使用情况。经检索百度新闻可知,"濯阳镇"在近年的媒体报道中一直有涉及,说明该名仍一直在使用。同时在2009年至2013年的媒体新闻报道中可检索到濯阳街道办事处。从遂平县人民政府网站2013年的县情介绍可知,该县辖11个乡镇、3个街道、2个景区管委会,207个行政村(居委会)。查检《中华人民共和国乡镇行政区划简册》(2010),遂平县辖3个街道,3镇,8乡,濯阳镇已改为濯阳街道。"濯阳镇"在近年的媒体报道中仍有出现,可能是因为更名时间不太久,当地人仍有沿用。

综合相关资料,《现汉》第6版收入了"濯"字条:

濯 qú 用于地名:～阳(在河南)。

三　地　图　核　对

地图是地名研究的重要参考资料,因此对地名字的确认不可避免要用地图来查核验证。本次修订我们利用了一百多种地图集、地图册和单张地图。除纸质地图外,也利用了一些电子版地图。

以"婞"字为例。在字表研制组所提供的资料中,地名用字"婞"未提供地名用例。《中华人民共和国地名大词典》也未收含"婞"字的地名条目。网上通过谷歌、百度可检索到浙江省衢州市开化县大溪边乡有姥婞坑村。

我们在网上查到淳安县政府简报(2005年6月21日)提到该村,可确定有此村存在。在《浙江省地图集》《浙江省地图册》和百度地图上难以查到该地名。我们通过孔夫子旧书网等网上书店直接购买当地的单张地图《开化县旅游交通图》进行查检,可以查到该地名。网上另可查到"姥辛坑村"用例,"辛"字疑为"婞"字因录入困难而产生的同音替代字。"姥"字字音有两读,打电话咨询大溪边乡墩上小学,对方说读

lǎo,"xīn"字有女字边。打电话咨询大溪边乡政府,说因村名难写,2005年该村经过浙江省民政厅同意更名为"茂新村","姥"字字音为 lǎo,原地名大致含义是年老的妇人在山路上很辛苦地走路,当地人还有用的,但正式文件已更名。查检行政区划网,该乡确实有茂新村。衢州地名网上有2006年2月23日开化县政府同意村委会更名的批复。查检2008年版《浙江省地图集》,可见该地已标注为"茂新村"。由上述调查可见,"姥婞坑"这个地名已成为旧地名,已无必要出地名字头,因此该地名用字最终未被《现汉》第6版收入。

四 电话咨询

对一些字音字义字形存疑的地名字,我们也采用电话咨询的方式直接咨询当地的民政部门或者其他相关部门,进行多方查证,相互印证,了解该字在当地的实际使用情况。

以"垺"字为例。在字表研制组所提供的资料中,"垺"字的地名用例是"南仁垺乡",字音 fóu。网上可查到天津市宝坻区大口屯镇南仁垺村,地图上可查到该地。南仁垺乡原为乡级行政区划单位,乡政府驻地南仁垺村,2001年乡镇区划调整后,南仁垺乡撤销,并入大口屯镇,现为村级行政单位。电话咨询大口屯镇政府,得知南仁垺村的"垺"字读音为 fú 而非 fóu。

南仁垺的得名还有一个传说。相传大刀王怀女驻扎在现今香河县庆功台附近,与杨六郎交战。杨六郎被王怀女追到现今南仁垺村附近被擒。王怀女将刀架在杨六郎的脖子上,提出要与杨结亲,如果答应可以免死。杨六郎情急下,不得不答应了亲事。王怀女在此地把男人制服了,后来称此村为"男人服"。由于谐音历代相传演变,故后来定名南仁垺至今。从这个传说也一定程度上印证了"垺"字读音为 fú 而非 fóu。

最终《现汉》第6版收入了"垺"字条:

垺 fú 用于地名:南仁～(在天津)。

五 实地调查

对一些疑难地名用字,尤其是涉及方言的地名用字,语言所也先后组织十多位方言专家亲赴当地进行实地调查。

以"氌"字为例。在字表研制组所提供的资料中,该字的地名用例是"氌扎乡"和"氌藏乡"。《中华人民共和国地名大词典》第5695页收"氌扎乡"条,但音Bêca Xiāng;《中华人民共和国地名大词典》第5608页收"氌藏乡"条,但音Biezang Xiāng,未标声调,两地"氌"字字音标注不同。网上可查到青海玉树州囊谦县氌扎乡,行政区划网也可查到,中国地图出版社版的地图册上写作"白扎乡",《中国地名录》也作"白扎"。电话咨询玉树州驻西宁办事处,说该字就是写作"白",音bái。网上也可查到甘肃省临夏州积石山县氌藏镇,中国地图出版社版的地图册上可查到。行政区划网写作"别藏"和"自1藏"乡,推测是因该字无法录入而采用谐音字替代和拟形字替代。媒体报道均用"氌藏镇"。打电话咨询临夏州教育委员会的工作人员,对方说可能读bié,但不确定读几声,也不清楚该字含义。对此问题,语言所派出方言调查人周磊先生进行实地考察,确认读音为bié。青海省玉树州囊谦县氌扎乡,现改为白扎乡,已和"氌"字无关。最终《现汉》第6版收入了"氌"字条:

  氌 bié 用于地名:～藏(Biézàng,在甘肃)。

  上述五种筛查甄别方法实际上经常是结合使用的,并没有完全分开。在词典修订过程中,对个别疑难地名问题,我们也会直接咨询民政部地名研究所等相关单位的专家。

  此外,《现汉》第6版也根据近年行政区划调整情况及读者反馈的意见对个别地名字的释义做了调整。《现汉》第5版出版后,有读者来信反映"郢"字的释义存在问题,与现实的行政区划不符。我们对读者反馈的意见进行了核查,发现随着行政区划的变更,"郢"字的释义未能及时更新,因此《现汉》第6版对"郢"字的释义进行了修订。

  郢 Yǐng 周朝时楚国的都城,在今湖北江陵北。(第5版)
  郢 Yǐng 周朝时楚国的都城,在今湖北荆州。(第6版)

  郢是春秋战国时期楚国的都城,故址在今湖北省荆州古城北约5公里处。因在纪山之南,汉以后也称纪南城,今属纪南镇管辖。纪南镇1949年分属江陵一、二区,1995年建镇。由于行政区划变更,纪南镇目前在行政区划上属于湖北省荆州市荆州区管辖。江陵在古代所辖的范围很大,历代多有变更。时至今日,江陵仅是荆州市下辖的一个县。因此"郢"字的释义需要做相应调整,以反映现实情况。

参 考 文 献

1. 崔乃夫主编.中华人民共和国地名大词典(五卷本).北京:商务印书馆,1999—2002.

2. 民政部,国家测绘局.中华人民共和国行政区划图集.北京:中国地图出版社,2006.
3. 张铁文.《新华字典》(第10版)地名条目的修订.中国出版,2005(10).
4. 中国地名网(民政部地名研究所主办),http://www.cgn.ac.cn.
5. 中国社会科学院语言研究所词典编辑室.现代汉语词典(第5、6版).北京:商务印书馆,2005,2012.

关于语文词典中字母词收录原则的思考
——从《现代汉语词典》说起

叶 军

(商务印书馆 100710)

提要 本文选取商务印书馆出版的规范型语文词典《现代汉语词典》(2005,2012)、内向型学习词典《现代汉语学习词典》(2010)以及以字母词为主体的专科词典《新华网络语言词典》(2012)作为考察对象,对其中的字母词收录情况进行了梳理和比较,试图从中抽绎出有关语文词典收录字母词的一些原则,即:1. 对已有汉译形式的常见、常用字母词,可考虑附列外文原型,但推荐使用汉译形式。2. 对汉译形式常见、常用的字母词,不再收录其外文原型,通过在词典正文收其汉译形式的方式,明确其汉语外来词的身份。并认为,收录字母词应贯彻和突出科学性原则,应收录反映当代先进文化的字母词以引导语言生活。

关键词 字母词 语文词典 收录原则

针对新世纪字母词频繁使用的现状,联系社会上围绕《现汉》第 6 版而展开的对字母词入典问题的新一轮热议,我们有必要检视已有的辞书编纂实践,进一步思考词典尤其是语文词典收录字母词的原则,从理论层面回应对字母词入典的非理性质疑,进而推动语言生活和辞书编纂实践健康、有序地发展。

本文选取商务印书馆出版的规范型语文词典《现代汉语词典》(2005,2012)、内向型学习词典《现代汉语学习词典》(2010)以及以字母词为主体的专科词典《新华网络语言词典》(2012)作为考察对象,对其中的字母词收录情况进行梳理和比较,拟从中抽绎出有关语文词典字母词收录原则的一些规律性因素。

一 《现代汉语词典》第 5 版与第 6 版的比较

1996 年《现代汉语词典》(以下简称《现汉》)第 185 次印刷时,增加了字母词的内容,在附录中设"西文字母开头的词语",内收 39 条;之后《现代汉语词典》2002 年增补本收录了142条"西文字母开头的词语";2005年第5版增至182条;2012年《现汉》第6版出版,"西文字母开头的词语"增至239条,其中与第5版共有的条目总计179条,较之第5版实际增加60条。

据笔者统计,《现汉》第6版新增收的60个字母词涉及当代经济、文化、科技、政治、日常生活的诸多方面,其中反映新科技、新经济生活方式的字母词占据了较大比例,如B2B、B2C、C2C、CPI、FIA、IPO、M0、M1、M2、PMI、PPI、SDR、QDII、BD、CMMB、CMOS、HDMI、IMAX、IPTV、Wi-Fi、MP4、OLED、SSD、PET;反映日常生活,包括文化娱乐、教育、体育以至生活时尚常识等的字母词成为增收的主体,如AQ、AV、BRT、ETC、BBC、CCTV、CNN、DJ、NHK、SNG、CDC、BEC、CET、WSK、PETS、PM2.5、QS、Q版、SNS、SPA、UV、CIA、FBI、NGO、FCFA、F1、IOC、NCAP、PE、PS、PVC、K粉、K歌、K金;等等。

《现汉》第6版在"西文字母开头的词语"中删除了第5版原有的"internet"(互联网)、"Internet"(因特网)两个完整(而非缩略的)的英语词,其正文中的"互联网"已作为普通汉语词处理,原第5版"互联网"的语源标注"[英internet]"也已删去;而"因特网"则作为音译的外来词收入词典正文,原"英Internet"的音译外来词标注仍予保留。这样的处理,显然更符合《现汉》对"西文字母开头的词语"的限定,即"这里收录的常见西文字母开头的词语,有的是借词,有的是外语缩略语,有的是汉语拼音缩略语……"(《现汉》,2012:1750)。"EPT"因已由"WSK"(全国外语水平考试)所取代,亦删。

晁继周、黄华(2012:12)在谈到现代汉语规范型词典收录新词的原则时曾经指出:"人民群众的语言实践是新词规范的最重要的标准,也是规范型词典收录新词的基本依据。"(2012:15)"为数甚多而且使用频率很高的字母词是否应看作汉语词汇的一部分,学术界尚有不同认识;但人们需要到汉语词典中去查找它们,则是不容否认的。鉴于这种情况,汉语规范型词典在收录合于规范的新词的同时,在词典正文后附列常见常用的字母词并做出注解,不失为一种变通之计。"(2012:17)作为《现汉》第5版的修订主持人之一,晁继周先生的这段话基本反映出《现汉》收录字母词的方向性原则,即需是"常见常用"的,一般只能"附列于"词典正文之后。这也正是兼顾规范与查考两方面因素的"变通"原则。《现汉》第6版较之第5版新增收的60个字母词,基本贯彻了这一原则。而对不恰当词目的删除及与之相应的词典正文注释内容的调整,则更多地体现了《现汉》编纂者对字母词概念的把握和考量。仅以新增收的与金融、商贸有关的字母词为例,其中,"B2B、B2C、C2C"反映了新兴电子商务中的三种交易方式,"IPO(公开募股)、SDR(特别提款权)、FTA(自由贸易协定)、M0(流通中的现金)、M1(狭义货币供应量)、M2(广义货币供应量)、PMI(制造业采购经理指数)、PPI(工业品出厂价格指数)、QDII(合格境内机构投资者)"等则反映了当代金融、经济生活中的新内容及常用术语。值得注意的是,这些字母词除具备该领域常见、常用的特点之外,还同时具备了简洁及"暂无可替性"的特点,这里所谓的"暂无可替性"是指相应的内容或概念在汉语中还只能用较长的短语来表示,暂时还没有简洁、恰当的汉语词可用来替代。从本质上说,这一特点决定了这类字母词在使用中的必要性,并从语用的角度提醒我们在确定收录字母词原则时,"暂无可替性"应与"常见常用"原则互为表里。晁继周先生(2000:12)曾提出汉语规范型词典收录新词的"必要性原则",并指出"必要性原则"主要体现在四个方面:"1. 代表新的事物;2. 反映新的思想观念;3. 在语用上互补;4. 具有不同的色彩和风格。"笔者以为,若具体到字母词的收录,晁先生所说的"在语用上的互补"[1],若改为"在语用上的暂无可替性",则更符合字母词的身份特点。

二 《现汉》第6版与《现代汉语学习词典》的比较

《现代汉语学习词典》(以下简称《学习词典》)是商务印书馆在原《应用汉语词典》的基础上研发编写的一部"内向型"学习词典。与《现汉》相同,《学习词典》也采取在词典正文后附列"西文字母开头的词语"的方式收录了一批字母词,共计221条。对比两部词典的"独有词目",我们会发现存在着明显不同。

《现汉》收录字母词强调系统性,侧重于收录当代医学、科技信息、金融、经济等领域具有术语性质的字母词,如医学术语"B淋巴细胞、B细胞、T淋巴细胞、T细胞、PPA",科技术语"BD、C^{3}I系统、C^{4}ISR、CCD、CMOS、EDI、PET、MIR",电子商务术语"B2B、B2C、C2C",金融术语"M0、M1、M2、SDR、PE、IPO",经济术语"OEM、PMI、PPI、FTA",等等,且收录时考虑相关领域术语的体系性,往往配套收录,如上面举的"B2B、B2C、C2C、M0、M1、M2"。《学习词典》收录字母词时也考虑系统性,如收"A照",也收"B照、C照",收"G20",也收"G8",但这种系统性更多着眼于使用层面,而非着眼于收录对象本身的学科属性层面。另外,《学习词典》更多收录了一些带有超学科特点的字母词,如"Blog、CA、CIS、DNS、EC、EM、FIFA、MW、MVP、M0、GBK码、GB码、HTML"等,学科覆盖计算机、网络、信息、体育等领域,且已融入当代人们的日常生活。因此,所收录字母词的术语化色彩已明显减弱。《现汉》第6版与《学习词典》的这一不同之处，充分体现出不同类型词典不同的类型学取向。明确地说，就是规范型词典注重规范，收词严谨，即使是收录字母词仍以科学性为主导，兼顾不同学科的平衡性及同一学科内部的系统性，注意反映当代各领域新事物、新思想；学习型词典注重学习及使用，收词强调实用性（或普遍性），不着意于不同学科的平衡性及同一学科内部的系统性，而侧重于满足广大读者日常、一般的查考需求。比如，《现汉》独有词目中"西文字母＋汉字语素"类型的字母词有10个，即"α粒子、β粒子、B淋巴细胞、B细胞、C³I系统、K粉、K金、Q版、T淋巴细胞、T细胞"，约占全部独有词目的16.4％；《学习词典》独有词目中"西文字母＋汉字语素"类型的字母词有11个，即"AP中文、A照、BOBO族、B照、C照、DINK家庭、E时代、GBK码、GB码、ID卡、N股"，约占全部独有词目的26％。可见，学习型的《学习词典》更倾向于收录混合型的字母词，其中的"汉字语素"为词典使用者理解字母词义类提供了更多的线索。如两部词典都收录了"GB"（国家标准），但《学习词典》同时还收录了混合型的字母词"GB码"（国标码）和"GBK码"（国家标准扩展码）。规范型的《现汉》规范、严谨，对属可类推性质的词目不再罗列；学习型的《学习词典》突出应用，尽可能为读者查考提供方便。

还有两个字母词的处理值得注意。

一个是"TNT"，《现汉》收而《学习词典》未收。《现汉》采取同义词释义的方式用汉字音译的"梯恩梯"作为字母词"TNT"的注文，同时在词典正文中对"梯恩梯"做了详细的注释：

梯恩梯 tī'ēntī 图黄色炸药。[英TNT，是trinitrotoluene"三硝基甲苯"的缩写]

通过这种体例安排，足见《现汉》处理字母词时的严谨态度及无处不在的规范意识。从目前的语用实际看，"TNT"的使用显然更为普遍，这也是《现汉》将其收入"西文字母开头词语"的原因所在，但借助体例安排的线索，《现汉》明确了已有音译外来词的推荐地位。这也从一个侧面反映出《现汉》编纂者既正视字母词语用实际，同时又积极引导字母词使用规范的编纂态度。

另一个是"DINK家庭"，《学习词典》在"西文字母开头的词语"中收录了这一条目：

DINK家庭 DINK jiātíng 丁克家庭。[DINK，英double income no kids的缩写]

同时，又在词典中收录了"丁克家庭"：

丁克家庭 dīngkè jiātíng 夫妇都有收入并且不准备养育子女的家庭。（丁克，英DINK，是double income no kids的缩写）

而《现汉》在"西文字母开头的词语"中未收录此条目，仅在正文收录了"丁克"：

丁克 dīngkè 形 属性词。指夫妇都有收入并且不打算生育孩子的：～夫妇｜～家庭｜～一族。[英 DINK，是 double income no kids 的缩写]

可以看出，《现汉》不收录"DINK 家庭"，正是遵循了汉语词汇系统吸收外来成员的规范做法，反映出鲜明的规范立场。而前文提到的《现汉》第 6 版对"internet""Internet"的删除处理无疑也是出于同样的规范考虑。应该说，《现汉》第 6 版对不同字母词所采取的分层次、多样化的处理方式为语文词典收录字母词提供了操作层面上的细化原则，即：

1. 对已有汉译形式的常见、常用字母词，可考虑附列外文原型，但推荐使用汉译形式（如"TNT"⇒"梯恩梯"）。

2. 对汉译形式常见、常用的字母词，不再收录其外文原型，通过在词典正文收其汉译形式的方式，明确其汉语外来词的身份。

三 《现汉》第 6 版与《新华网络语言词典》的比较

商务印书馆出版的《新华网络语言词典》收录了"字母型词语"827 条。有鉴于字母词与网络语言乃至网络生活之间的密切关系，本文将《现汉》第 6 版收录的字母词与《新华网络语言词典》收录的"字母型词语"进行了比对，具体情况见下表。

《现汉》第 6 版和《新华网络语言词典》同形词目一览表

词典名称	字母词总数	相同词目数	同形词目
《现汉》第 6 版	239	39	AI，AV，B2B，B2C，BBS，BD，BRT，C2C，CT，DC，DIY，DJ，ED，e-mail，FLASH，FM，GB，ICQ，IP 地址，IP 电话，ISP，KTV，K 歌，LD，M0，MD，NBA，PC，PDA，PK，PS，QQ，QS，Q 版，SOHO，ST，TMD，VIP，WC
《新华网络词典》	827		

此表之所以名为"《现汉》第 6 版和《新华网络语言词典》同形词目一览表"，是因为若从释义看，上述 39 个词目中只有 15 个词目（B2B、B2C、C2C、DIY、e-mail、FLASH、ICQ、IP 地址、IP 电话、ISP、K 歌、PDA、PK、SOHO、VIP）形义一致，属于同一个词。另外 24 个词目中有 11 个词目的个别义项相同或接近（BBS、BD、BRT、DC、DJ、M0、MD、PC、PS、QQ、Q 版），其余 13 个词目仅仅是词形相同，意义并不相同或并不完全相同，属于不同的词。如：

（1）PS 指用 Photoshop 软件对照片等进行修改，泛指用软件对原始照片进行修

改。[英 Photoshop 的缩写]（《现汉》第 6 版）

PS ❶电子游戏机。[英文 Play station 的首字母缩写]❷专业图像处理软件，也指用该软件修改图片。❸批死，一种夸张的说法。批，指被批评。[汉语拼音 pīsǐ 的首字母缩写]❹PK 死，指在游戏中通过暴力手段打倒对方。❺备注，附言，后记。也常作 P.S.、PS. 等。[英文 postscript 的缩写]（《新华网络语言词典》）

(2)QS 质量安全。QS 标志是食品质量安全市场准入标志，表明食品符合质量安全基本要求。[英 quality safety 的缩写]（《现汉》第 6 版）

QS 去死。[汉语拼音 qùsǐ 的首字母缩写]（《新华网络语言词典》）

(3)AI 人工智能。[英 artificial intelligence]（《现汉》第 6 版）

AI 爱。[汉语拼音 ài 的无声调形式]（《新华网络语言词典》）

(4)GB 国家标准。中国国家标准的代号。[汉语拼音 guóbiāo 的缩写]（《现汉》第 6 版）

GB 日本游戏公司任天堂出品的著名掌上游戏机。[英文 GameBoy 的首字母缩写]（《新华网络语言词典》）

(5)KTV 指配有卡拉 OK 和电视设备的包间。[K，指卡拉 OK；TV，英 television 的缩写]（《现汉》第 6 版）

KTV 尅一顿，踢一脚，然后再做一个"V"的手势。[汉语和英语的形音组合，K：kick（扁、尅）；T：tī（踢）；V：victory（胜利）]（《新华网络语言词典》）

(6)TMD 美国战区导弹防御系统。[英 theater missile defense 的缩写]（《现汉》第 6 版）

TMD ❶他妈的。粗口，不提倡使用。[汉语拼音 tāmā de 的首字母缩写]❷甜蜜的。[汉语拼音 tiánmì de 的首字母缩写]（《新华网络语言词典》）

不用一一罗列，已经可以看出，《新华网络语言词典》所收录的"字母型词语"除源自英文缩略外，还多由汉语拼音首字母缩略而成，或由汉英形音组合而成，虽不乏反映网络信息技术的词目，但许多词形所表意义格调不高，时常能见"网络暴力"的影子，多用于或仅用于网络社会中的快节奏交流及情绪的自由宣泄。

客观地说，《新华网络语言词典》为我们打开了一扇了解网络社会语言交流的窗口，使我们可以换一个角度考量语文词典收录字母词的意义所在。比照网络世界中"字母型词语"的五花八门、良莠不齐，《现汉》第 6 版在收录字母词的过程中所贯彻和突出的科学性原则，特别是对反映当代先进科技文化的术语字母词的准确把握与着意收录，无疑符合汉语积极吸收外来文化的一贯传统。而《现汉》第 6 版中 39 个与网络"字母型词语"同形的字母词所承载的词义信息,则无疑会为字母词的规范使用起到引导与提振的作用。从这意义上讲,收录反映当代先进文化的字母词亦应成为语文词典收录字母词的一个重要原则。

附　　注

[1] 指"有的新词"与原有的词表示的意义基本相同,但使用的场合互不相同,形成了互补性分工,这样的一对词有共存的必要性,应该收入规范型词典。

参 考 文 献

1. 晁继周,黄华.现代汉语规范型词典收录新词的原则.//中国辞书论集:2000.北京:中国大百科全书出版社,2000.
2. 郭伏良.字母词与词典二题.河北大学学报,1997(6).
3. 郭熙.字母词规范设想.辞书研究,2005(4).
4. 胡明扬.关于外文字母词和原装外文缩略语问题.语言文字应用,2002(2).
5. 刘涌泉.谈谈字母词.语文建设,1994(10).
6. 茆婷婷,季薇薇.汉语字母词使用规范问题探讨.淮海工学院学报,2012(2).
7. 钮葆.对规范型语文词典选收词语问题的思考.//语文现代化论丛(第八辑).北京:语文出版社,2008.
8. 沈孟璎.浅议字母词的入典问题.辞书研究,2001(1).
9. 王崇.字母词的定义及归属.中国科技术语,2007(6).
10. 吴建平,谢君.内向型汉英词典的字母词收录、释义、排序问题——兼评《新时代汉英大词典》和《新世纪汉英大词典》.辞书研究,2011(5).
11. 薛笑丛.现代汉语中字母词研究综述.汉语学习,2007(2).
12. 杨建国,郑泽之.汉语文本中字母词语的使用与规范探讨.语言文字应用,2005(1).
13. 于根元等.新词新语规范基本原则.语言文字应用,2003(1).
14. 张蕾,刘青,温昌斌,胡明扬,周其焕,周洪波.科技术语字母词汉化之路.光明日报,2010年7月6日第12版.
15. 张普.字母词语的考察与研究问题.语言文字应用,2005(1).
16. 庄建,杜羽.《现汉》收录字母词引专家争议.光明日报,2012年8月30日第3版.
17. 邹玉华.字母词入词典,既不违法又不违理.检察日报,2012年8月31日第5版.

《现代汉语词典》第6版中"××"式单音节双叠词的统计与分析

——兼与《现代汉语词典》第5版对比

张 亮

(上海师范大学语言所 121013)

提要 《现代汉语词典》第6版收录了559条"××"式单音节双叠词,可分叠音词和叠素词两类。其中叠素词可分为直叠词和降叠词两个小类。《现汉》中"××"式单音节双叠词分布在形容词、名词、拟声词、副词、动词、叹词、助词等词类中。在语体使用风格上以通用语词、书面语词、口语词和方言词等为主。与前一版相比,新版《现代汉语词典》做了诸多修订。

关键词 《现代汉语词典》第6版 "××"式单音节双叠词 对比分析

我们以《现代汉语词典》(以下简称《现汉》)第6版为考察范围,主要以描写的方式,分析其收录的单音节双叠构词情形。"单音节双叠词"主要是指由两个同形成分构成且被《现汉》收录的词,如"悄悄、暗暗、迟迟"等。调查中我们以义项作为统计标准,即"××"式单音节双叠词有几个义项就算为几个词。例如"咯咯"在《现汉》中的出条方式为"【咯咯】gēgē 拟声 ❶……❷……❸……❹……",记作4条,即"咯咯$_1$、咯咯$_2$、咯咯$_3$、咯咯$_4$"。如不做特殊说明,本文均采用该统计方式。通过穷尽式的调查,《现汉》第6版共收录591条"××"式语词,包括559条"××"式单音节双叠词和32条非双叠词。

《现汉》第6版收录的32条非双叠词主要包括异形词、音译外来词、非重叠的结构词和重叠后缀等4类。我们把出条方式与"忿忿"和"呷呷"类似的词归入异形词,即"【忿忿】fènfèn 见385页〖愤愤〗"和"【呷呷】gāgā 同'嘎嘎'(gāgā)"两种。《现汉》第6版中收录的异形词主要有"忿忿、呷呷、嘎嘎(gá·ga)、格格(gēgē)、皇皇$_1^2$、皇皇$_2^2$、蔻蔻、老老、儴儴、眽眽、切切^2、惓惓、亭亭$_2$、讻讻、洋洋$_2$、孳孳"等16条。[1]我们把出条方式形如"【拜拜】báibái 动 ❶……❷……[英 byc byc]"的词归为音译外来词。《现汉》第 6 版中收录音译外来词 7 条，即"拜拜₁、拜拜₂、格格（gé·ge）、可可₁、可可₂、可可₃、恰恰²"，其中"格格"（gé·ge）为满语词。在 32 条非双叠词中还有"当当、七七、上上₁、上上₂、万万、下下₁、下下₂"等 7 条非重叠的结构词，对这 7 条词的处理，我们赞同马庆株（2000）和刘丹青（2012）的见解。马庆株对重叠的界定是"同一语言单位的连接出现，但又不形成基本句法结构"[2]。刘丹青认为"'上上'表示'上之上，是偏正结构而非重叠式，区别于'中上、下上、上中、上下'等"，接着他又指出"只要两个相同成分之间存在句法关系，它就不是重叠式"[3]。此外，《现汉》第 6 版还收录了 2 条重叠后缀，分别是"巴巴"和"兮兮"，出条方式形如"【巴巴】bābā 后缀……"。

《现汉》第 5 版同样也收录了一些非双叠词，总计 31 条。与《现汉》第 5 版相比，第 6 版增收了"眳眳、惓惓"两词，删除了第 5 版所收的"濛濛"一词。余下 30 条非双叠词前后两版未做调整。

本文讨论的范围仅限《现汉》收录的"××"式单音节双叠词，其他的异形词、音译外来词、非重叠的结构词和重叠后缀等 32 条不在讨论之列。

一 "××"式单音节双叠构词情形

"××"式单音节双叠构词从其内部看，因"×"有不同情形，所以比较复杂。我们以《现汉》为基础，根据其出条和释义的方式，以"×"为基本考察单位，并考虑"××"的韵律特征，区分不同类型进行讨论。

（一）叠音词

凡《现汉》为基式"×"出条、注音、不标词性、无释义，对重叠式"××"出条、注音、标注词性、释义；或者《现汉》给基式"×"出条、注音、释义（有的甚至标注词性），对重叠式"××"出条、注音、释义，标注词性，但是"××"与"×"在现代汉语中意义上无明显相关性，我们把以上这两类"××"式单音节双叠词都称作叠音词。[4]

《现汉》第 6 版共收录叠音词 226 条。根据叠音词的韵律分布特征，可以把汉语中"××"式叠音词分为"重—重"式和"重—轻"式两大类，即重叠前后声调不发生变化的和重叠后第二音节发生音变（一般多变为轻声）的两种情形：

第一种情形，即"重—重"式叠音词。《现汉》第 6 版共收录 206 条"重—重"式叠音词，《现汉》第 5 版收录了"重—重"式叠音词 200 条。与第 5 版相比，第 6 版增收了"僸僸₁、僸僸₂、㵐㵐、汈汈、䰓䰓、嘤嘤、铮铮₂"等 7 条，删去了"靡靡"一词。具体如下：

嗷嗷 莘莘 儦儦₁ 儦儦₂ 濞濞 彬彬 鳊鳊 懆懆 喳喳 潺潺 琤琤 憧憧 潺潺 淙淙 眈眈 旦旦 汃汃 忉忉 楠楠 髣髣 喋喋 谍谍 狒狒 盼盼 沨沨 咯咯₁ 咯咯₂ 咯咯₃ 咯咯₄ 呱呱(gū) 呱呱(guā) 衮衮 呵呵 嚣嚣 烘烘 涣涣 喤喤₁ 喤喤₂ 遑遑 锽锽 欬儿咳儿 虺虺 翙翙 霍霍₁ 霍霍₂ 唧唧 汲汲 济济 戛戛₁ 戛戛₂ 戋戋 浅浅 謇謇₁ 謇謇₂ 喈喈₁ 喈喈₂ 湝湝 斤斤 菁菁 赳赳 啾啾 踽踽 眀眀 悾悾 矻矻 骙骙 睽睽 琅琅 稂稂 累累¹(léi) 累累²(léi) 磊磊 呖呖 沥沥 唎唎 猎猎 粼粼 嶙嶙 潾潾 辚辚 玲玲 飂飂 隆隆 璆璆 辘辘 落落₁ 落落₂ 潆 潆 眯眯 脉脉 喃喃 蘘蘘 芃芃 伾伾 狂狂 便便 仆仆 姜姜 芊芊 蹡蹡 悄悄 骎骎 俅俅 区区₁ 区区₂ 拳拳 冉冉₁ 冉冉₂ 瀼瀼 飒飒 毵毵 瑟瑟₁ 瑟瑟₂ 姗姗 汤汤 优优 诜诜 駪駪 莘莘 甡甡 籸籸 偲偲 籔籔₁ 籔籔₂ 籔籔₃ 蹜蹜 索索₁ 索索₂ 啴啴 堂堂₁ 堂堂₂ 堂堂₃ 滔滔 嵒嵒 迢迢 婷婷 曈曈₁ 曈曈₂ 突突 忳忳 砲砲 娓娓 亹亹 亹亹 恓恓 栖栖 浙浙 习习 霫霫 虤虤 哓哓₁ 哓哓₂ 萧萧 翛翛₁ 翛翛₂ 潇潇₁ 潇潇₂ 欣欣 伈伈 悻悻₁ 悻悻₂ 熊熊 咻咻₁ 咻咻₂ 姁姁 栩栩 牙牙 恹恹 奄奄 泱泱₁ 泱泱₂ 怏怏 嘤嘤 訑訑 嚚嚚 仡仡₁ 仡仡₂ 鸠鸠 翼翼₁ 翼翼₂ 翼翼₃ 惜惜 狺狺 訚訚 嗸嗸 罂罂 盈盈₁ 盈盈₂ 盈盈₃ 嗡嗡 呦呦 俣俣 芸芸 沄沄 纭纭 昀昀 奘奘 慥慥 蓁蓁₁ 蓁蓁₂ 榛榛 丁丁 铮铮₁ 铮铮₂ 濯濯 孜孜

第二种情形，即"重—轻"式叠音词。《现汉》第6版共收录20条"重—轻"式叠音词，与《现汉》第5版相比没有发生变化，具体如下：

侗侗₁ 侗侗₂ 喳喳 吵吵 叨叨 杂杂 蝈蝈儿 姥姥₁ 姥姥₂ 姆姆 咧咧₁ 咧咧₂ 嬷嬷₁ 嬷嬷₂ 奶奶₁ 奶奶₂ 奶奶₃ 嚷嚷 哝哝 蛐蛐儿

（二）叠素词

凡《现汉》对基式"×"出条、注音、释义，对重叠式"××"出条、注音、标注词性、释义，且双叠词"××"的意义与基式"×"的意义具有相关性，那么我们就把这样的"××"式单音节双叠词看作叠素词。根据基式"×"成词与否，[5]我们进一步把叠素词分为直叠词和降叠词两类。

1. 直叠词

在《现汉》中，凡对基式"×"出条、注音、释义，不标注词性，对重叠式"××"出条、注音、释义，标注词性，并且"××"与"×"间意义相关，我们把这类"××"式叠素词叫

117

作直叠词。因为《现汉》未对基式"×"进行词性标注,所以我们将其认定为词素。由词素直接重叠构成的词,我们就称之为直叠词。

《现汉》第6版共收录208条直叠词,《现汉》第5版共收录205条直叠词。与第5版相比,《现汉》第6版增收了"灿灿₁、灿灿₂、活活、森森₃"等4条直叠词,"窃窃₂"由原先的直叠词调整为降叠词。从直叠词重叠前后是否发生音变的情况看,我们可以把直叠词简单地分成两类,即"重—重"式直叠词和"重—轻"式直叠词。

第一类,"重—重"式直叠词,即重叠前后不发生音变的直叠词。在"重—重"式直叠词收词数目上,《现汉》第6版收183条,第5版收180条。《现汉》第6版所收词条具体见下:

皑皑　蔼蔼₁　蔼蔼₂　暗暗　昂昂　比比₁　比比₂　趵趵　勃勃　灿灿₁　灿灿₂　苍苍₁　苍苍₂　苍苍₃　涔涔₁　涔涔₂　涔涔₃　怅怅　冲冲　忡忡　楚楚₁　楚楚₂　幢幢　垂垂　蠢蠢₁　蠢蠢₂　惙惙　匆匆　鏓鏓　葱葱　鼎鼎　泛泛₁　泛泛₂　菲菲₁　菲菲₂　霏霏　纷纷₁　纷纷₂　雰雰　愤愤　馥馥　呆呆　耿耿₁　耿耿₂　耿耿₃　汩汩　浩浩₁　浩浩₂　赫赫　皇皇¹　惶惶　煌煌　恢恢　哕哕　活活₁　活活₂　岌岌₁　岌岌₂　佼佼　皎皎　津津₁　津津₂　炯炯　涓涓　卷卷　侃侃　款款¹　款款²　朗朗₁　朗朗₂　累累₁(lěi)　累累₂(lěi)　悢悢₁　悢悢₂　寥寥　了了　凛凛₁　凛凛₂　泠泠₁　泠泠₂　碌碌₁　碌碌₂　偻偻　荦荦　漫漫　茫茫　莽莽₁　莽莽₂　蒙蒙₁　蒙蒙₂　绵绵　冥冥₁　冥冥₂　冥冥₃　冥冥₄　漠漠₁　漠漠₂　默默　呶呶　譊譊　讷讷　袅袅₁　袅袅₂　袅袅₃　翩翩₁　翩翩₂　频频　平平　切切₃　窃窃₁　茕茕　攘攘　扰扰　茸茸　融融　蠕蠕　森森₁　森森₂　森森₃　沙沙　潸潸　讪讪　耿耿　烁烁　谡谡　滔滔₁　滔滔₂　陶陶　腾腾　亭亭₁　通通　团团₁　团团₂　汪汪₂　往往　微微₁　巍巍　巍巍　纤纤　萧萧　欣欣　惺惺₁　惺惺₂　惺惺₃　惺惺₄　汹汹₁　汹汹₂　汹汹₃　吁吁　徐徐　絮絮　炎炎₁　炎炎₂　洋洋　遥遥₁　遥遥₂　依依　奕奕　熠熠　殷殷₁　殷殷₂　吚吚　隐隐　荧荧　盈盈　喁喁(yóng)　幽幽₁　幽幽₂　悠悠₁　悠悠₂　悠悠₃　悠悠₄　郁郁¹₁　郁郁¹₂　郁郁²₁　郁郁²₂　蜎蜎　源源　凿凿　昭昭₁　昭昭₂　谆谆　灼灼

第二类,"重—轻"式直叠词,即重叠后第二音节发生变化,变为轻声的直叠词。《现汉》第6版与第5版在"重—轻"式直叠词上所收词条数目相同,都为25条,具体如下:

伯伯　道道儿₁　道道儿₂　公公₁　公公₂　公公₃　公公₄　公公₅　乖乖　回回　妈妈₂　娘娘₁　娘娘₂　婆婆₁　婆婆₂　婆婆₃　嚷嚷₁　嚷嚷₂　太太₁　太太₂　太

太₃ 太太₄ 太太₅ 猩猩 蛛蛛

2. 降叠词

凡《现汉》对基式"×"出条、注音、标注词性、释义,对重叠式"××"出条、注音、标注词性、释义,且"××"式重叠词词义与基式"×"在词义上具备相关性,我们把这类"××"式叠素词称为降叠词,即基式"×"被《现汉》收录且被标注词性是一个词,在重叠过程中,"×"先降格为词素,然后两个词素"×"重叠构成一个新词——"××"式降叠词。

《现汉》第 6 版共收录降叠词 125 条,《现汉》第 5 版共收录 123 条降叠词。与第 5 版相比,《现汉》第 6 版增收"苦苦₁、苦苦₂、早早₁"3 条,删去了"偏偏₃、谁谁"2 条,调整收录了"好好₁、好好₂、窃窃₂、早早₁、早早₂"5 条。"好好₁、好好₂、早早₁、早早₂"在《现汉》第 5 版中以"好好儿(hǎohāor)、早早儿(zǎozǎor)"形式出条,"好好儿"包括 2 个义项,"早早儿"仅有 1 个义项。但在《现汉》第 6 版中,"好好儿(hǎohāor)、早早儿(zǎozǎor)"被调整为以"好好(hǎohāo)、早早(zǎozǎo)"的形式出现,同时为"早早"增加了 1 个义项。"窃窃₂"由原来的盲叠词调整为降叠词。此外,"宝宝"一词在《现汉》第 5 版中注音是"bǎo·bǎo",但在第 6 版中被调整为"bǎo·bao"。所以在降叠词总数上,《现汉》第 6 版比第 5 版多出 2 条。根据降叠词重叠前后是否发生音变,我们同样可以将其分为"重—重"式和"重—轻"式两类。

第一类,"重—重"式降叠词,即重叠前后不发生音变的。《现汉》第 6 版共收 84 条"重—重"式降叠词,与第 5 版相比,多了"好好₁、好好₂、窃窃₂、苦苦₁、苦苦₂、早早₁"等 6 条,少了"宝宝、偏偏₃、谁谁"等 3 条。《现汉》第 6 版所收"重—重"式降叠词具体如下:

粑粑 白白₁ 白白₂ 斑斑 本本 草草 常常 沉沉₁ 沉沉₂ 迟迟 重重 处处 大大 单单 断断 咄咄 怫怫 嘎嘎 刚刚 乖乖₁ 乖乖₂ 滚滚₁ 滚滚₂ 好好₁ 好好₂ 嘿嘿 忽忽 活活₃ 亟亟 渐渐 将将 仅仅 久久 硁硁 苦苦₁ 苦苦₂ 历历 连连 淋淋 溜溜儿 屡屡 略略 每每 美美 明明 因因 妞妞 偏偏₁ 偏偏₂ 恰恰₁ 窃窃₂ 切切₁ 切切₂ 勤勤 穰穰 人人 溶溶 融融₂ 洒洒 闪闪 稍稍 时时 双双 统统 偷偷 哇哇 万万₂ 汪汪₁ 微微₂ 星星 哑哑 扬扬 一一 依依₁ 喁喁₁(yú) 喁喁₂(yú) 云云 在在 早早₁ 早早₂ 啧啧₁ 啧啧₂ 整整 怔怔

第二类,"重—轻"式降叠词,即重叠后第二音节发生音变的。与《现汉》第 5 版相比,在"重—轻"式降叠词收词上,《现汉》第 6 版调整收录了"宝宝"一词,减收了"好好₁、好好₂",总计收录 41 条"重 轻"式降叠词,具体如下:

屄屄　爸爸　宝宝　抽抽儿₁　抽抽儿₂　啺啺　弟弟₁　弟弟₂　调调　爹爹₁　爹爹₂　兜兜　杠杠₁　杠杠₂　哥哥₁　哥哥₂　姑姑　哈哈　哈哈儿　糊糊　混混儿　姐姐₁　姐姐₂　舅舅　框框₁　框框₂　妈妈　妹妹₁　妹妹₂　嫂嫂　婶婶　叔叔₁　叔叔₂　套套　头头儿　娃娃　谢谢　星星　痒痒　爷爷₁　爷爷₂

二 "××"式单音节双叠词的词类构成情形

依照《现汉》对所收录的"××"式单音节双叠词的词性标注情况,我们对叠音词、叠素词的词类构成情况进行调查与统计。《现汉》中的"××"式单音节双叠词主要由形容词、拟声词、副词、名词、动词、助词、叹词等组成。依据《现汉》中"〈书〉〈口〉〈方〉"的标注情况,我们又对《现汉》中"××"式单音节双叠词的语体使用风格的分布情况进行了分析。本部分我们主要讨论《现汉》第6版中"××"式单音节双叠词的词类分布和语体使用风格的分布两种情形,同时指出其与第5版的不同之处。

（一）叠音词词类分布

《现汉》第6版中共收录叠音词226条,占"××"式单音节双叠词总数的40.43%,比《现汉》第5版增收了"儦儦₁、儦儦₂、溁溁、汈汈、趴趴、嘤嘤、铮铮₂"等7条,少收了"靡靡"一词。增收的7条叠音词中"儦儦₁、儦儦₂、汈汈、趴趴"是书面语形容词,"溁溁"是书面语拟声词,"嘤嘤"是通用语拟声词[6],"铮铮₂"是通用语形容词;减收的"靡靡"一词是通用语形容词。《现汉》第6版收录的叠音词中形容词139条、拟声词61条、名词15条、动词9条、副词2条,分别占叠音词总数的61.50%、26.99%、6.64%、3.98%、0.88%。

139条叠音形容词中书面语形容词99条、通用语形容词40条,分别占71.22%和28.78%;61条叠音拟声词中通用语拟声词31条、书面语拟声词30条,分别占50.82%和49.18%;15条叠音名词中通用语名词9条、方言名词6条,分别占60%和40%;9条叠音动词中通用语动词4条、方言动词4条、口语动词1条,分别占44.44%、44.44%和11.12%;两条叠音副词中通用语副词和书面语副词各1条,各占50%。

与《现汉》第6版相比,《现汉》第5版所收录的叠音词词类分布情形,除了《现汉》第6版增加和删除的词条外,基本未做调整。

（二）直叠词词类分布

《现汉》第6版共收录208条直叠词,占"××"式单音节双叠词总数的37.21%,

与第 5 版相比,增收了"灿灿₁、灿灿₂、活活₂、森森₃"等 4 条。增收的 4 条直叠词中,"灿灿₁、灿灿₂、森森₃"是通用语形容词,"活活₂"是通用语副词。《现汉》第 6 版收录的直叠词包括 159 条形容词、25 条名词、14 条副词、7 条拟声词、2 条动词和 1 条叹词,分别占直叠词总数的 76.44%、12.02%、6.73%、3.37%、0.96% 和 0.48%。

159 条直叠形容词中通用语形容词 88 条、书面语形容词 71 条,分别占 55.35% 和 44.65%;25 条直叠名词中通用语名词 13 条、方言名词 7 条、口语名词 4 条、书面语名词 1 条,分别占 52%、28%、16% 和 4%;14 条直叠副词中通用语副词 10 条、书面语副词 4 条,分别占 71.43% 和 28.57%;7 条直叠拟声词中书面语拟声词 4 条、通用语拟声词 3 条,分别占 57.14 和 42.86%;2 条直叠动词都是口语动词;最后 1 条是通用语直叠叹词"乖乖"。

在直叠词中,《现汉》第 6 版对"徐徐"一词的词性做了调整,即由第 5 版的书面语副词调整为第 6 版的书面语形容词。从第 6 版对"徐徐"举例的变化中,我们可以窥视其词性变化缘由。第 6 版释词时同样使用了与第 5 版相同的"列车徐徐开动"一例,同时增加了"清风徐徐"一例。对两个例子进行分析可以得知,"徐徐"可以被用来做形容词和副词,在句子中做状语去修饰句中的核心动词,不同的是,"徐徐"在"清风徐徐"中做谓语,但在现代汉语中副词不能做谓语,由此可以推知"徐徐"应是形容词。

(三) 降叠词词类分布

《现汉》第 6 版共收录 125 条降叠词,占"××"式单音节双叠词总数的 22.36%。与第 5 版相比,增收"苦苦₁、苦苦₂、早早₁"等 3 个义项词,少收了"偏偏₃、谁谁"两条义项词,调整收录了"窃窃₂"一词。增收的 3 条义项词都是通用语副词。《现汉》第 6 版收录的降叠词包括 43 条名词、42 条副词、26 条形容词、7 条拟声词、5 条动词、1 条叹词和 1 条助词,分别占降叠词总数的 34.4%、33.6%、20.8%、5.6%、4%、0.8% 和 0.8%。

43 条降叠名词中通用语名词 20 条、口语名词 12 条、方言名词 11 条,分别占 46.51%、27.91% 和 25.58%;42 条降叠副词中通用语副词 41 条、方言副词 1 条,分别占 97.62% 和 2.38%;26 条降叠形容词中通用语形容词 17 条、书面语形容词 7 条、口语形容词 1 条、方言形容词 1 条,分别占 65.38%、26.92%、3.85% 和 3.85%;7 条降叠拟声词中通用语拟声词 5 条、书面语拟声词 2 条,分别占 71.43% 和 28.57%;5 条降叠动词中口语动词 2 条、通用动词、书面语动词和方言动词各 1 条,分别占 40%、20%、20% 和 20%;剩下两条是 1 条通用语叹词"咄咄"和 1 条书面语助词"云云"。

综上所述,与《现汉》第 5 版相比,第 6 版增收了 14 条"××"式单音节双叠词,即"儳儳₁、儳儳₂、灿灿₁、灿灿₂、漭漭、汈汈、扮扮、活活₂、苦苦₁、苦苦₂、森森、嘤嘤、早早₁、铮铮₂";少收了 3 条"××"式单音节双叠词,即"靡靡、偏偏₃、谁谁"。从词类分布角度看,《现汉》第 6 版收录的 559 条"××"双叠词包括形容词 324 条、名词 83 条、拟声词 75 条、副词 58 条、动词 16 条、叹词 2 条、助词 1 条,各占 57.96％、14.85％、13.42％、10.37％、2.86％、0.36％、0.18％。从语体使用范围上看,《现汉》第 6 版收录的 559 条"××"双叠词包括通用语词 285 条、书面语词 221 条、方言词 31 条、口语词 22 条,各占 50.98％、39.53％、5.55％和 3.94％。

三 新版《现汉》的几点变化

社会的不断发展进步,人们的语言生活空前活跃,新理论、新规范的不断提出,这些都要求适时地对《现汉》进行修订。《现汉》第 6 版与第 5 版相比,变化颇多。我们以其对"××"式单音节双叠词的处理来窥视《现汉》第 6 版的一些变化。

(一) 新增词

在对《现汉》第 6 版与第 5 版进行对比调查统计"××"式单音节双叠词的分布时,我们已经指出了前后两版在收词数量上的变化。与第 5 版相比,《现汉》第 6 版新增收词 9 条[7],即"儳儳、灿灿、漭漭、汈汈、扮扮、苦苦、眳眳、惓惓、嘤嘤"等。

(二) 新增义

《现汉》第 6 版对部分"××"式单音节双叠词的意义进行了增补,例如"活活"在《现汉》第 5 版中只有两个义项,在第 6 版中增加了一个新义,即"生硬地;强制地:两个相爱的人被～拆散"。类似新增加义项的双叠词还有"森森、早早、铮铮"3 词,它们分别增加了一个义项。

此外,在调查中我们还发现,《现汉》第 6 版对一些单字和单音节词的意义进行了增补。例如"白"新加了一个词素义,即"某些白色或近似白色的东西:葱～|茭～|卵～"。"大"新增了一个名词词义,即"大小的程度:那间房子有这间两个～|你的孩子现在多～了?""滚"新增了一个副词义"表示程度深,特别:～热|～烫|～圆"。类似的例子还有"蒙、奶、窃、嫂、偷、娃、扬、依"等,都增加了一个或两个新的义项。

(三) 注音修订

《现汉》第 6 版对"××"双叠词注音的修订主要表现在"拜拜、宝宝、好好、早早"

等词上。例如"拜拜"的读音由"bàibài"修订为"báibái";"宝宝"的读音由"bǎo·bǎo"修订成"bǎo·bao"。又如"好好""早早"在《现汉》第5版中以带儿化音的形式出现,即"好好儿""早早儿",但在第6版中被修订为"好好"和"早早","好好"的读音由"hǎohāor"修订为"hǎohǎo","早早"的读音由"zǎozǎor"修订为"zǎozǎo"。

(四)修订词类标注

《现汉》第6版在保持原有词类标注体系的基础上,对一些词的词类标注进行了修订。在我们调查的对象中主要有下列几个词语。例如:"断"的第6个义项在《现汉》第5版中仅作为词素义被收录,但在《现汉》第6版中被修订为动词义,修订加上了动词的词类标记"动"。"杠"的第1、2、4三个义项在《现汉》第6版中被修订为名词,加上了名词标记"名"。"好"的第15个义项由"〈方〉副"修订为"〈方〉代疑问代词"。"窃"的第三个义项由词素义被修订为副词义,修订加上副词标记"副",为此我们调整了"窃窃₂"的词类来源性质。"上上"和"下下"的第一个义项由"形属性词"修订为"名方位词"。"徐徐"由"〈书〉副"被修订为"〈书〉形"。

(五)调整同形同音条目

《现汉》第6版以意义为主要标准,对同形同音条目的分合做了调整。例如:《现汉》第6版中"草"取代了第5版中的"草¹"和"草²";第5版中的"断¹""断²"被调整为第6版中的"断";第5版中的"格¹"和"格²"被合并为第6版中的"格¹";第5版中的"皇皇²""皇皇³"被调整为第6版中的"皇皇²";调整合并的例子还有"活""连""偏"等。

(六)删除个别词语

在对《现汉》第6版与第5版进行对比调查统计"××"式单音节双叠词的分布时,我们已经指出了《现汉》第6版对第5版所收的一些双叠词进行了删减。例如:"濛濛、靡靡、谁谁"以及"偏偏₃",都曾被第5版所收录,但在第6版中都被删去。

(七)释义更加简洁明了

《现汉》第6版为了更好地进行释义,对释义用词、用语进行了简化,对一些例词、例句做了增删与修改。例如《现汉》第5版对"常常"的释义为"(事情的发生)不止一次,而且时间相隔不久",第6版中的解释是"表示事情的发生不止一次,而且时间相隔不久",对比之下,第6版的解释比较直接明了。又如第5版对"往往"的解释是"表示某种情况通常在一定条件下才会出现或发生",第6版的解释是"表示根据以往的经验,某种情况通常在一定条件下时常存在或经常发生",相比之下,第 6 版的释义更简洁、直观、明了。类似的例子还有"框框、妈妈、茫茫、囡囡、婆婆、骎骎"等。

对例子的修订情形,例如《现汉》第 5 版对"莽莽"一词仅做了解释,未举出例词,但在第 6 版不仅给出了释义,而且举出了例子"青草莽莽",更加严谨。又如第 5 版对"蠕蠕"释义后举例为"蠕蠕而动",第 6 版将其修订为"运输车队在盘山公路上蠕蠕而动"。

以上仅是我们在对"××"式单音节双叠词进行统计时发现的一些变化,至于《现汉》第 6 版与第 5 版二者间的具体变化有待我们继续研究。

附　注

[1] 在《现汉》中出条方式为"咯咯　gēgē 拟声 ❶……❷……❸……❹……"的,处理为"咯咯₁、咯咯₂、咯咯₃、咯咯₄";出条方式为"款款¹ kuǎnkuǎn……"和"款款² kuǎnkuǎn……"的,处理为"款款¹"和"款款²";出条方式为"皇皇² huánghuáng ❶……❷……"的,处理为"皇皇²₁、皇皇²₂"。如不做特殊说明,本文均采用该处理办法。

[2] 参看马庆株.关于重叠的若干问题:重叠(含叠用)、层次与隐喻.汉语学报,2000(1).

[3] 参看刘丹青.原生重叠和次生重叠:重叠式历时来源的多样性.方言,2012(1).

[4] 我们在调查统计《现汉》第 5 版中"××"式单音节双叠词时,曾将第二类叠音词放入叠素词下的直叠词中进行讨论。我们发现,现代汉语中第一类叠音词的单字形式,在古代汉语中是有意义的。例如,《现汉》中"嗷"只注音,无释义,按我们归类的标准,"嗷嗷"应归入叠音词。但在古代汉语中,"嗷"有音有义,《说文解字》:"众口愁也。从口敖声。《诗》曰:'哀鸣嗷嗷。'五牢切"。因此,我们大胆地假设:现代汉语中的"××"式单音节双叠词处在一个发展演变的过程中,它有自己的一条语法化链,即"××"式词语重叠式→"××"双叠词(降叠词)→"××"双叠词(直叠词)→"××"双叠词(叠音词)→"××"式词缀→零形式。当然,语法化是渐变的,中间可能出现并存现象。假设的依据之一就是各阶段词语数量的分布:在现代汉语中几乎所有词类中的词都可以重叠,构成的词语重叠式的数量较大;《现汉》第 6 版收录了 125 条降叠词、208 条直叠词、226 条叠音词,可以说是沿着"××"式单音节双叠词的虚化路线逐渐递增,即降叠词的数量不断减少,叠音词的数量不断增加。基于以上原因,我们将第二类从直叠词中拿出放入叠音词中进行讨论。

[5] 判定的依据仅参照《现汉》是否对基式"×"标注了词性,未标注词性的是词素,标注词性的是词。由两个词素重叠构成的就是直叠词,由两个词重叠构成的就是降叠词。

[6] 文中的通用语仅指《现汉》在标注词性时未标注"〈书〉〈口〉〈方〉"等标记的词语。其中"〈书〉"在《现汉》的"凡例"中被释为"书面上的文言词语",本文在使用中将其称为"书面语"。

[7] 按照《现汉》第 6 版所收条目进行统计,未按新增义项计数。

参 考 文 献

1. 刘丹青.原生重叠和次生重叠:重叠式历时来源的多样性.方言,2012(1).
2. 马庆株.关于重叠的若干问题:重叠(含叠用)、层次与隐喻.汉语学报,2000(1).
3. 张亮.《现代汉语词典》(第5版)中"××"式单音节双叠词的统计与分析.渤海大学学报(哲学社会科学版),2012(4).
4. 中国社会科学院语言研究所词典编辑室.现代汉语词典(第5、6版).北京:商务印书馆,2005,2012.

现代汉语口语词构词语素的语体特征研究[*]

王 伟 丽

(首都师范大学文学院 100089)

提要 本文以《现代汉语词典》第6版所收的口语词作为口语词的原型进行研究,探讨构成口语词的语素的语体特征,从而进一步探索构词语素的语体差异度对口语词的口语化程度的制约相关度问题,进而为口语词本质属性的研究起到一些推进作用。

关键词 口语词(语素) 书面语词(语素) 口书通用体词(语素) 构词 语体

现代汉语口语词本质属性及其相关问题的研究一直是学术界研究的难点,对现代汉语口语词与书面语词以及介于二者之间的口书通用体词的相关研究也相对较少,而关于现代汉语口语词构词语素的语体特征问题的研究则更少。本文将重点以双音节口语词和三音节口语词构词语素的语体特征为原型进行相关研究。

一 关于口语词的一些相关问题

现代汉语词汇是一个复杂的系统,既有共时平面的普通话词汇和方言词汇的区分,又有历时层面文言词汇和白话词汇的区别。就它们之间的关系问题,李如龙先生(2003)曾指出:"白话是千年前的口语,上升为书面语之后又与口语有了不少差异……就交际领域说,文言和白话都是书面语,文言是古代传下来的书面语,白话是近代形成的书面语。白话以吸收近代口语为主体,也承继了大量文言成分。现代普通话和方言则是指的口语……从近代到现代,就通行面说,白话和普通话虽然是后起的、新生的,却都是普遍通行的;文言和方言虽说都是固有的,但也都只是局部通行的。文言不但影响白话,也影响了方言;在一定地域形成的方言,有古代文言的影响,也有近代白话的作用。现代华人社会的书面语以白话为基础,但正在越来越快地发生变化,

---

[*] 本文得到"2013年度北京市留学人员科技活动择优资助项目(优秀类)"和"首都师范大学博士启动基金项目"资助。感谢张志毅教授、李如龙教授、张博教授对本文提出的宝贵意见,谨致谢忱!

这种变化除了吸收大量的普通话成分之外,也势必吸收某些方言成分。这就是文言、白话和普通话、方言之间错综复杂的关系……现代的口语——普通话不但和方言相互依存、相互作用,而且直接继承了白话的传统,吸收了不少文言的成分;其书面语形式不仅与口语有别,与近代白话乃至五四以来的白话也有许多差异。"

从语体的角度来分类,现代汉语词汇大体可以分为口语词汇和书面语词汇,但是口语词汇从广义的角度来看又有方言词汇和共同语词汇之分。苏新春先生(2001)曾就口语词、书面语词以及方言词之间的关系做过探讨:"口语词是词汇学理论中对词的语体色彩所做的一种分类。它表明这一类词语主要运用于非正式场合的生活场景,具有通俗、随意、亲和的特点。口语词与书语词是相对的……词语的分类如同现实事物的分类一样,交叉混杂是难免的……交叉混杂同样也会出现在口语词与书语词的分类中。口语词与普通词语、书语词与普通词语之间的界限同样难于进行非此即彼的切分。语体色彩义分类的混杂还远不限于此,在口语词与方言词、书语词与古语词之间又何尝不是纠缠在一起呢。"

如果从狭义的语体角度来分类,可以把现代汉语词汇分为口语词汇、书面语词汇以及介于二者之间的通用语体词汇,也就是苏新春先生(2003)所说的"普通词汇"。口语词和书面语词有各自的原型成员,同时二者之间又存在"通用语体"。我们将现代汉语词汇的口语体和书面语体之间的层级关系大体分为五级,即口语专用词、口书兼用(偏口)词、口书通用词、书口兼用(偏书)词、书面专用词,具体分类图示如下:

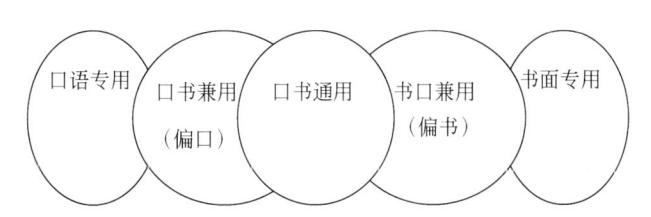

口语专用　口书兼用(偏口)　口书通用　书口兼用(偏书)　书面专用

可以通过下表所示现代汉语标准语中各种语体的分布状况,来对纯口语和纯书面语以及介于二者之间的通用语体的分布及其关系有一个更直观的认识:

现代民族标准语		
口语		书面语
(2)纯口语成分	(1)中态成分	(2)纯书面语成分
(3)其他成分(俚俗等)	(1)中态成分	(3)其他成分
边缘	中心	边缘

说明:此表引自崔卫(1998:21)在《口语共性》中对口语以及书面语和通用语体(中态成分)的分析。

从上表中可以判断出,现代汉语标准语中的口语词包括"中态成分"的口语词、纯口语词,以及其他俚俗成分等口语词。而本文所研究的口语词包括上表中"中态成分"偏口语的成分、纯口语成分、其他成分(俚俗等)以及边缘等范围的词汇,而"纯口语成分"和"纯书面成分"就是口语和书面语的原型成员,其余部分是边缘成员,其口语性和书面语性也具有梯度层次的区别。

口语和书面语有各自的原型成员,同时二者之间又存在"通用语体"成员,也就是我们所说的边缘成员。根据对现代汉语词汇的口语体和书面语体之间的层级关系的五级分类法,这里所研究的"口语的原型成员"就是指五级分类图表中的"口语专用"的部分,"书面语的原型成员"是指五级分类图表中的"书面语专用"的部分,"通用语体"是指五级分类图表中除了"口语专用"和"书面专用"之外的"口书兼用(偏口)""口书通用"以及"书口兼用(偏书)"的部分。而对于偏口语语体的通用语体词以及偏书面语体的通用语体词来说,其口语性和书面语性与其原型成员相比具有渐进性的梯度差别。

对于现代汉语口语词构词语素的特征问题,现代汉语口语词的构词语素的语体分布又是如何呢?下面主要对现代汉语双音节口语词和三音节口语词中口语语素、书面语语素以及介于二者之间的通用语体语素的语素构词情况进行调查分析,希望能够发现一些规律。

二 关于口语词构词语素的语体属性的相关研究

关于词汇义位构词的语体问题,张志毅先生(2012:189)提出了语素组合的"语体同一规则":"具有文言性的语素较宜相互组合,具有口语性的语素较宜相互组合,而不宜或较少交叉组合。这里包括新旧质的分别配列问题:新质与新质,旧质与旧质较宜共现。这一规则,在'冠/帽'、'履/鞋'、'足/脚'、'观/看'与同语体语素组合群中显得较清楚。如能说'免冠'和'脱帽',而不宜交叉;能说'革履'和'皮鞋',而不宜交叉;能说'盲目'和'瞎眼',而不宜交叉。(见下表)当然也有两可的中间性的组合,如:乳/奶+名+牛+酪+头。"

口/文 \ 组合 \ 口/文		口语				文言			
		妈	牙	水	喂	母	齿	汁	哺
口语	奶	+	+	+	+	−+	−	−+	−
文言	乳	−	−+	−	−	+	+	+	+

就语素构词的语体同一性问题,张志毅先生认为具有相同语体属性的构词语素比较容易组合。但是不同语体属性的构词语素所构成的合成词的语体属性又是如何呢?构词语素的语体属性对其所构成的合成词的语体属性的影响度有多大呢?就口语词而言,口语词的构词语素的语体属性又是如何呢?这些都是需要进一步研究的问题。

关于不同语体语素的构词特点以及构词能力问题,王东海先生(2002)也曾经做出过探讨,所得结论与张志毅先生是一致的,都认为大多数语素组合都遵循语体同一的规则:"在词内编码或词间编码,语素的语体多具有同一性,即文言性的语素宜于跟文言性的语素组合,口语性的语素宜于跟口语性的语素组合。例如,通常说'免冠(照片)'、'(进屋)脱帽',而不说'免帽'、'脱冠',因为'免'和'冠'都属于文言语体,'脱'和'帽'都属于口头语体。"在此基础上,他又对此进行了进一步的举例分析:

语体\编码	文言性				口语性			
	目	母	齿	哺	眼	妈	牙	喂
文言性 睹	+				−			
疾	+				−			
盲	+				−			
炫	+				−			
乳		+	+	+		−	−	+
口语性 看	−				+			
病	−				+			
瞎	−				+			
耀	−				+			
奶		−	−	−		+	+	+

通过对以上语素搭配的分析,王东海先生(2002)得出结论:"语体同一是语素编码的最佳原则。当然,也有少数编码是语体不同一的,如'眼目、信函、死亡、书写、贫穷、快速'等。还有少数两可的中性的编码实例,如'眼力、眼光、眼下、眼前、满眼、眉眼'等,可以说'目力、目光、目下、目前、满目、眉目'等。这两套词本身还有口语和文言的语体陪义,在二级编码上仍然能显示出语体属性的分野。例如'目光炯炯'、'目光如炬'、'目光如鼠'、'目光如豆'等中的'目光',不宜换成'眼光';而'孩子的眼光'以及用新义(观点)造的口语说法'老眼光'、'旧眼光'、'新眼光'、'有眼光'等的'眼光',又不宜换成'目光'。口语和书面语,是语体中第一层级范畴。在它们之下还有

次范畴。书面语中还有术语、公文语言、文学语言等。术语之下还有第三级范畴,如科技术语、军用术语等。当然,公文语言和文学语言也不宜混在一个编码系列里。"在这里,王东海先生分析了少数编码语体不同一的实例,也就是说,在汉语中也会存在不同语体的构词语素组合构词的现象。我们不禁要问,同语体的构词语素在口语词的构词中占多大比例呢?那些不同语体的构词语素在口语词的构词中又占多大的比例呢?构词语素语体的相同或不同对口语词的口语化的程度的影响力又是如何呢?这就是下文要着力研究的问题。

三 现代汉语口语词语素构词分析

关于现代汉语口语词的构词语素的语体状况的探讨,我们对《现汉》第6版中所收的口语词进行了统计。口语语素和通用语体语素的判定原则和标准,是结合《现汉》第6版及《汉语大词典》《汉语大字典》等工具书以及大规模的历时汉语典籍语料库,从历时和共时角度进行验证后确定的。确定的标准主要参照时间要素以及是否有相应的书面语语素与之对应等因素。从时间要素的标准来讲,汉魏以后固定使用的语素,如果是新出现的语素,就认为是口语语素;如果是从先秦至今一直使用,语素的语义也没有发生改变的语素,就认为是通用语语素。在时间参数之外,还对当前公众的口语、通用语以及书面语的语感认同进行了客观实地问卷调查,通过运用公众语感以及其他工具书来对口语语素、书面语语素以及通用语语素的语体属性进行了确认。同时,把口语语素是否有相应的书面语语素与之对应也作为确定语体属性的标准,如果有相对应的书面语的语素就是口语语素,如果没有相对应的书面语的语素,在时间参数的制约之下,再参考其他的参照参数,如构成口语词的语素的自由度等。

通过公众的语感认同、工具书验证以及共时历时典籍的反复验证和确认,对《现汉》第6版中的构词语素的语体属性进行了确定,大体认为《现汉》第6版中所收的口语词大体是由口语性语素和通用语体语素组合构成的。对《现汉》第6版中的双音节口语词和三音节口语词的构词语素的语体状况进行了调查分析,结果如下:

1. 现代汉语双音节口语词语素的语体构词分析

对《现汉》第6版中现代汉语双音节的口语词语素的语体构成进行了统计,如下表所示:

双音节口语词 语素构词情况	口＋口	口＋通	通＋口	通＋通
数量	157	108	259	163
百分比(%)	22.85	15.72	37.70	23.72
例词	爸爸	哈腰	势头	地面

说明：

1. "口"是指口语语体，这里简称为"口"；"通"是指通用语语体，这里简称为"通"。

2. 对于《现汉》第6版中标注"儿"的儿化词，暂且不作为研究对象。

3. 轻声是现代汉语口语词中一个非常重要的现象，具有动态性，在这里对所有《现汉》第6版中标注轻声或未标注轻声的口语词同等处理。

4. 现代汉语口语词中还有单音节口语词以及三音节以上的口语词，因为数量很少，这里不作为研究对象。

从上表统计数字可以看出，现代汉语双音节口语词构词语素的语体构成情况。在《现汉》第6版双音节口语词中，有大约53.42%的双音节口语词是由一个口语语体语素和一个通语语体语素构成的。而在现代汉语双音节口语词中，由两个口语语素构成的双音节口语词仅占不到23%。同时，在现代汉语口语词中，还有一部分语素是由两个通用语体的语素构成的，这部分语素在现代汉语双音节口语词中大约占23.72%。可见，在现代汉语口语词构词语素的语体构成中，由"口＋口"和"通＋通"所占比例大体相当。而大部分现代汉语双音节口语词是由一个口语体语素和一个通用语体语素构成的。同时也可以得出结论：在现代汉语双音节口语词中，有77%左右的口语词是有通用语体的语素作为构词语素的。

根据对《现汉》第6版的统计，现代汉语口语词中双音节口语词的总量占现代汉语口语词总量的67.65%左右。结合以上对现代汉语双音节口语词语素构词情况的统计，对现代汉语双音节口语词构词语素所对应的口语词数量占整个现代汉语口语词总量的百分比情况进行了统计。如下表所示：

双音节口语词 语素构词情况	口＋口	口＋通	通＋口	通＋通
百分比(%)		15.72 *10.63*	37.70 *25.50*	
	22.85 *15.46*	53.42 *36.14*		23.72 *16.05*
		52.64		

说明：表中斜体加粗的百分比数据为其相对应的双音节口语词构词语素所对应的口语词数量占整个现代汉语口语词总量的百分比。

通过上表统计分析,可以看出,在《现汉》第 6 版双音节口语词中,由"口＋口"构成的双音节口语词占现代汉语口语词总量的 15.46％,由"通＋通"构成的双音节口语词占现代汉语口语词总量的 16.05％左右。大多数现代汉语双音节口语词是由通用语体的语素作为构词语素的,大约占现代汉语口语词总量的 52.64％。可见,现代汉语双音节口语词的构词语素中通用语体的语素占了现代汉语口语词构词语素的 50％左右。

2. 现代汉语三音节口语词语素的语体构词分析

对《现汉》第 6 版中现代汉语三音节的口语词语素的语体构成的统计,如下表所示:

三音节口语词语素构词情况	口口口	口口通	口通口	通口口	口通通	通口通	通通口	通通通
数量	12	5	24	16	12	41	4	30
百分比(％)	8.33	3.47	16.67	11.11	8.33	28.47	2.78	20.83
例词	打哈哈	呱呱叫	矮半截	出份子	背黑锅	可怜见	踝子骨	二百五

说明:

1. "口"是指口语语体,这里简称为"口";"通"是指通用语语体,这里简称为"通"。
2. 对于《现汉》第 6 版中有明确标注"儿"的儿化词,在这里暂且不作为研究对象。
3. 轻声是现代汉语口语词中一个非常重要的现象,具有动态性,在这里对所有《现汉》第 6 版中标注轻声或未标注轻声的口语词同等处理。
4. 现代汉语口语词中还有单音节口语词以及三音节以上的口语词,因为数量很少,这里不作为研究对象。

从上表统计数字可以看出,现代汉语三音节口语词构词语素的语体构成情况。在《现汉》第 6 版三音节口语词中,有大约 70.83％的三音节口语词是由一个或两个口语语体语素和一个或两个通用语体语素构成的。而在现代汉语三音节口语词中,由三个口语语素构成的三音节口语词仅占到 8.33％左右。现代汉语三音节口语词还有一部分是由三个通用语体的语素构成的,这部分语素在现代汉语三音节口语词中大约占 20.83％。从中可以看出,现代汉语三音节口语词有大约 70％左右是由通用语体语素作为构词语素的,有大约 30％是由纯口语语素和纯书面语语素作为构词语素的。可见,在现代汉语口语词构词语素的语体构成中,仍然是跟双音节口语词的构词语素语体分布是一致的。同时,由"通＋通＋通"所构成的三音节口语词是由"口＋口＋口"所构成的三音节口语词的两倍多。绝大部分现代汉语三音节口语词是至少由一个通用语体语素和一个或两个口语体语素构成的,这部分现代汉语三音节口语词大约占整个现代汉语三音节口语词的 91.66％。由此可以得出结论:在现代汉语三音节口语词中,有大约92%的口语词是有通用语体的语素作为构词语素的,纯粹由口语体语素构成的现代汉语三音节口语词仅占8%左右。

根据对《现汉》第6版的统计,现代汉语口语词中三音节口语词的总量占现代汉语口语词总量的16.52%左右。结合以上对现代汉语三音节口语词语素构词情况的统计,对现代汉语三音节口语词构词语素所对应的口语词数量占整个现代汉语口语词总量的百分比情况进行了统计。如下表所示:

三音节口语词语素构词情况	口口口	口口通	口通口	通口口	口通通	通通口	通口通	通通通
百分比(%)		3.47	16.67	11.11	8.33	28.47	2.78	
		0.57	*2.75*	*1.83*	*1.38*	*4.70*	*0.46*	
		31.25			39.58			
		5.16			6.54			
	8.33	70.83						20.83
		11.70						*3.44*
	1.38	15.14						

说明:表中斜体加粗的百分比数据为其相对应的三音节口语词构词语素所对应的口语词数量占整个现代汉语口语词总量的百分比。

通过上表统计分析,可以看出,在《现汉》第6版三音节口语词中,由"口+口+口"构成的三音节口语词占现代汉语口语词总量的1.38%,由"通+通+通"构成的三音节口语词占现代汉语口语词总量的3.44%左右。大多数现代汉语三音节口语词是由通用语体的语素作为构词语素的,大约占现代汉语口语词总量的15.14%。可见,现代汉语三音节口语词的构词语素中通用语体的语素占了现代汉语口语词构词语素的15%左右。

四 现代汉语口语词语体构词小结

根据对《现汉》第6版的统计,现代汉语口语词中双音节口语词和三音节口语词的总量占现代汉语口语词总量的85%左右,其中双音节口语词大约占现代汉语口语词总量的67.65%左右,三音节口语词大约占现代汉语口语词总量的16.52%左右。对现代汉语双音节口语词以及三音节口语词语素构词情况进行统计,可以看出:由双音节口语词构词语素以及三音节口语词构词语素构成的口语词中,至少由一个通用语体语素构成的口语词数量占整个口语词总量的67.78%,大约占70%之强;由纯粹口语语素构成的口语词数量占整个口语词总量的16.84%左右,大约占17%;由纯粹通用体语素构成的口语词数量占整个口语词总量的19.49%左右。也就是说,在整个口语词总量的70%中有大约20%左右的口语词是由纯粹通用体语素构成的。可见,在现代汉语口语词中,通用语体语素比口语体语素具有更强的构词能力,通用语体语素的构词能力大约是口语体语素构词能力的四倍之强。

前文已经谈到,口语和书面语有各自的原型成员,同时二者之间又存在"通用语体"。据Ф. П. Филин统计,口语和书面语中的"中态成分"即通用语体各占其总数的75%,包括一般交际用语的主要内容。陈建民也曾指出,口语和书面语"共通的句式是大量的,约占全部现代汉语句式的85%",而口语中特殊的约占15%。在我们的语言生活中,有15%—25%的口语词和书面语词是原型成员,而大约有75%—85%的口语词和书面语词处于不同层级的过渡状态,是偏口语语体的通用语体及偏书面语体的通用语体的中态成分。也就是说,实际语言生活中在75%—85%的情况下运用的是通用语体,表现在现代汉语口语词的构词语素的语体上,就是通用语体语素作为现代汉语双音节口语词和三音节口语词的构词语素占到了大约70%。

结合上文的研究数据,重新探讨一下王东海先生(2002)在《汉语同义语素编码的参数和规则》一文中对现代汉语中具有口语性的语素的构词情况所做的分析。他认为语素的自由性和口语性是影响语素编码量的双重因素。他所探讨的"眼、脚、牙"等具有口语性的语素在现代汉语中已经进入了通用语体,变成了具有通用语体性的口语语素,这一类语素是"中态成分"中偏重于通用语体的口语语体语素。这部分语素"有的是汉魏及其以后产生的语素,有的是汉魏以后双音化的活跃语素",大约在这部分通用语体口语语素的70%的范围内语素构词的自由度受自由性和口语性的影响,使同时具有这两种属性的语素成为构词能力强的强质语素。他所探讨的"口、食、饮"等是古代汉语的基本词,这部分词在现代汉语中作为语素也已经进入了通用语体变成了具有通用语体性的语素,这一类语素是"中态成分"中偏重于书面语语体的通用语体语素,大约在这部分通用语体语素的30%的范围内语素构词的黏着性和文言性的强弱与构词能力成正比,但是这类词大体上不参与口语词的构词。

通过研究发现,作为现代汉语双音节口语词和三音节口语词构词语素的现代汉语通用语体语素中,至少由一个通用语体语素构成的现代汉语口语词数量占整个口语词总量的67.78%,大约占到了70%之重。根据《汉语同义语素编码的参数和规则》的研究结果,可以推断出,"中态成分"中偏重于通用语体的口语语体语素,也就是在现代汉语中已经进入了通用语体,变成了具有通用语体性的口语语素,其在整个口语词总量中的构词能力大约为49%,接近半数。而另一部分"中态成分"的语素,也就是在现代汉语中变成了具有偏重于书面语语体性的通用语体的语素,这部分语素仍然具有文言性,在现代汉语中表现出书面语体的性质。根据张志毅先生所指出的"具有文言性的语素较宜相互组合,具有口语性的语素较宜相互组合,而不宜或较少交叉组合"(2012:189),这部分词大体上不参与现代汉语口语词的构词,即使作为构词语素也是使用了现代汉语中新产生的义位,性质已经变成了具有通用语体性的口语语素。

参 考 文 献

1. 崔卫.口语共性.北京:军事谊文出版社,1998.
2. 李如龙.文言 白话 普通话 方言——汉语教学中一个根本问题.语言文字应用,2003(4).
3. 苏新春.汉语词汇计量研究.厦门:厦门大学出版社,2001.
4. 王东海.汉语同义语素编码的参数和规则.中国语文,2002(2).
5. 张志毅,张庆云.词汇语义学(第三版).北京:商务印书馆,2012.
6. 中国社会科学院语言研究所词典编辑室.现代汉语词典(第6版).北京:商务印书馆,2012.

《现代汉语词典》第6版的原型语义观

张 志 毅

(鲁东大学 264025)

提要 本文运用语义原型理论考量《现代汉语词典》第6版在释义上的科学性和求实精神,重点考察了六个方面:同义词群中的核心词;多义词中的本义;言语中的中心语义点;中心义素;字头义;母义项。

关键词 《现代汉语词典》第6版 原型语义 原型释义 变体

《现代汉语词典》(以下简称《现汉》)第6版已经做到:一、尽力反映了相关学科的当代水平;二、基本满足了当代语言学理论的要求;三、大体达到了当代词典学理论和实践的新水平。这里侧重谈谈第二方面中的语义学部分。因为语义学是影响当代语言学的主要因素,原型语义观又是决定词典水平的主要因素。

一 原型语义观

1. 语义学现代化的结果之一,产生了原型语义(prototype semantics,又译作语义原型)观。

20世纪30—50年代维特根斯坦(Wittgenstein, L.)提出"家族相似性",70年代美国心理学家罗斯(Rosch, E.)等提出原型论,80年代以后雷科夫(Lakoff, G.)等提出"理想认知模型"。这三个阶段的中心内容都是对"多元结构"的认知研究。

"元"在词典学里具体指:义位/义项,义位/义项群的共核义,子义项,子义项群的共核义,附属义项,义素,义素群,语素义。它们都具有典型性和本源性。对它们的认知方法是:在一类语义中选出原型(即中心成员),予以认识,然后以原型语义为中心,扩展到次中心语义成员、一般语义成员以及边缘语义成员,这样就可以认识几类、几层语义范畴:中心义、次中心义、一般义和边缘义,各类或各层成员意义的地位是不平等的,一类或各类成员意义之间有不同程度的家族相似性。这是认知语言学对语义和语义场研究的新贡献。由原型语义,导引出"原型释义"(prototypical definition):第一步,对原型/中心义位的准确释义;第二步,次中心义位(常是原型义位变体)=原型义位的准确释义+/-最显著的语义特征。对原型义位及其各种变体的认识、重视程度,投入功夫的多少,直接影响着词典的编纂水平。

2. 原型语义,近20年来值得关注的研究者有阿普列相(Апресян, Ю. Д.)、吴世雄、章宜华等。本文把原型语义在词典里的主要类型总结出13种:a)基本词汇义,是全部词汇的原型语义;b)同义词群核心词的意义,是同义词群的原型语义;c)多义词的本义(或中心义)和转义,是原型语义及其变体的关系;d)上义词的意义,是下义词意义的原型语义;e)类义词的中心成员意义,是类义词的原型语义;f)根词的基本义,是同族词的原型语义;g)几个义项的共核义,是几个义项的原型语义;h)一个义项内的主义项,是附属子义项的原型语义;i)一个义项/义位的意义,是言语义位变体的原型语义;j)各独立子义项的概括义,是各子义项的原型语义;k)一个义项的基本意义,是该义项附属义的原型语义;l)中心义素,是义素群的原型语义,次中心义素,有并列型的(如"伟大"),有非并列型的(如动词的主客体义素);m)语素/字头义,是义项/义位的原型语义。针对《现汉》第6版,这里只谈上列13种中的b)、c)两种。

二 同义词群的核心词的意义,是同义词群的原型语义

1. 无论哪类语文词典,都必须高度重视同义词的核心词的释义及其同义词的个性特征。同义对释,在学习词典系列里,必须严格控制,如《现代法语词典》占3.7%,《牛津高阶英语词典》占3.1%,《柯林斯COBUILD英语词典》则完全取消了。同义对释,在普通语文词典里可以放宽,如《小罗贝尔词典》(旧版),占15.02%,《钱伯斯20世纪词典》占大多数,《现汉》第6版占近40%。

2. 《现汉》第6版的同义词场有6000多个,即有6000多个核心词,围绕6000多个核心词的同义词单词有15 000多个,这些词是用同义词解释的(可能用1~4个同义词)。《现汉》第6版特别重视核心词的释义,从而带动所有同义词的释义。例如:

爱好 ❶ 对某种事物具有浓厚的兴趣;喜爱……

这一核心词的释义,第6版比第5版更精确,把原第三义项的"喜爱"移到第一义项释义后面,作为原释义的补充,主要是准确地反映了"爱好"的义域:"爱好"不仅能跟含有人活动义的动词、名词、形容词,还能跟汽车、电脑、花草、动物等名词搭配。不过,不能说"爱好+人",而能说"喜爱+人"。可见,用同义词释义,是求大同存小异。

有了这一原型语义,用来释义的三列词群的意义也随之准确了:第一,同义词群——"喜、喜好"等,用"爱好"对释;第二,近义词群——"酷爱、热衷、上瘾、嗜、醉、醉心"等,以"爱好"为中心义素;第三,意义关联词群——"魔力、迷恋"等,以"爱好"为辅助义素。又如:"发表"增加了"互联网"义素,使得"发出、披露、公报、声明"等近40个词比旧版准确了;"标志"增加了"事物"义素,使得"标记、号子、界碑、路标"等近50个词比旧版准确了;"词组"增加了"寓意和语法上都能搭配的""口语中没有句调,书面上没有句末标点"区别性语义特征,使得"短语、仂语、并且、介词、连词、语词"等30个词比旧版准确了。

三 多义词的本义(或中心义)和转义,是原型语义及其变体的关系

《现汉》第6版有近12 000个多义词,其中绝大多数都没有修改,只有极少数修改了。最典型的是,把第1—5版的"被¹、被²、被³"三个同形词改为一个多义词,并给出6个义项,摘要如下:

被 ❶名被子:棉～…… ❷遮盖:～覆…… ❸遭遇…… ❹介用于被动句…… ❺助用在动词前表示被动的动作…… ❻动用在动词或名词前,表示情况与事实不符或者是被强加的……

这说明修订者认识到了"被¹、被²、被³"的意义是有联系的:"被子①"是"被"的本义/初始义或中心义,即原型语义。"遮盖②、遭遇③"是距离原型义较近的次中心义。这种联系,植根于深厚的训诂实践:

连接"被子①"和"遮盖②"的语义关系是本体和功用的关系,《释名·释衣服》:"被,所以被覆人也。"本体和功用的连接点,是语义桥(semantic bridge)的一种。

连接"遮盖②"和"遭遇③"的语义关系是主动实施和被动受事,这是语义桥的另一种。主动覆上,是"遮盖";被动受施,是"遭遇"。这种关系,何休在《公羊传·庄公二十八年》注中已经发现:"伐"有"伐人""见伐"二义。杨树达总结"施受同辞",后人又概括出"施受引申"。

"被"④⑤⑥义都是由被动义"遭遇③"引申的:④义的"被"是介词,它前面的主语是受事,它后面的成分是施事,动作是强加给主语的;⑤义的"被"是助词,用在动词前,表示被动的动作;⑥义的"被"是动词,由被动的新用法转成的。

总之,"被"各义联系,以本义为原型,以第3义为枢纽:由1而2是体用关系,由

2而3是施受关系;由3引申出4、5、6被动义。

因为对词义联系有了新认识,《现汉》第6版把旧版两个同形词修改成多义词的,还有一些。例如:"上¹、上²"改为一个多义词,给出19个义项;"贼¹、贼²"改为一个多义词,给出6个义项;"杜鹃¹、杜鹃²"改为一个多义词,给出3个义项。

四 言语中的语义点所围绕的一个义位,是原型语义

在言语活动中,人们用的基本语义单位就是义位。义位的"所指"可以区分为:主要成员、一般成员、边缘成员。因此,义位在言语中有常体、变体。词典的义项不可能包括所有的成员、所有的变体。例如:

宅 待在家里不出门(多指沉迷于上网或电子游戏等室内活动)。

我们从新华网、人民网和搜搜网总共6000多万个用例中,各抽取前200个,共600个用例,考察"宅"的释义以及对释义的不同意见:

a)语料库显示,"宅"还有形容词意义,如"上班的时间比较~|都市儿童越来越~"。其形容词用例只占4%,不是原型语义,只是边缘变体。

b)"宅"的空间参数,不限于"在家里",如"~在实验室|~在宿舍|~餐馆|~酒吧|~茶吧|~在使馆|~在米兰|岛上~了20年"。语料库显示,这些"非家"空间用例只占15%,是变量,不是常量,不是原型语义,只是介于一般和边缘的言语变体。"家"占空间参数的85%,当然应该把"在家里"作为义位的主要义素。

c)"宅"的活动参数,不限于"上网或电子游戏等室内活动",如"~火锅|~烧烤|~米饭|~咖啡|~在家里可以陪家人、办公、写博客|~在家里可以从事七种职业"。这些活动,本来已经包括在释文的"等"里,如果拿出来另做统计,也只占总用例的18%,不属于原型语义之列,只是介于一般和边缘的言语变体。"上网或电子游戏等室内活动"占活动参数的82%,当然应该把这个常量作为义位的主要义素。把b、c的空间参数、活动参数,绘成示意图如下:

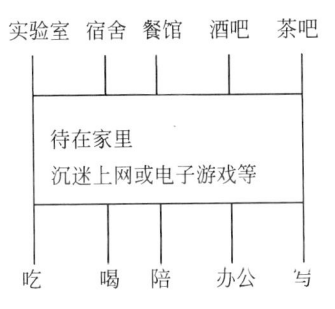

d) 用法不限于"宅在",还可以说"宅+了/着/一起/的/来/去/名词"等,如"在岛上~了20年|一个人~着爱,就~一起|喜欢~的朋友|~的就是寂寞|~来~去|~餐馆|身~,心不~"等。这些用法占用例的34%,虽然不是原型用法,但是也是值得注意的介于次中心和边缘之间的一般的言语变体,可以予以提示。

总之,语义原型必须概括其绝大部分用例,即言语的中心和次中心语义点,适当照顾边缘语义点,舍弃少数边缘语义点。这就是一个义位的常体,它具有稳定性、概括性、抽象性和完整性;与之相连带的各个变体,尤其是边缘变体,则具有变易性、个别性、具体性和细节性。"词汇范畴在边缘是模糊的,但是在核心是清晰的。"(Dirk Geeraerts 2013:206)

当然,"宅"的意义和用法,还在发展变化,对"宅"的释义也可能改变为:"待在家等小空间,专心做有兴趣的事情。"也可能发展出形容词意义:"在家等小空间,对有兴趣的事情很专心。"

五 中心义素是其余义素的原型语义

先看《现汉》各版对动词"出席"的释义:

有发言权和表决权的成员参加会议,有时也泛指任何人参加集会。(试印本)

有发言权和表决权的成员(有时也泛指一般人)参加会议。(试用本—第4版)

(有发言权和表决权的成员,有时也泛指一般人)参加会议。(第5版)

参加会议或典礼等活动,特指有发言权和表决权的成员参加会议。(第6版)

从试印本至第5版,释文的共性义素包括:a)主体义素"有发言权和表决权的成员和一般人";b)动词中心义素"参加";c)范围义素"会议"。第6版突破了3点:1)把主体义素的"一般人"隐去了,这在《现汉》动词释义中是经常使用的艺术——隐去缺省值;2)把"有发言权和表决权的成员参加会议"降为特指义;3)增加了范围义素"典礼",并且加了个"等"。这三点修改,是否反映了语言事实?为了验证,我们从大型语料库取样含"出席"的200个句子,调查结果如下:

第一,跟在"出席"后面的会,其种类至少有40来种,其中需要发言和表决的会,占1/3多,如峰会、代表会、国会、议会、董事会、年会、碰头会、辩论会等;不需要都发言和表决的会,占近2/3,如庆祝会、运动会、联欢会、博览会、酒(宴)会、招待会、晚会、展览会、发布会、纪念会、典礼(婚礼、葬礼、开学典礼、毕业典礼、首映式)、活动、仪式,等等。由此可见,把"有发言权和表决权的成员"降级,符合语言事实。

第二，跟在"出席"后面的成分，"会议"类占48%，"典礼"类占14%，其他活动占30%多。可见，《现汉》第6版抓住了"出席"的原型语义即中心义素"参加"这个常量，突显了中心义素的辖域——"范围"中的两个主要变量——会议和典礼。

再看《现汉》各版对动词"储备"的释义：

储存起来备必要时应用。（试印本）

储存起来准备必要时应用。（试用本）

（物资）储存起来准备必要时应用。（第1—5版）

（金钱、物资等）储存起来准备必要时使用。（第6版）

总结三次修订，原型语义"储存、准备、用"是中心义素，保持不变，时间义素"必要时"也没变。变动的有3个义素："备"改为"准备"，用词规范化了；"应用"改为"使用"，用词准确了；客体义素，前两个版本隐去了，第1—5版把"物资"显化了，是进步，但偏窄，第6版加上了"金钱"，并且排列在首位，更接近语言事实；尤其加了个"等"，概括无遗。请看下列统计：从大型语料库取样含"储备"的100个句子，其中用于金钱的占48%，用于物资的占25%，用于其他的（如能量、力量、知识、词汇等）占16%。这一数据佐证了"储备"释义修订的正确性。

从语义理论说，辅助义征有个基本数量。而词典释文现状显示的，其辅助义征数量则有较大差异。在所有的词典里，在动词的20多个语义参数里，客体义素出现的频数都是最高的。当然，不同性质的词典，其出现的百分比是不同的：《牛津简明英语词典》47.01%，《科林斯COBUILD英语词典》89.94%，《牛津高阶英语词典》95.65%，《朗文高阶英语词典》100%。这些数字说明，给出的动词的客体义素越多，越重视词的用法。因为客体义素这类语义参数（角色）有两个显著作用：加细精确度，显化区别度。《现汉》也很重视客体这个参数及其作用，其第1—5版都占35%以上，而第6版的客体义素有的修改了，有的增加了，有的删减了。例如：

眷恋（对自己喜爱的人或事物）深切地留恋。

淘汰在选择中去除（不好的、弱的或不适合的）。

征收政府依法向个人或单位收取（税款等）。

在客体义素中，第6版比第5版更加精准了，"眷恋"把第5版括注中的"地方"改成"事物"，"淘汰"增加了"弱的"，"征收"删减了"公粮"。这一改、一增和一减，都使围绕原型语义的精确度、区别度有所加强。

六　字头义是原型语义，它在合成词中的语素义是变体

《现汉》编纂伊始，主编吕叔湘先生就特别强调，字头释义一定要"管住"所带的词条意义。只有抓住这个原型语义，才能纲举目张。例如《现汉》第6版给"网"增加了新义项：

网 ❹特指计算机网络：上～｜互联～。

这个义项是原型，其作用是：管住了《现汉》收录的由"网"组成的60多个词语。我们先观察一下，核心语素"网"是怎样生成它的核心意义的。请看实例：

A. **网聊**　网上聊天儿……

B. **网迷**　喜欢上网而入迷的人。

C. **网民**　指互联网的用户。

D. **网友**　通过互联网交往的朋友。

E. **上网**　操作计算机等进入互联网。

F. **网速**　网络服务系统传输数据的速度。

G. **网评**　在网络上发表评论。

语素"网"是跟多个语素结伴而出现的，它必然跟各个伙伴形成语义和谐的状态，因而就产生了相伴随的语义个性，即组合义。如：A是"网上"，B是"上网"，C是"互联网"，D是工具性的"互联网"，E是受事"互联网"，F是施事"网络"，G是空间性"网络"。它们都围绕一个共同的语义中心，修订者舍弃个性，提取共性，这就是"网"的原型语义——计算机互联网。然后再用这个义源辐射并验证各个含"网"的词语的释义。修订者准确抓住认知焦点"网"的原型语义，清源正本，提纲挈领，统领了全部含"网"的词语的系统释义。

七　母义项是语义原型，子义项是变体

在一个大义项内，有主义项和附属义项，这是中外词典常见的事实。请看《现汉》第6版的例子：

领衔　在共同署名的文件上署名在最前面，<u>泛指排名在第一位</u>。

上面例子中加横线的文字，标示《现汉》第6版新增加的子义项，其子义项是主义项（即原型义）派生的泛指义："领衔"的所指，由一类（仅指"署名"）到多类（泛指多种

"排名"),其语义桥是"排名在前"。这个子义项,没被作为独立义项,是因为使用频次和分布还没达到应有的限度。但是多种网页显示:"领衔"的子义项正呈上升趋势,即将成为一个独立的义项。

总之,原型语义,即中心语义,指同义词群的核心词的意义、多义词的本义或基本义、言语义点所围绕的义位、义位的中心义素、字头义、一个义项内的主义项。

从对释义作用角度观察,抓住原型语义这个释义的焦点,能够以点带面,以个体驱动群体,以原子拨动整体。这是《现汉》一贯遵循的重要原理,第6版格外重视。

《现汉》第6版的原型语义观,还有许多内容,待另文补述。不能留给另文的,只有一句话,即《现汉》第6版的总精神——求实,科学!

参 考 文 献

1. Апресян, Ю. Д. Структуральная семантика С. Ульмана, Вопросы языкозния 2, 1959.
2. Апресян, Ю. Д. Экспериментальное исследование семантики русского глагола, Наука, Москва, 1967.
3. Wittgenstein, L. Trectatus Logico philosophicus(逻辑哲学论), London, 1922.
4. Wittgenstein, L. Philosophical Investigations(哲学研究). Oxford: Blackwell, 1933.
5. 张志毅,张庆云. 词汇语义学(第三版). 北京:商务印书馆,2012.

关于《现代汉语词典》释义的讨论

符 淮 青

(北京大学中文系 100871)

提要 对《现代汉语词典》释义的探讨能积极促进释义的改进。几篇对具有某种语法特征的词释义提出质疑和改进意见的文章,表现出对一般语文词典释义的性质、释义的应用认识片面,文章就此做出具体分析。

关键词 语文词典 释义 语义特征

《现代汉语词典》(以下简称《现汉》)是我国第一部用规范的现代语言全面确切地解释词语意义的词典。学者、读者对释义各方面的探讨对历次修订改进释义起着重要的作用。最近看到《辞书研究》上几篇文章对《现汉》中具有某种语法特征的词的释义提出质疑和修改意见,但这些意见对一般语文词典释义的性质、释义的应用认识片面,不够妥当。本文就针对这些意见来谈三个问题:(1)关于作格动词的释义;(2)关于二价名词的释义;(3)关于释义中核心动词的使用。

一 关于作格动词的释义

有文章[1]解释作格动词如下:

感动 ❶[动]思想感情受外界事物的影响而激动,引起同情或向慕。(用例略,下同)❷[动]使感动。

作者认为"感动"①义表自动变化,叫作格释义,②义表使动变化,称役格释义。文章又举"激奋""为难"二词条,认为"激奋"的①义为形容词义。②义为:"[动]使激动振奋"。属役格释义。"为难"的①义为形容词义,②义为"[动]作对或刁难",属役格释义。该文对《现汉》中这类动词做了全面考察,对它们的释义、义项划分、用例配置做了调查。在释义方面提出的问题是:为何"感动"同性质相同的"激奋""为难"不一样?可以看到"感动"②用的是"使+原动词"释义,"激奋"是"使"后对释两个语素"激动振奋","为难"是用两个同义近义词释义,用"或"连接,表示是选择关系。该文列举归纳了《现汉》对这类词的释义类型多达 11 种,而认为"却没有——至少没有明确地——给出一个标准,以致影响了词典释义的系统性、准确性"。我们选择列举该文认为不同释义的其他例词如下:

  迁移　动 离开原来的所在地而另换地点。

  弱化　动 变弱;使变弱。

  激荡　动 ❷冲击使动荡。

  方便　动 使便利;给予便利。

该文建议:"需要解释好作格用法的语义结构,然后在此基础上采用'使(变)×'或'使＋作格释义'"这样的模式,如"激化"释为"使激化","灭"释为"使熄灭"。

  问题集中在《现汉》为什么对从语法角度看是"役格"的义项有这么多种的释义方式呢?现在来看这类词不同释义的内容特点。

  "感动"的释义是"使"加原动词,解释了这个义项的使动语义特征。

  "激奋"的释义是"使"加两个语素义对释,这个对释包含有两个并列关系的心理活动:激动、振奋。

  "为难"的释义是并列两个同原词同义近义的动词,包含有两种选择性行为的内容。

  "迁移"的释义未区分自动使动义,而是说明其行为特征:离开原地,换到别地。

  "弱化"的释义是一个义项组,分别解释其自动义、使动义,用分号隔开。

  "激荡"的释义说明由于冲击而使动,使动义变成行为的目的结果。

  "方便"的释义也是一个义项组,分别解释其使动、自动义,用分号隔开。

  从上述分析可以看到:(1)这些含有使动义的词义内容各有特点,有的仅是自动行为的使动变化,有的包含两个并列或选择的行为或状态,有的包含有由于强力作用而引起使动的特征,等等。语法上对这类词特点的概括,不能完全揭示这类词的词义特征,不能只据某一语法特征,要求释义的格式化。(2)确切、明白、简洁是语文词典释义的要求,这并不需要另外说明。上述词的释义经词典编纂者多年多次推敲,应该说是确切、有特色、见功力的。但是释义的确切并不是只有唯一的一种说明,其他词典的编者还可以有新的概括、新的提炼,因此释义才是创造性的,否则会陷入陈陈相因的抄袭。

  该文提出的义项划分、用例配置方面的意见,就一般语文词典来说,还要根据词典的性质、目的、篇幅等情况处理。

二 关于二价名词的释义

有文章[2]对《现汉》中语法上称之为二价名词的释义也提出质疑和修改建议。所谓二价名词，该文解释为："这些名词往往与另外两种名词构成语义上的依存关系，或者说与另外两种性质的名词之间存在隐含的谓词配价关系。"例如"意见"的语义表达式为"某人对某事或某人的看法"，其中"某人"和"某事或某人"就是"意见"的配价成分。该文认为"要求配价成分共现是二价名词的典型语义特征"，而《现汉》中对这类词的释义模式不统一，标准不一致，建议应尽量统一。如"兴趣"原释为"喜好的情绪"，可改为"对人或事物喜好的情绪"。

我们认为，该文所提的问题应该区分为两个方面：(1)从这类词词义内容看，各个词的词义特征是什么？关涉到的两项人或事物在释义中占何地位？是否必然要出现？如何表述？(2)从这类词进入语句的组合特点看，是否必定"要求配价成分共现"？

先谈第一个问题。我们来分析一般语文词典对这类词的释义。

兴趣　喜好的情绪。　　　　　　　　　　　　　　　　　　　　（《现汉》）
　　　　爱好或关切的情绪。　　（《现代汉语规范词典》，以下简称《规范》）
　　　　由爱好而产生的愉快情绪。　　　　（《汉语大词典》，以下简称《汉大》）
益处　对人或事物有利的因素。　　　　　　　　　　　　　　　（《现汉》）
　　　　好处；有利的因素（跟"害处"相区别）。　　　　　　　　　（《规范》）
　　　　犹好处。　　　　　　　　　　　　　　　　　　　　　　　（《汉大》）
印象　客观事物在人的头脑里留下的迹象。　　　　　　　　　　（《现汉》）
　　　　客观事物刺激感官而在人脑里留下的迹象。　　　　　　　（《规范》）
　　　　客观事物在人脑里留下的迹象。　　　　　　　　　　　　（《汉大》）
感想　由接触外界事物而引起的思想反应。　　　　　　　　　　（《现汉》）
　　　　在同外界事物的接触中引起的想法。　　　　　　　　　　（《规范》）
　　　　接触事物引起的思想反应。　　　　　　　　　　　　　　（《汉大》）

词典对这类词的释义，除使用同义近义词外，用扩展性词语释义必然是定中结构。中心语是被释词的类词语或意义相近、相关的词语，指明被释词所属概念范畴，定语说明词义特征。定语说明的词义特征限制中心语所指概念范围，二者结合揭示词义内容。"兴趣"释义词语的中心语，三部词典都选用"情绪"。其词义特征，《现汉》用"喜爱的";《规范》用"爱好或关切的",二者是选择关系;《汉大》则说明这种情绪"由爱好而产生",性质是"愉快的"。"益处"释义词语的中心语,两部词典都选用"因素",定语说明的词义特征,《规范》用"有利的",《现汉》先说明"对人对事物的",再说明"有利的"。"印象"释义词语的中心语,三部词典都用"迹象",定语部分说明的词义特征,《现汉》和《汉大》一致,《规范》则加上"刺激感官"。"感想"释义词语的中心语,《现汉》《汉大》用"思想反应",《规范》用"想法",定语说明的词义特征,三部词典一致,都强调"由接触外界事物引起"。

　　分析上述词的释义可以看到,释义都注重词义所含的语义特征,如"喜好的""有利的"等等,所关涉到的持有者、针对者等,出现的情况不一样。在"兴趣"中完全没有出现,在"益处"中,《现汉》采用针对者出现在"对"介词结构之后的表述,"印象"中持有者、针对者并未采用分别出现在"对"介词结构前后的表述,这同选择的说明角度有关,这种选择是恰当的。"感想"中持有者未出现,针对者也未出现在"对"介词结构之后,这也是由选择的说明角度决定的。由此可见,这类词词义中关涉到的两种名词性成分在释义中是否出现,如何表述,服从于确切、简明释义的需要,不可能要求一定要用某种格式来表述。

　　下面谈第二个问题。二价名词进入语句,是否必定"要求配价成分共现"?我们以"意见"为例:"意见"有二义,《现汉》的解释如下:❶[名]对事物的一定看法或想法。❷(对人、对事)认为不对因而不满意的想法。

　　①义做宾语

　　　　谈谈你对工作的意见。

　　　　咱们来交换交换对工作的意见。

　　②义做宾语

　　　　对这种粗暴的做法,我有意见。

以上"意见"的持有者、针对者都出现。

　　①义做主语

　　　　我的这个意见还不太成熟。

　　　　他们俩的意见有些分歧。

　　②义做主语

　　　　他的意见很尖锐。

　　　　大家的意见很大。

以上"意见"的持有者出现,针对者未出现。还可以有这样的用例:

有意见就快提！

意见？没有。

以上"意见"的持有者、针对者都没出现。

由此可见，这类词的两项配价成分在语言中出现的情况是随语境而变的。即使在一个句子中，其出现、不出现也视语境而变。因此从这类词在语句中应用来看，笼统地说"要求配价成分共现"也不符合语言事实。

三 关于释义中核心动词的作用

有文章[3]提出，在对表动作行为的词的释义中，要注重"核心动词"的使用。什么是这类词释义中的核心动词？我们先来看该文据这个观点对《现汉》中几个词提出的修改意见。

涂 《现汉》原释："❶使油漆、颜色、脂粉、药物等附着在物体上。"建议修改为："通过摩擦使物体表面附着上一些东西。"修改理由：1.认为原用的"使……"并非"涂"词义所特有，需另用核心动词"摩擦"；2.通过同义词语义场的分析，发现"涂"的核心动词是"摩擦"。

捣、舂 "捣"《现汉》原释："用棍子等的一端撞击。""舂"《现汉》原释："把东西放在石臼或乳钵里捣去皮壳或捣碎。"建议修改为：

捣 用棍子等的一端撞击物体。

舂 把物体放在石臼或乳钵里(用槌)撞击，使去皮壳或碎裂。

修改理由：1.《现汉》原释义"捣"和"舂"的核心动词不一致，一为"撞击"，一为"捣"。2.原释义核心动词不同，无法显示词义差别，故改为一致。

该文的观点，涉及对一般语文词典释义性质的认识，涉及对使用扩展性词语释义中包含的词义成分性质的认识，下面以上文举出的这三个词的释义为例子来讨论这些问题。

先看其他几部重要语文词典对这三个词的解释。

涂 ❶使颜色、油漆等附着在物体上。

（《新华字典》第10版，以下简称《新字》）

把泥、灰、油漆或者药物抹在物体表面。　　　　　　　　（《规范》）

把颜色或油漆等抹在其他东西上面。

（《现代汉语学习词典》，以下简称《学习》）

捣 砸,舂,捶打。	(《新字》)
用棍棒等工具的一端撞击或捶打。	(《规范》)
舂;捶击。	(《学习》)
舂 捣去皮谷或捣碎。	(《新字》)
用杵在石臼或乳钵里捣谷物等,使去掉皮壳或破碎。	(《规范》)
把谷类的皮、壳捣碎。	(《学习》)

上述语文词典对这几个词的释义可以指出这几点：

1. 有用同义近义词释义的,如《新字》释"捣",且用三个词,是一个义项组;《学习》释"捣",用两个词,也是一个义项组。

2. 用扩展性词语释义的,皆用以表动作行为的词为中心的谓词性词语释义,但各词典选用的表动作行为的词并不相同,如"涂",《现汉》和《新字》用"使……附着",《规范》和《学习》用"抹";释"捣",《现汉》用"撞击",《规范》用"撞击或捶打";释"舂",《现汉》和《新字》用"捣去"或"捣碎",《规范》用"捣"。

3. 各词典释义除选用的表动作行为的词有不同外,附加的限制成分说明也有差异,如《规范》说"舂"是"用杵"做工具,《现汉》不说明这一点,《学习》则完全不说明所用的工具。

词的释义是用语言解释语言,要求确切、明白、简洁。语言的丰富表述手法决定了词的释义不是只有一种方法,语词的运用也多有变化。上述各词典对这几个词的解释也是如此。该文提出的对《现汉》的修改,就"捣""舂"来说,也只是一种选择。而"涂"中所加的"摩擦",在释义词语中并未出现在动作行为应处的位置上,动作行为仍是"使……附着"。"摩擦"放在介词"通过"之后,说明的是一种方法,这种说明未必妥当。"涂指甲油""涂眼影膏"中的"涂",说是"通过摩擦",难以接受。

扩展性词语释义所包含的词义内容,就是词义成分、词义特征;它们组织在一定的语句模式中,以各种语义关系相结合而说明整个词义。用核心动词指称释义中表动作行为的词,并不恰当。理由是:1.核心动词是语法分析句子成分关系,区别句子的主要成分、次要成分使用的术语,而词义成分各表示一个词的不同词义特征,它们以各种语义关系结合在一定的模式中,它们对说明词义特征都是重要的。例如"掐:用拇指和另一手指使劲捏或截断。"(《现汉》)其中不仅动作行为"捏""截断"重要,其手的部位限制"用拇指和另一手指",其力量程度的限制"使劲"同样重要,更能显出词义的特征,有什么理由区分为中心和非中心成分呢? 2.许多词的释义可以选择包含一个动作行为,也可以使其展开,包含多个动作行为,如"观光",《现汉》释为:"参观外国或外地的景物、建设等。"《新华词典》(2001年修订本)释为:"到外国或外地去参观访问。"《现汉》释义中包含有一个动作行为"参观",《新华》释义中包含三个动作行为"到""访问""参观",哪一个是该词的核心动词呢?又怎么能限制词典的不同运用呢?

3.该文称核心动词是在一个同义词场中确定的,但是一个同义词场包括多少个词有争论,它们每个词都可以有多种释义,从中确定释义的核心动词,其主观性难以得到共识是显然的。

对语文词典释义的探讨批评对词典改进释义有重要作用,但不可轻易否定合理的、有根据的释义,不可轻易限制多种释义方法的运用。有创新的探讨改进植根于深入细致的研究。

附 注

[1] 参看白鸽,施春宏.《现代汉语词典》中作格动词释义情况的考察与思考.辞书研究,2012(1).
[2] 参看许晓华.二价名词的词典释义和配例.辞书研究,2012(4).
[3] 参看张少英.核心动词的使用与释义模糊性的关系研究.辞书研究,2011(6).

参 考 文 献

1. 汉语大词典编辑委员会,汉语大词典编纂处.汉语大词典.上海:汉语大词典出版社,1993.
2. 李行健主编.现代汉语规范词典.北京:外语教学与研究出版社,语文出版社,2010.
3. 商务印书馆辞书研究中心.新华词典(修订版).北京:商务印书馆,2001.
4. 孙全洲主编.现代汉语学习词典.上海:上海外语教育出版社,1995.
5. 中国社会科学院语言研究所.新华字典(第10版).北京:商务印书馆,2004.
6. 中国社会科学院语言研究所词典编辑室.现代汉语词典(第6版).北京:商务印书馆,2012.

《现代汉语词典》第6版释义修订的力度与特色

张 博

（北京语言大学 100083）

提要 文章对《现代汉语词典》第6版释义修订进行了抽样调查，并与《现汉》前几版释义修订的相关研究进行比较，表明第6版对释义进行了大面积的、深度的更新完善。其修订特色主要体现在三个方面：1）真实地反映汉语词汇的发展变化；2）精细地完善原有释义；3）增强了释义术语的准确性和体系性。

关键词 《现代汉语词典》第6版 修订 释义 义项

近几十年来，《新华字典》《现代汉语词典》等精品辞书的定期修订已成为自我完善、不断创新的自觉举措。由于这些辞书的权威性地位，它们的每一个修订版本都会得到社会的广泛关注。修订版在多大程度上反映了当代语言词汇的发展变化？它为同类辞书的编纂、修订提供了哪些新的思路和规范？它能否赢得更多新用户的信赖并继续吸引拥有该辞书前版的老用户？辞书修订版的价值究竟如何？这一切，除了取决于新版的主要修订目标，还取决于总体上的修订幅度和质量。

在《现汉》第6版面世之际，为了客观地认识其价值，本文选取"第6版说明"所列九项主要修订内容中的第5项[1]——释义修订进行抽样调查和分析。释义是词典的灵魂与生命，其修订类型、数量和精准性等在很大程度上反映出辞书修订的幅度和质量。因此，希望本文的考察分析可以从一个侧面为广大用户打开一扇了解《现汉》第6版的窗户，同时也为语文辞书释义质量的提升和释义模式的改进提供参考。

一 《现汉》第6版释义修订的力度

本文抽取《现汉》第6版C、F、L、R、T部的前5页、B、D、J、S、X、Z部的第6—10页、E、O部及西文字母开头词语的第2页为考察范围[2]，将此58页内的释义与第5版对

应词条的释义进行比对,把第6版所做的释义修订加以归纳,分为三大类、11小类:

1. 释语修订。指在保持原有义项设置格局的基础上,对释语进行修改。包括:1)释语增加;2)释语删略;3)释语局部替换;4)释语大幅修改。

2. 义项设置修订。指对多义词词义结构或同义词释义配置进行调整改动。包括:1)义项合并;2)义项离析;3)义项增补;4)义项删除;5)义项顺序调整;6)主副条释义分工或对调。

3. 释义综合修订。指对一个义项同时做义项设置修订和释语修订。

谈到释义修订,有人可能会理解为只是对释语进行修订,本文为什么要统观释语修订和义项设置修订这两大类修订?原因是,这两类修订往往是密切相关的。例如:

发源 动(河流)开始流出;起源:~地|淮河~于桐柏山。(第5版)

发源 动❶(河流)开始流出:淮河~于桐柏山。❷开始发生:诗是从民歌~的。(第6版)

与第5版释义相比,第6版"发源"①之所以删节了原释语中的"起源",是因为增设了义项②,将第5版本义、引申义合一的释义离析为两个义项。

本文调查范围内各类释义修订的数量分布见下表:

释语修订				义项设置修订						综合修订
释语增加	释语删略	局部替换	大幅修改	义项合并	义项离析	义项增补	义项删除	义项调序	主副分工/对调	
86	31	97	74	4	4	42	7	5	13	6
288				75						

表内数据显示,《现汉》第6版释义修订的力度很大,这可以从以下几方面来证明:

1. 本文所调查的58页内共有369处修订,这表明在每页之内平均有6.4处释义修订,这个数字还未包含与释义相关的配例的增、删、改、换等。

2. 本文抽样调查的范围仅占《现汉》第6版正文(1755页)的1/30,依此推算,全典释义修订大约有一万多处。

3. 《现汉》第6版的释义修订量多,大于以往修订版。为与《现汉》前几版释义修订进行纵向比较,笔者找到以往4项研究中的相关统计数据:

1)据黄潇潇(2010)统计,第2版对第1版的释义表述共做了1533处修订;

2)据张秋梅、曹炜(2007)统计,第4版对第3版释义的修订共涉及512个义项;

3)据印成姬(2003)统计,第3版比第2版增加义项2033个,减少义项66个;

4)据万茹、曹炜(2007)统计,第5版对第4版的义项修订共涉及1762处。

以上第1、2两项研究中的"释义表述"和"释义修订"大致对应本文归纳的"释语修订";印成姬(2003)的统计数据未区分第3版增加的义项是增补的还是对原有义项的离析,减少的义项是删除的还是对原有义项的合并,因此,其两种数据大致对应本文归纳的"义项合并""义项离析""义项增补""义项删除"及"综合修订"等5种数据之和;万茹、曹炜(2007)的"义项修订"对应本文的"义项设置修订"及"综合修订"。将笔者抽样调查结果进行推算后与以上数据进行对比,可以看到,第6版的释义修订量多,大于以往修订版,只是在义项设置修订上略少于第3版。具体数据对比如下:

1)第6版释语修订量大于第2版:8640(288×30)＞1533;

2)第6版释语修订量大于第4版:8640(288×30)＞512;

3)第6版义项设置修订量小于第3版:1890[(4+4+42+7+6)×30]＜2099(2033+66);

4)第6版义项设置修订量大于第5版:2430[(75+6)×30]＞1762。

4.有的词条集多种释义修订于一身,更新的幅度很大。例如:

热浪 名❶猛烈的热气。❷比喻热烈的场面、气氛等:商品生产的～越来越高。❸指热的辐射。(第5版)

热浪 名❶指猛烈的热气:～滚滚。❷气象学上指大范围异常高温的空气:～袭来,气象部门发布橙色预警。❸借指热烈的场面、气氛等:赛场上啦啦队掀起一阵又一阵～。(第6版)

与第5版释义相比,第6版"热浪"条做了4处修订(不算配例),包括:1)删除义项"指热的辐射";2)增加义项"气象学上指大范围异常高温的空气";3)义项①中增加释义提示词"指";4)原义项②的释义提示词"比喻"改为"借指"。

5.在释义修订方面,尽管义项的增减(尤其是新义增收)更为人们所关注,可从释义修订量来看,《现汉》第6版释语修订远远多于义项设置修订。这表明,第6版的释义修订更加深入细致,更注重提升释义的内在质量。

6.不论释语的增删,还是义项的增删,《现汉》第6版修订的趋势都是"增"多于"删"。这反映出第6版释义更为精详,多义词词义结构更为完善。

以上数据和实例分析表明,《现汉》第6版在释义方面的修订绝不是零星的、偶尔为之的,而是大面积的、深度的更新完善。这样的修订力度无疑会对语文辞书修订产生标杆效应,促使语文辞书更加注重释义修订,下大气力追求"灵魂深处"的自我完善,求新求精。

二 《现汉》第 6 版释义修订的特色

1. 真实反映汉语词汇的发展变化

《现汉》第 6 版的释义修订密切关注当代汉语词汇发展变化的事实,在释义修订的多个方面都对汉语词汇(尤其是词义)的发展变化有所反映。以下选取几个方面做简要述评。

1)增加义项反映词义发展。例如:

菜 ❺〈口〉形 质量低;水平低;能力差:这场球打得太~了!

北大 CCL 语料库中尚无"很菜""太菜了""非常菜"等语例,但在网络语言和日常口语中,"菜"用于表示水平或能力低下已非常普遍,因此,第 6 版给"菜"增加了这个新义项。

反映词义发展的新增义项还有"采编"②、"采风"②、"来电"③、"嫂"③、"洗手"③等。

2)删减义项反映词义消失。例如:

发达 ❷ 动 使充分发展:~经济|~贸易。(第 5 版)

"发达"原有使动义,如鲁迅《且介亭杂文·论"旧形式的采用"》:"旧形式的采取……恰如吃用牛羊,弃去蹄毛,留其精粹,以滋养及发达新的生体,决不因此就会'类乎'牛羊的。"当代汉语中"发达"已不带宾语,故第 6 版删去了"发达"②。

3)主副条释义对调反映同义词或异形词的词频变化。例如,《现汉》第 5 版"桑拿浴"原用解说式释义,第 6 版增收了它的同义词"桑拿",并将其作为主条用解说式释义,于是把"桑拿浴"降为副条,改为仅用"桑拿"一词释义。这种处理反映了近年来"桑拿浴"和"桑拿"的词频变化。"桑拿浴"作为一种洗浴方式传入我国时,先用英语词 sauna 的音译加汉语词根的方式来命名;随着这种洗浴方式为大众所熟知,再加上汉语双音节标准音步的韵律作用,双音节的"桑拿"日趋常用,而三音节的"桑拿浴"用得越来越少,在《现代汉语常用词表》中,"桑拿浴"的词频排序为 51 118,而"桑拿"已跃居至 19 562 位。因此,《现汉》第 6 版将"桑拿浴"调整为副条是非常合适的。

因同义词或异形词词频变化而将主副条释义对调的还有"胞衣"和"胎衣"、"裁判员"和"裁判"、"发憷"和"发怵"、"发聋振聩"和"振聋发聩"、"拉拉队"和"啦啦队"、"拉锁"和"拉链"、"热货"和"热门货"等。

4)删减释语反映词义发展。例如：

采油 〔动〕开采石油。（第6版）

第6版删减了第5版"石油"的限定成分"地下的"，大概是因为自上世纪60年代开始，海上石油开发有了极大的发展，海上油田的采油量已达到世界总采油量的20％左右[3]。删减"地下的"反映了"采油"义域扩大的语言事实，使释义可以涵盖开采地下的石油和开采海底的石油。

5)增加释语反映词义发展。例如：

打卡 〔动〕把磁卡放在磁卡机上使其读取相关内容。特指工作人员上下班时把考勤卡插入磁卡机中记录下到达或离开单位的时间。（第5版）

打卡 〔动〕把磁卡放在磁卡机上使其读取相关内容。特指工作人员上下班时打卡或通过指纹机记录下到达或离开单位的时间。（第6版）

"打卡"是第5版增收的新词，原释义清晰地反映了该词的构词理据。但由于近年来智能考勤机的发展很快，不再限于打卡机，该词也就常用来指通过指纹机考勤，因此第6版在释义中加入"或通过指纹机"，及时地反映出"打卡"的词义已经扩大。

6)修改释语反映词语感情色彩变化。例如：

发号施令 发布命令；指挥。（第5版）

发号施令 发布命令；下达指示（多含贬义）：领导要深入基层，不要只坐在上面～。（第6版）

"发号施令"原本用于君王或将帅，是中性词。《现汉》第6版对该词释义做了较大修改，特别注明"多含贬义"。经笔者对北大CCL语料库359条"发号施令"的用例进行考察，认为这一修改反映了词语感情色彩的变化。因为该语料库中的"发号施令"绝大多数含贬义，特别有意思的是，有的不含贬义的"发号施令"特别加上了引号，如"23时50分，直接'发号施令'的飞管室副主任杨震，分秒不差地按下键盘"，"大部分时间，莎拉波娃的父亲都是站在球网边'发号施令'"，这表明，"发号施令"在当代日常语言中确有明显的贬义。

以往读者和学者侧重于通过辞书增收的新词新义来观察词汇的发展变化，以上实例使我们看到，第6版多种类型的释义修订都反映了当代汉语词汇的发展变化，足见《现汉》修订者在语言材料的调查分析方面下了很大的功夫。

2. 精细地完善原有释义

除了根据当代汉语词汇的发展变化进行释义修订，《现汉》第6版还特别注重弥补原有释语或义项设置上的不足，尽量完善释义。例如：

打搅 ❷婉辞,指受招待:～您了,明儿见吧!(第 5 版)

打搅 ❷客套话,打扰:～您了,明儿见吧!(第 6 版)

"婉辞"是为避免不祥或不雅而使用的婉转含蓄的表达,在受到招待或帮助而表达感谢及歉意时,显然与避讳委婉无关,故第 6 版将"婉辞"改为"客套话",非常贴切;另外,"受招待"是"打搅"的语用环境,并不是它的所指,因此第 6 版予以删除,改用"打扰"释义。再如:

绕远儿 ❶形(路线)迂回曲折而较远:这条路很好走,可就是太～。❷动走迂回曲折而较远的路:我宁可绕点儿远儿也不翻山。(第 5 版)

第 6 版调整了第 5 版这两个义项的顺序,既符合义项排列的历史原则,也符合频率原则。因为,"绕远儿"先有动词义后有形容词义,且动词义比形容词义更常用。

除了对第 5 版重大释义问题进行修正,第 6 版中还有不少修订极为细微。例如,把"白话"①释义中的"聊天"改为"聊天儿",精细到关注释义用词的语音形式。修订者这样的精益求精使得《现汉》第 6 版释义的精准度有了很大的提升。

3. 增强了释义术语的准确性和体系性

吕叔湘先生拟定的《〈现代汉语词典〉编写细则》曾对"另见、见、参考""即、同、称、叫、也说、相同、相对、相反"和"搭头字眼"(指释义开头的提示词)等三类释义术语的用法做了详细的说明和规定,这表明,《现汉》编写之初就注意到了释义术语的体系性。但由于我国现代语文辞书研究起步较晚,缺乏对释义术语的全面探讨,加之释义术语繁多且关系复杂,《现汉》释义术语的使用还有一些不尽一致和合理之处。因此,第 6 版对释义术语做了较多修订,仅笔者调查的范围内,就见到以下多种情况:

1)增:指、借指、表示、比喻、形容、……的简称

2)删:指、表示、比喻、形容

3)换:比喻→泛指、比喻→形容、比喻→指、比喻→借指、比喻→称、指→比喻、称→用于称、亦称→也称、简称→也叫、旧指→旧时指、多指→指、见于→语出、也叫→也作、特指→专指、指→借指、区别于→对……而言、地名/人名用字→用于地名/人名

这些修订使第 5 版个别使用不当或不太严谨的释义术语得到更正,例如:

大 ❼敬辞,称与对方有关的事物:～作|～札。(第 5 版)

大 ❻敬辞,用于称跟对方有关的事物:～作|～札|～驾|尊姓～名。(第 6 版)

在这个义项上,"大"是一个不成词语素,不能独立"称"任何事物,故第 6 版将"称"改为"用于称",使释义变得准确严谨。再如:

他杀 动被他人杀死(区别于"自杀")。(第 5 版)

括注内的"区别于"不严谨,因为"区别于"只表明一事物/现象与另一事物/现象不一样,在表达中提及这种事物或现象时,可以无须与别的事物/现象对举,比如"塔楼"区别于"板楼",我们可以说"我家住在小区南边那座塔楼上"。而"他杀"不仅仅是与"自杀"不一样,它通常还要与"自杀"对举使用,例如,"古代皇帝赐死A,那么A是自杀还是他杀?"因此,第6版将"他杀"释义中的"区别于"改为"对……而言",并且,在常与"自荐""自律""自伤"对举的"他荐""他律""他伤"等词的释义后也增加括注"对……而言"。

《现汉》第6版释义术语的修订以扎实的学术研究为基础,因而使某些含义不明、用法纠结的术语得到系统修订,其中最为明显的是用其他释义提示词来替换"比喻",或在释义中直接删除"比喻"。例如:

大刀阔斧 比喻办事果断而有魄力。(第5版)
大刀阔斧 形容办事果断而有魄力。(第6版)

比喻基于相似联想,是由源域向目标域的心理映射。"大刀阔斧"与"办事果断而有魄力"之间没有相似性,不宜用"比喻"来做释义提示词。"大刀阔斧"之所以用来形容办事果断而有魄力,是基于相关联想的转喻认知方式作用的结果,即,从用大刀阔斧果断而有魄力地砍伐这种动作,转指果断而有魄力的性状。第6版将释义中的这类"比喻"系统地改为其他提示词或者予以删除,是因为修订者对"比喻"进行了深入的研究,从而得以准确地把握其本质特征,增强了"比喻"及其相关释义术语在使用上的合理性和一致性。

词义是人们对客观事物和现象进行认知的结果,释义是将这种认知结果予以表述和呈现。《现汉》第6版释义修订既关注客观事物和现象的发展变化,又检视以往对客观事物和现象的认知理解是否准确,同时还考虑是否使用了合宜的释义术语来表达词义,力求做到释义的主客观双向观照,词汇研究与词典学研究两手抓。这不仅使《现汉》的释义质量得到进一步提升,还为语文辞书提供了值得参考的释义修订思路和范式。

附 注

[1] 个别情况涉及第2项和第4项的修订内容。

[2] 调查范围的确定基本上是随机的,只考虑到各部辖条目多少不同,从条目多的部抽取5页,条目少的部抽取1页;另外,由于每部第一页字母字头占去8行篇幅,故抽取时未完全从第1页开始。

[3] http://wenku.baidu.com/view/f47fd58ad0d233d4b14e69e8.html。

参 考 文 献

1. 黄潇潇.《现代汉语词典》第2版释义表述修订计量考察.现代语文,2010(10).

2. 吕叔湘.《现代汉语词典》编写细则(修订稿).//中国社会科学院语言研究所词典编辑室.《现代汉语词典》五十年.北京:商务印书馆,2004.

3. 万茹,曹炜.《现代汉语词典》第5版义项修订计量考察.学术交流,2007(11).

4.《现代汉语常用词表》课题组.现代汉语常用词表.北京:商务印书馆,2008.

5. 印成姬.《现代汉语词典》1983年版与1996年版词义对比研究.//北京语言大学硕士学位论文,2000.

6. 张秋梅,曹炜.《现代汉语词典》第四版释义修订计量研究.文教资料,2007(28).

谈谈词典释义的三条基本原则

——以《现代汉语词典》第6版释义修订为例

谭 景 春

(中国社会科学院语言研究所　100732)

提要　本文结合《现代汉语词典》第6版的释义修订讨论词典释义的三条基本原则。即：释义行文要用浅显的现代汉语普通话书面语、同类条目释义行文要一致、要用长的字符串解释短的字符串，进而说明在释义修订中是如何贯彻这三条基本原则的。

关键词　《现代汉语词典》　释义原则　词典释义　释义元语言　搭头词

1958年吕叔湘先生在《〈现代汉语词典〉编写细则(修订稿)》(以下简称《细则》)释义一章中提出了一些释义的原则，其中有三条很重要，它们是：释义行文要浅显、同类条目释义行文要一致、释义行文要以长释短。下面结合《现代汉语词典》(以下简称《现汉》)第6版释义修订谈谈这三条释义原则，一方面说明我们对这三条释义原则的认识与理解，另一方面说明一些条目释义修订的理由及其过程，以就正于业内专家和广大读者。这也是对修订工作的回顾与总结，希望能对今后的编修工作有所裨益。

一　释义行文要浅显

原则一・释义行文要用浅显的现代汉语普通话书面语，尽量避免使用文言或方言。吕叔湘先生(1958)在《细则》(第74条)中指出："注释行文要求明确、通顺、简洁，应该避免用方言、文言、生造词、翻译腔"。下面是根据这条原则对一些条目的释义做的修改。

铁锹　[名]起砂、土等的工具……[1]（第5版）

二郎腿　[名]坐着的时候把一条腿搁在另一条腿上的姿势。(第5版)

赤脚医生　……指农村里亦农亦医的医务工作人员。(第5版)

蜻蜓 名……雌的用尾点水而产卵于水中……（第5版）

"铁锹"释文中的"起土"是洛阳话，是"挖土"意思。（参看《现代汉语方言大词典》）。"二郎腿"释文中的"搁"虽然也属于普通话，但口语性很强，或者说还是带点儿方言色彩的。《现代汉语方言大词典》收录了"搁"字，是用"放"来注解的（搁 哈尔滨 ❷ 放：～那ル吧｜浆子里忘～糖了）。《现汉》（第1—2版）也是用"放"来注解"搁"的。[2] 这能够说明在表示"使处于一定的位置"的意思时，"放"字比"搁"字更常用、更浅显。"赤脚医生、蜻蜓"释文中的"亦、于"是文言虚词，"亦……亦……"是文言的嵌字格，如"亦步亦趋、亦工亦农、亦师亦友、亦庄亦谐"。《古代汉语虚词词典》收录了"亦……亦……"，注为固定格式。"动词＋名词/代词＋于＋处所"也是文言格式，如"置之于死地而后生"。

因此第6版对"铁锹、二郎腿、赤脚医生、蜻蜓"做了如下修改：

铁锹 名 挖或铲砂、土等的工具……

二郎腿 名 坐着的时候把一条腿放在另一条腿上的姿势。

赤脚医生 ……指农村里又务农又行医的医务工作人员。

蜻蜓 名……雌的用尾点水，把卵产在水中……

这条原则对提高词典质量很有作用，它能够使释义规范简明、通俗易懂。另外，还可以把用来释义的词汇控制在较小的数量范围内，控制释义用词的数量是词典编纂者的一种追求。近些年来，一些学者对释义元语言做了深入的研究，也提出了这方面的要求，认为释义用词最好控制在三四千以内。虽然目前很难达到这一要求，但只要真正做到释义行文用浅显的现代汉语普通话书面语，也算是朝着这个目标前进了一大步。词典释义应该严格遵循"释义行文用浅显的现代汉语普通话书面语"这条原则，这也就意味着"词典释义的释文中不应包含比被释词更难理解的词汇"（Landau 2005：169），因为"从特定意义来说，词典其实也是做一种通俗论述的工作，如果词典中的释文比专门论文还要艰深，还要难懂，那么，这样的词典就只配束之高阁，它起不到传播知识的作用"（汪耀楠 1992）。道理很简单，但要做到也不容易。即便是《现汉》这样的精品之作，目前有的地方仍存在这样的问题。例如：

无名帖 名 为了攻讦或恐吓别人而写的不具名的帖ル。（第6版）

屋顶花园 房屋（多为楼房）顶上布置花木等供人游憩的场所。（第6版）

释文中所用的"攻讦、具名、游憩"都是比较文的词，还是比较难懂的。其中"攻讦"、"具名"的"具"、"游憩"的"憩"都标有〈书〉，《现汉》中标〈书〉的是表示书面上的文言词语（见《现汉》凡例4.2）。如果把"攻讦"改成"攻击"、"具名"改成"署名"、"游憩"

改为"游玩和休息"就会比较容易懂了。出现这种问题的主要原因是受资料的影响，资料里是文言或方言就跟着用文言或方言，没有做适当的改造。

二 同类条目释义行文要一致

原则二：同类条目释义行文要一致。吕叔湘先生(1958)在《细则》(第85条)中指出："同属一类的条目，注释措辞必须一致，避免分歧。"下面是为了追求一致性而修改的例子。

轻型 形 属性词。(机器、武器等)在重量、体积、功效或威力上比较小的：～汽车｜～建材｜～飞机｜～坦克。(第5版)

重型 形 属性词。(机器、武器等)在重量、体积、功效或威力上特别大的：～汽车｜～车床｜～坦克。(第5版)

《现汉》释义中表示语法上搭配关系的括注位置一般与实际语言中的位置相同，如果括注和被释词是主谓关系，表示主语的括注就要放在释文前面，如"**巡弋** 动 (军舰)在水域巡逻"；如果括注和被释词是动宾关系，表示宾语的括注就要放在释文后面，如"**校阅** 动 审阅校订(书刊内容)"。

"轻型、重型"是属性词，只做定语，括注和被释词构成定中关系，括注是表示中心词的，因此应该放在释文后面。《现汉》对这类词的处理基本是：释文的最后往往用"的"字煞尾，括注放在"的"字后面。例如：

高档 形 属性词。质量好，价格较高的(商品)：～家具｜～服装。

看家 ❷ 形 属性词。指本人特别擅长、别人难以胜过的(本领)：～戏｜～的武艺。

另外，属性词的括注放在前面，释文的最后用"的"字煞尾，这种句式只是在特定的语境中才成立，一般情况下不用这种句式来表达。请比较：

(商品)质量好，价格较高的：质量好，价格较高的(商品)

(本领)指本人特别擅长、别人难以胜过的：指本人特别擅长、别人难以胜过的(本领)

比号左边的是特殊句式，而比号右边的是一般句式。词典释义应该用最普通、最一般的句式来表达。

根据以上的理由，第6版对"轻型、重型"做了如下的修改：

轻型 形 属性词。在重量、体积、功效或威力上比较小的(机器等)：～汽

车|～建材|～飞机|～坦克。

重型 形属性词。在重量、体积、功效或威力上特别大的(机器、武器等)：～汽车|～车床|～坦克。

类似的还有"眨眼、转眼、转身"，"急电、急件"，"秋游、春游"。先讨论"眨眼、转眼、转身"。

眨眼 动❶眼睛快速地一闭一睁：～示意。❷形容时间极短；瞬间：……小燕儿在空中飞过，一～就不见了。(第 5 版)

转眼 动表示极短的时间：冬天过去，～又是春天了。(第 5 版)

转身 动❶转过身。❷比喻时间很短：刚说好了的，一～就不认账。(第 5 版)

"眨眼②、转眼、转身②"都是动宾式，所表示的转义也基本相同，所以它们的释文中所用的搭头词(指释文开头的"形容、表示、比喻"等)应该一致，但是实际所用的却完全不同，那么用哪种搭头词更好呢？为了解决这个问题，我们需要说明一下"比喻、表示、形容"等搭头词在释义中所起的作用。

《现汉》第 5 版"凡例 4.4"中指出："例中用的是比喻义时，前面加'◇'。(释义中如已说明'比喻…'，举例则不加'◇'。)"这说明释义中的搭头词"比喻"表示该义项是比喻义，比喻义是由比喻用法形成的意义，也就是说搭头词"比喻"表示该义项是怎么演变来的，比喻义与本义之间的联系十分紧密，它们具有相似性。比如：用"担子"比喻"责任"，用"做梦"比喻"幻想"，用"光明"比喻"正义的或有希望的"。搭头词"表示"往往是说明某个动作代表某种意义，动作的字面义并不具有所代表的意义，它和所代表的意义之间的关系完全是约定俗成的。比如：用"点头"表示"同意"，用"招手"表示"打招呼"。搭头词"形容"是说明词语的用法的，也就是说明词语是描述什么的，大多是字面义所蕴含的意义，往往带有夸张的意味。比如："摩天"字面义是"跟天接触"，这意味着"很高"，所以用来形容"很高"；"扑鼻"字面义是"(气味)直扑鼻孔"，这意味着"味冲"，所以用来形容"气味浓烈"。"眨眼、转眼、转身"都是人体用时极短的动作，用来夸张地描述某一事情发生得极快，也就是极言时间很短。所以"眨眼②、转眼、转身②"释义中用搭头词"形容"比较合适，因此第 6 版对"转眼、转身②"做了如下的修改：

转眼 动形容时间极短：冬天过去，～又是春天了。

转身 动❶转过身。❷形容时间很短：刚说好了的，一～就不认账。

再讨论"急电、急件"。

急电 ❷名需要赶紧拍发和递送的电报。(第 5 版)

急件 〔名〕须要很快送到或处理的文件、信件等。（第5版）

"急电、急件"属于同类条目，但释文中"急电"用的"需要"，而"急件"用的是"须要"。"需要"是动词，是"应该有或必须有"的意思，要求带名词宾语，例如"我需要一本词典"。"须要"是助动词，是"一定要"的意思，要求带谓词宾语，例如"须要及时就诊"。不过现在"需要"也兼有了"须要"的用法，而且大有取代"须要"之势。例如"在这紧要关头，特别需要冷静"（参看《现代汉语八百词》）。尽管如此，作为一部规范型词典表示"一定要"的意思时还是用"须要"为好，而且"急件"释文中用的就是"须要"，应该跟它一致，因此第6版对"急电"做了如下的修改：

急电 ❷〔名〕须要赶紧拍发和递送的电报。

最后讨论"秋游、春游"。

春游 〔动〕春天到郊外游玩：明天去香山～。（第5版）

秋游 〔动〕秋天出去游玩（多指集体组织的）。（第5版）

"春游、秋游"也属于同类条目，但注释措辞并不一致，有读者对此提出过批评。其实"春游、秋游"字面义就是"春天、秋天出去游玩"，孤立地看第5版对"春游、秋游"的释义并不错，但放在一起就显得释义不够严谨、不够讲究。因此第6版综合两条的释义做了如下的修改：

春游 〔动〕春天出去游玩（多指到郊外、集体组织的）：明天去香山～。

秋游 〔动〕秋天出去游玩（多指到郊外、集体组织的）。

相关条目释义行文的一致性，要真正做到很难。汉语的词汇浩如烟海，我们要对它有一个全面了解，还要有细致的分类，也就是要从宏观、微观上都把握住。吕叔湘先生（1958）对此有过一些归纳、总结，吕先生归纳出的同类条目有：(A)数字、干支、爵位、五行、五音、工尺、八卦、四季、二十四节气、二十八宿、方向、度量衡、标点符号、部首、声调，等等。(B)亲属称谓、同类器皿、同类动作（如烹饪、缝纫），等等。(C)反义词，如"大、小"，"长、短"，"高、低"，"厚、薄"。等等。我们也有一些积累，已经积累了有三五百项，这项工作还要不断地做下去，逐步建立起完整的汉语词汇语义网。这项工作对提高词典的质量，尤其是精细化方面的质量很有作用。当然"一致性"还要注意不能做过了头。江蓝生先生（2013）在这方面有过精辟的论述，她在《〈现代汉语词典〉第6版概述》中指出："同类词释义模式、词类标注等方面的相对一致性，这无疑是辞书应该贯彻的基本原则，但我们在实践中深感对于这一原则的理解不能过于机械，在贯彻中要视具体情况而定，防止简单化、绝对化的倾向。"

三　释义行文要以长释短

原则三：释义行文要以长释短，即用长的字符串解释短的字符串，比如用双字词释单字、用短语释双字词。吕叔湘先生(1958)在《细则》(第88、89条)中指出："单字的某义与合成词同义时详注放在合成词下，单字下即以合成词作注"；"用合成词注单字是原则"。下面是根据这条原则对一些条目的释义做的调整。

大春 〈方〉名❶指春季。❷指春天播种的作物，如稻子、玉米。也叫大春作物。(第5版)

大春作物 大春②。(第5版)

裁判 ❷动根据体育运动的竞赛规则，对运动员竞赛的成绩和竞赛中发生的问题做出评判。❸名在体育竞赛中执行评判工作的人：足球～｜国际～。也叫裁判员。(第5版)

裁判员 名裁判③。(第5版)

第5版用"大春②"解释"大春作物"，用"裁判③"解释"裁判员"，这是以短释长，不符合一般的常理，显得有些不自然。而且也与"大秋、大秋作物"，"交通、交通员"的释义方式不一致。"大秋、大秋作物"，"交通、交通员"的释义是以长释短。

大秋 名❶指九月、十月收割玉米、高粱等作物的季节：～一过，天气就冷起来了。❷指大秋作物或大秋时的收成：今年～真不错。(第5版)

大秋作物 秋季收获的大田作物，如高粱、玉米、谷子等。(第5版)

交通 ❸名抗日战争和解放战争时期指通信和联络工作。❹名指交通员。(第5版)

交通员 名抗日战争和解放战争中担任通讯联络工作的人员。(第5版)

为什么"大春作物、裁判员"的释义会以短释长呢？原来第1—4版中"大春作物、裁判员"只是"大春、裁判"的挂尾词[3]，并没有立作条目，第5版才增补为条目。增补时没有做全盘的考虑，只做了最简便的处理，即用"大春②"解释"大春作物"，用"裁判③"解释"裁判员"。这样既违背了以长释短的原则，也造成了与"大秋、大秋作物"，"交通、交通员"的释义方式不一致。这提醒我们编修词典一定要慎之又慎，因为词典是一个整体，往往牵一发而动全身，稍有不慎就会出现差错。根据以上的理由，第6版对"大春、大春作物，裁判、裁判员"的释义做了如下的调整：

大春 名❶指春季。❷指大春作物。

大春作物 春天播种的作物,如稻子、玉米。

裁判 ❷[动]根据体育运动的竞赛规则,对运动员竞赛的成绩和竞赛中发生的问题做出评判。❸[名]裁判员[4]。

【裁判员】在体育竞赛中执行评判工作的人:足球～|国际～。

"大春、大春作物","裁判、裁判员"的释义调整后,符合人们对"解释"的一般理解,日常生活中人们总是用较长的词语或句子来解释较短的词语,而不是反过来。这样修改后与"大秋、大秋作物","交通、交通员"的释义方式也一致了,符合同类条目释义行文要一致的原则。同时也使得释义客观地反映了词义演变的过程,一般都是先有一个全称,然后才有简称,或者说才能够以偏概全,如:无期徒刑—无期(判了无期)、高速路—高速(走高速)、面包车—面包(一辆面包)。另外这样修改后也避免了用"〔×〕×+义项号"格式来释义,吕叔湘先生(1958)曾在《细则》(第 90 条)中明确指出:"原则上不采取'〔×〕×②'注解格式。"因为这一格式会给读者造成麻烦,一般来讲,即便认识、理解"×",也不能确定"×②"的意思,一般还要再查"×②"的解释,而且也容易因释义用词增减义项或调整义项顺序而造成原标注的义项数码出现错误。

值得说明的是这条原则有例外,有三种情形可以用单字注解合成词。一是科学定名是单字,通称是合成词,如"金—金子、汞—水银"。二是单字是普通话,合成词是方言,如:"鞋—鞋子、鸡—鸡子"。三是单字常见,合成词较少见,如:"痒—刺痒、走—行走"。

四 结 语

以上讨论了释义的三条基本原则,这三条基本原则也有主次,也有互相冲突的时候,需要有所变通,灵活掌握。下面以原则三例外的第二种情形"鞋 鞋子"为例来说明这个问题。用普通话注解方言,而不能用方言注解普通话,这是一条最重要的原则,其他原则要服从它。例如:

鞋 [名]穿在脚上、走路时着地的东西:棉～|皮～|拖～|凉～|旅游～|一双～。

鞋子 [名]鞋。

袜 袜子:～底儿|～筒|丝～|棉～|尼龙～。

袜子 [名]一种穿在脚上的东西,用棉、毛、丝、化学纤维等织成或用布缝成。

为了说明这两组词的关系,我们引用赵元任先生(1980:49)的一段话:"有时候在词尾、词头那些变化也是词汇应该收的,比方说脚上穿的广东话里头的叫'袜',外头的叫'鞋';北京话里头的叫'袜子',外头的叫'鞋'(不加词尾);上海话就刚刚相反:里头的叫'袜',外头的叫'鞋子'。"这大致可以说明"鞋"是普通话,"鞋子"是方言,"袜"在普通话里不单说,只能说"袜子"。所以《现汉》根据用普通话注解方言的原则,用"鞋"注解"鞋子",根据用合成词注解单字的原则,用"袜子"注解"袜"。但是,用"鞋"注解"鞋子",不符合用合成词注解单字的原则,跟用"袜子"注解"袜"相对比也不符合一致性原则。其实《现汉》这样处理是非常合理的,符合词典释义要便于广大读者理解这一条最基本的原则。这就要求我们对各项原则有一个全面的理解,尤其是它们之间的关系,并合理、变通地运用。词典释义有基本的原则和方法,但词义是十分复杂的,要具体问题具体分析,有原则和方法而不拘泥于原则和方法,才能把释义工作做好。

附　　注

[1] 本文的词语注释都出自《现代汉语词典》,以下不再一一标出,必要时只注明版次。另外,为了节省篇幅,删去了与本文无关的义项,对某些释义及例子也做了删减。

[2]《现汉》第1—2版对"搁""放"的释义是这样的:搁❶放⓭⓮:把箱子～在屋子里|豆浆里～点糖。放 ⓭使处于一定的位置:把书～在桌子上……⓮加进去:菜里多～点酱油。第3版对"搁"做了修改:搁 ❶使处于一定的位置:把箱子～在屋子里。❷加进去:豆浆里～点糖。修改的原因是尽量避免用"〔×〕×+义项号"的格式来释义,因此把"搁"①的原释义"放⓭⓮"修改为"放"义项⓭和义项⓮的释义,并分作两个义项。

[3] 挂尾词是指"大春、裁判"释文后面用"也叫"引出的"大春作物、裁判员"这样的词语。

[4] 根据"交通"义项④的释文"指交通员",此处"裁判员"前加一"指"字会更好一些。

参　考　文　献

1. 安华林.汉语释义元语言理论与应用研究.上海:学林出版社,2009.
2. 江蓝生.《现代汉语词典》第6版概述.辞书研究,2013(2).
3. 李荣主编.现代汉语方言大词典.南京:江苏教育出版社,2004.
4. 吕叔湘.《现代汉语词典》编写细则(修订稿).//中国社会科学院语言研究所词典编辑室.《现代汉语词典》五十年.北京:商务印书馆,2004.
5. 吕叔湘主编.现代汉语八百词(增订本).北京:商务印书馆,1999.
6. 苏新春.汉语释义元语言研究.上海:上海教育出版社,2005.
7. 汪耀楠.语文词典的义项.//上海辞书学会,辞书研究编辑部编.辞书编纂经验荟萃.上海:上海辞书出版社,1992.
8. 赵元任.语言问题.北京:商务印书馆,1980.
9. 中国社会科学院语言研究所古代汉语研究室.古代汉语虚词词典.北京:商务印书馆,1999.
10. Landau S.I.词典编纂的艺术与技巧.章宜华,夏立新译.北京:商务印书馆,2005.

《现代汉语词典》第 6 版对词类标注的修改

郭 锐

（北京大学中文系　100871）

提要　《现代汉语词典》第 6 版对第 5 版的词类标注做了一些修改，本文就这些修改做出评价，认为多数修改是正确的，但也有一些修改还需斟酌。此外，第 5 版存在的一些问题仍保留在第 6 版中，值得进一步修改。本文就其中有较大普遍性的五类问题做了分析，并提出修改建议。

关键词　词类标注　词典　成词性　兼类词

《现代汉语词典》（以下简称《现汉》）第 6 版在很多方面都做了调整和修改，本文谈谈词类标注修改的得失。

一　《现汉》第 6 版在词类修订方面的改进

《现汉》第 6 版在词类标注上所做修改有以下几种类型：

（一）更改词类标记

比如"廉价"，《现汉》第 5 版标注为名词，但"廉价"的功能主要是做谓语和定语，可以受程度副词，因此《现汉》第 6 版改为形容词。"悍然"在第 5 版中标为形容词，但其语法功能是做状语，不能做谓语，也不能受程度副词修饰，第 6 版改标为副词。

（二）增加词类标记

《现汉》第 6 版根据实际用法补充了新的义项，相应地增加了词类标记。如"平衡"第 5 版只标了形容词，第 6 版新增一个义项"使平衡：平衡各方利益"，标为动词。"失败"第 5 版只标了动词，第 6 版新增义项"事情的结果令人不满意：这次活动组织得太失败了"，标为形容词。"标记"第 5 版标为名词，第 6 版新增义项"标注上记号；做出标志：在地图上标记旅游线路"，标为动词。

（三）减少词类标记

《现汉》第5版有些词的词类标注，没有考虑到同一性原则，把相同意义的不同功能分为不同词类，第6版改了过来。如"胡说"第5版标为："❶动瞎说：信口胡说。❷名没有根据的或没有道理的话：这纯属胡说，不必理会"。实际上，很多动词都可以在保持意义不变的情况下做"纯属、是、属于、等于"等的宾语，如"这是诈骗""这样做等于辞职""这纯属造谣"，因此，义项②实际上不存在，名词标记也可以取消。

"赤忱"在第5版中有两个义项："❶形赤诚：赤忱相见。❷名极真诚的心意：一片赤忱"。我们知道，"一片～"位置上，可以出现状态词、形容词，如"一片焦黄、一片雪白""一片荒凉、一片寂静"，作为形容词的"赤忱"放在"一片～"位置上也是允许的，并不是变成了名词。第6版把名词义项删除是合理的。

此类修改中，有一些是系统的改动。与体育运动项目名称有关的动词，如"滑冰、滑雪、游泳"，第5版除了标注动词外，还标注了名词，第6版则删除了名词标记。这是合理的，因为汉语的双音节动词有相当一部分具有名词性，可以做主宾语、受定语修饰，如"研究、学习、检查、管理"等，朱德熙(1985)把这些词叫名动词。如果把这些词处理为动词和名词的兼类，势必导致兼类词过多，在语文性词典中，不处理为兼类为好。

（四）原无词类标注添加词类标注

《现汉》有三种情况不标注词类标记，一是不成词成分，二是词组，三是不清楚词类属性。如"雏儿"第5版未标注词类，可能考虑其不成词，不过"雏儿"在"幼小的鸟"意义上，还是可以作为一个词来用的，故第6版标为名词。"不过意"在第5版中也未标，可能是认为是一个词组，但"过意"不单用，应把"不过意"整体看作一个词，第6版标为动词。"阿门"第5版未标注词类，可能是觉得词类属性不明，而第6版标为叹词，从其总是单独成句的用法来看，这是合适的。

（五）删掉原有词类标注

如："霸 ❸指霸权主义：反帝反～。"第5版标为名词，但这个义项是不成词的，第6版删掉了词类标记。

又如："嫂 名❶哥哥的妻子：兄～｜表～。❷称呼年纪不大的已婚妇女：王～｜大～。"显然把两个义项都标为名词，第6版改为："嫂❶名哥哥的妻子：兄～｜表～。❷称呼年纪跟自己差不多的已婚妇女：王～｜大～。❸尊称军人、警察等的妻子：军～｜警～。"可以看到，第6版增加了一个义项，但第二、第三义项都没有标注词类，表明其不成词。

以上修改都是正确的。但《现汉》第 6 版的词类标注也还有进一步改进的空间，主要有三方面的问题:1)第 6 版的词类标注修改有的不尽合理;2)第 6 版的词类标注修改还存在前后不一致;3)第 5 版存在的问题仍保留在第 6 版中。下面分别讨论。

二　词类标注方面存在不足

（一）增加词类标记失当

《现汉》第 5 版中"不像话、不要脸、不要紧"未标注词类，而第 6 版标为形容词。但其实"像话""要脸""要紧"都可以单独成词，只是由于这些形容词语义上表示低程度的属性，通常只用于否定式或疑问句，如"这还像话吗？""你还要脸不要脸？""要紧吗？"，因此，"不像话""不要脸""不要紧"应看作词组，无须标注词类。

（二）动词和名词的兼类处理不一致

第 5 版"变化"标为动词，第 6 版标为动词和名词。动词是否兼名词，要看两方面情况，一是这个动词是否有名词性，二是这个动词的名词性用法在语义上是否是转指。看是否有名词性主要依据两个标准(郭锐 2002：38—39)：

1. 能否做准谓宾动词的宾语。准谓宾动词包括"进行、加以、予以、发生、产生、做、有"等，其宾语具有名词性，如"进行研究"中的"研究"，不能再带宾语、状语等，无动词的基本语法功能。"去""哭""喜欢"虽然也可以做主语或宾语，但在主语或宾语位置上仍可带宾语(去学校是应该的)、带状语(马上去是应该的)、带主语(你去最合适)等，仍具有动词的基本语法功能，不能认为具有名词性。

2. 能否被不带"的"的定语修饰。如"历史研究""加固处理""日常管理""伟大胜利"中的"研究、处理、管理、胜利"都有名词性。

有名词性不一定要处理为兼名词，因为兼有名词性的动词太多。应只把名词义为转指义的处理为兼名词，自指义的不处理为兼名词。比如"研究、处理、胜利"虽有名词性，但名词性用法的词义是动词的自指义，即动作本身，则不处理为动词兼名词。而"领导、编辑、导演"等明显的转指义用法，要处理为兼名词。但"通知、要求、收获、补贴、建议、练习"等具有动作和内容关系的以及"区别、趋向、仇恨、依据、病、梦"等具有行为动作和来源、结果、凭据关系的，不容易判断是自指还是转指，根据郭锐(2002：38—39)，这两类也应看作转指。事实上，《现汉》第 5、6 版也是把这些词标注为动词和名词的兼类的。

"变化"可以做准谓宾动词的宾语(有变化、发生变化),可以受不带"的"的定语的修饰(生理变化、巨大变化),因此具有名词性。但"变化"的名词性用法是自指义还是转指义难以判断,不过归为具有来源、结果、凭据关系的转指义还是可以接受的。因此把"变化"标注为动词和名词的兼类应该没有问题。

但《现汉》在这个问题上的处理有不一致的地方,与"变化"情况类似的"发现、联系"只标为动词,"表现、表示"在第5版中标为动词兼名词,第6版却把名词标记删除了。为整体的一致性,建议把"发现、联系、表示、表现"等也处理为动词兼名词。

(三) 第6版仍存在的问题

1. 成词性问题

一个成分是否成词,与其历史层次有关。现代汉语实际上并不是同质的系统,而是不同历史层次的混合体(郭锐 1999)。比如"国家"是现代白话层次的一个名词,"国"则是文言层次的一个名词,这两个层次的成分都可以在现代汉语,尤其是书面语中出现,如可以说"本着和平共处五项原则处理好国与国之间的关系"中的"国"就是一个文言层次的名词。《现汉》在历史层次问题上处理不统一,以名词为例,有的成分文言层次上是名词,而在现代白话层次上不成词,但《现汉》第6版标为名词,如:"❶名拳头:双手握~|~打脚踢。"但实际上,作为名词的"拳"在现代白话层次上是不成词的,比如我们不说"一个拳""放下拳",而要说成"一个拳头""放下拳头"。至于说"双手握拳"一类用法其实是文言层次的用法。同类的有"国、校、杯、儿、爷、耳、鼻、唇、眼、竹、雁、燕、雀"。有的则不标注词类,如"箱、父、母、孙、足、肛、兽"。

当然,"拳"这类文言层次为名词,现代白话层次不成词的情况,无论标不标词类,都有问题。比如"国""校"标注了名词,无法与在现代白话中成词的"省""屋"的自由运用区分开;不标词类,又无法显示其在书面语中作为词来使用的能力,如"国与国之间的关系""全校"。最好的解决办法,就是把文言词和现代白话词用不同标记标注,比如文言层次的名词标为"国名",以与现代白话词的"名"区分开。

"诸¹❶众;许多"没有标注词类,可能是觉得不成词,但在文言层次上有"诸位、诸人、诸神、诸事"等数词用法,因此可以标为"诸[1]❶数"。

有一些双字组其实是不成词的,不宜标注词类,如:"**进行**动❷前进:~曲。"但这个义项的"前进"是不成词的,"进行曲"作为一个词条已经收入《现汉》,"进行"②可删。又如:"**津津**形❶形容有滋味;有趣味:~有味|~乐道。"但"津津有味、津津乐道"是成语,因此这个义项的"津津"不成词,应删除。又如:"**后来**❷形属性词:后到

的;后成长起来的:～人。"这个义项的"后来"也是不成词的,应删除,把"后来人"作为一个名词收入词典。

2. 短语和词的区分

短语不标注词类,但有些短语当作词标注了词类,如"**不人道 bùréndào 形**"。其实"人道"是一个形容词,《现汉》收了"人道"一词,标注为形容词,"不人道"应看作其否定形式,不必标注词类。又如:"不在乎 bùzài·hu 动 不放在心上",但"在乎"是成词的,《现汉》标为动词,"不在乎"应看作"在乎"的否定式。

3. 动词和名词关系问题

上文我们已经谈到了动词和名词的兼类问题,之所以不把动词的自指用法标为名词,是因为数量太多,标为动词使兼类词过多。但一刀切的处理也会带来另外的问题。比如"安检",虽然有动词用法,如:

(1)由于活动人数多,人流量大,不会对每个进出场地的人依次安检。(网络)

(2)农村食品"安检"吗(网络,标题)

但这样的用法极少,更多的用法是自指的名词用法,如"进行安检、机场安检、免安检"等。这样就带来一个怪论:一个词标为动词,但其实际用法绝大多数是名词性用法。

避免这个怪论的一个可能的办法是根据频率统计标注词类(马彪 1994;马彪、邹韶华 2002),如"安检"动词用法极少见,可标为名词。《现汉》中"睡眠"其实就是采取了这种办法,标为名词。但其实"睡眠"是有动词用法的,如:

(3)我困乏了,在闲榻上睡眠,想象一切工作都已停歇。(《冰心文集》第四卷)

(4)你不能不佩服他们的本事,他们完全可以做到一面睡眠,一面走路。(魏巍)

(5)她当时 16 岁,却无法离开姐姐单独睡眠。(苏童)

因此,把"睡眠"标为名词无法概括这些动词用例。

对于这些动词用法少、自指的名词用法多且数量悬殊的词,在《现汉》中大多标为动词,这样的词还有"进展、歌舞、冲突、大选、大扫除"。对于这些词,更好的处理也许是标为动词和名词的兼类。实际上,《现汉》中有这样的处理,如"生活、教育、手术"标为名词和动词的兼类。

4. 方位词问题

《现汉》把方位词作为名词的附类做了标注,但《现汉》方位词的标准还不够严格。《现汉》对方位词的定义是:"名词的附类,是表示方向或位置的词,分单纯的和合成的两类。单纯的方位词是'上、下、前、后、左、右、东、西、南、北、里、外、中、内、间、旁'。

合成的方位词由单纯的方位词用下面的方式构成:a)前边加'以'或'之',如'以上、之下';b)后面加'边、面、头',如'前边、左面、里头'。c)对举,如'上下、前后、里外'。d)其他,如'底下、头里、当中'"。这个定义一方面过窄,没有把"附近、周围、四周、对面、以远"等方位词概括进来,另一方面由于只说到"表示方向或位置",而没有对其语法功能加以限制,使一些处所词也包括了进来,如"一旁、其中、其间"。其实,方位词最重要的特点有二:一是语义上表示方向或相对位置,二是可用于"名词~"形成表示相对位置的"参照物+相对位置"的方位结构。"附近"等满足这两条标准,如"我家附近""学校周围""大楼对面""郑州以远",应归为方位词。而"一旁、其中"等不能用于"名词~"形成方位结构,即使包含"旁、中"等方位语素,也不能归为方位词。

5．数量词问题

数量词不是《现汉》词类系统中的成员,但《现汉》还是对典型的、常用的数量词做了文字说明。不过有些数量词的处理不够准确,如:"**一会**儿❶数量词。指很短的时间:~的工夫|咱们歇~。❷数量词。指在很短的时间之内:~工厂还要开会|你妈妈~就回来了|~地上就积起了三四寸厚的雪。❸副分别用在两个词或短语的前面,表示两种情况交替:天气~晴~阴|~刮风,~下雨|他~出,~进,忙个不停。"暂且不说前两个义项是否需要合并,只说第三个义项标为副词就不合适。因为表示时量和动量的数量词也可以放在谓词性成分前面做状语,如"一天晴,一天阴""三天没吃饭"。而所谓"两种情况交替"的意思,并不是"一会儿"带来的,而是对举构式带来的意义。

《现汉》中"一下""一口"除标了数量词或名词[2]外,还标了副词,其中的副词义项应该删除,如:"**诸位**代人称代词。对所指的若干人的尊称:~同志|~有何意见,请尽快发表。""诸位同志"中的"诸位"是做定语,其实就是一般数量词的用法,而单独做主宾语则是数量词的转指用法,相当于"三位都走了""来了三位"中的"三位"。因此,"诸位"应标为数量词。

6．属性词和副词问题

《现汉》对"属性词"的定义是"形容词的附类,只表示人、事物的属性或特征,具有区别或分类的作用。属性词一般只能做定语,如'男学生、大型歌剧、野生动物、首要的任务'中的'男、大型、野生、首要',少数还能够做状语,如'自动控制、定期检查'中的'自动、定期'"。《现汉》对"长期、必然、随身、同等、一贯、主要、快速、非法、定期、初步"等既能做定语又能做状语的词的标注是符合这个定义的,但语法功能相同的"共同、真正、自动、相互"却标注为属性词和副词的兼类,显然不统一。

除了上面所讨论的问题外,还有一些词类标注问题,也需要修改,如:"猫² 动 调制解调器的俗称"应标为"名";"暂时 名"应标为"形 属性词";"好❿ 形 容易"应标为"动"。限于篇幅,不一一讨论。

综上,《现汉》第6版对词类标注的修改有得有失,期盼在以后的修订中做进一步的修改,把更准确、严谨的词类标注呈现给使用者。

附　　注

[1] 上面这些单字作为名词在现代白话中不成词,但其中一些单字其实也是可以成词的,只是其词类是量词。如"拳、眼"是动量词(打一拳、看一眼),"杯、箱"是容器量词(一杯水、两箱书)。

[2]《现汉》中不少数量词标为名词,如"一生、一世、一口、一带、一代、片刻"。

参 考 文 献

1. 曹宏,袁毓林.关于辞书中词性标注的几个问题.对外汉语研究,2013(9).
2. 郭锐.语文词典的词性标注问题.中国语文,1999(2).
3. 郭锐.现代汉语词类研究.北京:商务印书馆,2002.
4. 马彪.运用统计法进行词类划界的一个尝试.中国语文,1994(5).
5. 马彪,邹韶华.如何解决辞书中词性标注的分歧.语言文字运用,2002(3).
6. 徐枢,谭景春.关于《现代汉语词典(第5版)》词类标注的说明.中国语文,2006(1).
7. 朱德熙.现代书面汉语里的虚化动词和名动词.北京大学学报(哲社版),1985(5).

天下大事，必作于细

——小议《现代汉语词典》第 6 版的释文考订

黄 鸿 森

(中国大百科全书出版社　100037)

老子说："天下大事，必作于细。"

《现代汉语词典》(以下简称《现汉》)的编纂出版，当之无愧地是现今的天下大事。因为它的编纂是国务院下达的任务，而且肩负着推广普通话和促进汉语规范化两项伟大使命。它出版以来，已经发行 4000 多万册，长销不衰，风行全国，有井水处，必有《现汉》；近年全球兴起汉语热，还要加一句，学汉语处，必有《现汉》。它是优秀的语文辞书，也是中华文化的微型载体，智慧的甘泉灌溉了一代又一代数以亿计的读者。这是何等的天下大事！

这桩天下大事做得如此出色，《现汉》取得这么大的成功，其中就有"必作于细"精神的贯彻。《现汉》起步之时，主编吕叔湘先生就制定了《〈现代汉语词典〉编写细则》，作为词典的体例章程，全文 180 条，近 3 万字，缜密细致，令人叹为观止。在编纂实践中，举凡条目的选择，注音的确定，释文的撰述，示例的配置等等，无不精心斟酌，反复推敲。半个多世纪以来，《现汉》的编纂者，薪火相传，一直在不断地对词典进行精雕细刻式的修订。下面谨就管窥所见，陈述《现汉》第 6 版条目释文的修订之一斑。

一　协调相关释文

辞书条目释文的互相照应，是辞书编纂中见功夫的环节，《现汉》一开始就非常重视。上述《编写细则》85 条就规定："同属一类的条目，注解必须一致，避免分歧。"举的例子有数字、干支、度量衡、亲属称谓等等。这方面《现汉》做得非常出色，不过也有照顾未周的。例如：

(1a)**际遇**　遭遇(多指好的)。(第 5 版)

(1b)**际遇**〈书〉❶动相逢;遇到(多指好的):～明主。❷名机遇;时运:每个人都有不同的人生～。(第 6 版)

例(1a)释"际遇"为"遭遇",欠妥,尤其是"遭遇"和"多指好的"连在一起,因为"际遇"的宾语多是好的,而"遭遇"的宾语则是不好的。第 5 版"遭遇"条释作"碰上;遇到(敌人、不幸的或不顺利的事等)",同例(1a)相互扞格。例(1b)的修订有三点值得称道:一是跟"遭遇"条释义彼此区别开来;二是加了"～明主"的示例,这个动宾短语是"际遇"应用最简明的典型实例;三是增加了名词义项,很有必要。个人感觉,现代汉语书面语中,"际遇"更多地做名词用。稍感不足的是,"际遇"似为单向的,释语"相逢"则是双向的,可否另选或删去?

(2a)**攻陷** 攻克;攻占。(第 5 版)

(2b)**攻陷** 攻占(多用于被敌方攻下):县城被敌军～。(第 6 版)

例(2a)释"攻陷"为"攻克",欠妥。动补结构的"攻陷"和"攻克"是对举词。在战争时期,我方据点为敌方攻下,谓之"攻陷";敌方所占(原属我方)的据点为我方攻下,谓之"攻克"。事关立场,宜慎用。例(2b)改了释义,加了示例,都很好。不过,括注"多用于被敌方攻下"中的"多用于"似可删去,以求同第 6 版下述有"陷"字词素的条目释义相照应:"失陷"释作"(领土、城市)被敌人侵占";"沦陷"①释作"(领土)被敌人占领;失陷"。

二 消除"左"的残余

《现汉》的"试印本"和"试用本"是 20 世纪 50 年代后期和 60 年代初期编纂的,正是"左"风盛行的时代,词典当然受到影响。历版的修订为此做了大量的消除工作,第 6 版继续在消除"左"的残余。例如:

(3a)**吉人天相** 旧时迷信的人认为好人有上天保佑(多用作遭遇危险或困难时的安慰语)。(第 5 版)

(3b)**吉人天相** 好人会有上天保佑……(第 6 版)

(4a)**吉星** 迷信的人指显示吉兆的星,借指能带来吉祥的人或事物:～高照。(第 5 版)

(4b)**吉星** 指显示吉兆的星……(第 6 版)

(5a)**积德** 迷信的人指为了求福而做好事,泛指做好事:～行善|你可积了大德了。(第 5 版)

(5b)**积德** 民间指为了求福而做好事……(第6版)

第6版对上述释义删、改得很好,"吉人天相"是交好运的形容语和对危难者的安慰语,"吉星高照"常用作人际交往用的祝贺语,"积德"常用作对行善者的鼓励语,并无迷信色彩。这些词语都产生于人们的善心,它们具有的心理慰勉功能也是社会生活的需要。

三　跟上时代步伐

时代在前进,社会在发展,语言文字也在发生变化,这是辞书隔些年就要修订的主要原因。这里介绍两个条目的修订,来说明《现汉》第6版在紧跟时代、反映社会变化方面取得的成果。

(6a)**基金** 为兴办、维持或发展某种事业而储备的资金或专门拨款。基金必须用于指定的用途,并单独进行核算。如教育基金、福利基金等。(第5版)

(6b)**基金** ❶为兴办、维持或发展某种事业而储备的基金或专门拨款……如教育基金、社保基金、慈善基金等。❷投资基金。(第6版)

例(6b)的修订,反映了当今社会的两件大事。此处的修订有两处:一是增加一个示例"社保基金";二是增加一个义项"投资基金"。不仅如此,第6版还相应地设立了"社保基金、社保卡、社会保障、社会保障基金、社会保障卡、医保、医疗保险、工伤保险、失业保险"等一系列条目,反映了中国社会保障事业的发展。第6版还相应地设立了"投资基金、基民"等条目,反映了中国金融业的新发展:已经出现"基金"这一新的投资领域。顺便提一句,"理财"条也应增加跟投资有关的义项。

(7a)**寄卖** 委托代为出卖物品或受托代卖:～行｜收音机放在信托商店里～。(第5版)

(7b)**寄卖** ……钢琴放在信托商店里～。(第6版)

例(7b)把原来例中的"收音机"换为"钢琴",反映了人们生活水平的提高,更符合社会现实。

四　尚有不足之处

(8)**既定** 动 已经确定:～方针｜向着～目标前进。(第6版)

例(8)的"既定"标为动词。动词在句中的主要功能是做谓语,此条两例"既定"都做定语,似宜补"既定"做谓语的例子。

(9)**加以** 用在多音节的动词前,表示如何对待或处理前面所提到的事物:施工方案必须～论证|发现问题要及时～解决。(第6版)

笔者以为,"加以"在句中有的是非有不可的,有的则是可有可无的,即使删去这两个字,也不会伤及意思的表达。例(9)的两个例句就是这样。因此,建议改用"加以"在句中不可或缺的示例。下面是从《现代汉语八百例》(增订本)"加以"条抄来的两个例子:"选取典型经验～推广","对各项工作～认真的讨论"。

《现代汉语词典》第 6 版对第 5 版释文的修订

安 华 林

(广东海洋大学文学院　524088)

提要　文章以释文为研究对象,考察《现代汉语词典》第 6 版对第 5 版的修订情况以及改进之处。通过对修订实例的分类列举、说明和评析,力图找出修订中带有规律性的东西,以期对今后修订有所启发。

关键词　《现代汉语词典》　第 6 版　第 5 版　释文　修订

由中国社会科学院语言研究所词典编辑室编纂、商务印书馆出版发行的《现代汉语词典》(以下简称《现汉》)一直是汉语规范型语文词典的一面旗帜。自 1978 年出版第 1 版以来,迄今已出六版。最新版第 6 版自 2012 年 6 月公开发行以来,因其酌收部分新词或热词(如"宅男、闪婚、PM2.5")而引起公众广泛关注,从一个方面也证明了她的社会影响力。

词典修订是一项常态化工作,规范型语文词典更应随着社会语文生活的变化、国家语文规范的更新而适时修订,以便与时俱进,指导运用。"现代汉语语文辞书的修订,一是要反映发展变化的语文生活,更新收词与释义;二是要体现语言学与辞书学研究的新成果,更新其编纂体例。"(苏宝荣 2013)《现汉》第 6 版在这两方面都做了大量工作。

词典修订也是个系统工程,涉及收词、立目、注音、标注、释义、配例、编排、体例等多种微观要素和宏观结构[1]。本文无力顾及所有方面,只选取释文作为考察对象。所谓"释文",指字头或词目注音后的释义以及与释义相关的部分,主要包括词类标注、释义、配例等,以释义为重点。通过与《现汉》第 5 版比较,本文试图观察第 6 版有哪些改进,修订中有何规律值得遵循,以期对今后修订有所启发。下文分类举例分析。

一　修　改　释　语

《现汉》第 6 版对第 5 版的释语做了大量修订。从修改的释语单位来看，可以分为以下几种情况。

1. 修改释义用字

修改释语中的个别用字，主要采取换字的方式。例如：

刻 ❷[量]古代用漏壶记时，一昼夜共一百刻……❸[量]用钟表计时，以十五分钟为一刻……（第 5 版）[2]

上例中，义项②用"记时"，义项③用"计时"，同一词条字形不统一。第 6 版统一改为"计时"，不仅统一，而且准确。做同样修改的还有"酉时"条。

2. 修改释义用词

修改释语中的个别用词，主要采取换词的方式。例如：

大熊猫　[名]哺乳动物……是我国特产的珍贵动物。也叫熊猫、猫熊、大猫熊。（第 5 版）

"特产"在第 5 版和第 6 版中都只有名词性义项，没有动词性义项，因此上例中的"特产"应是误用。第 6 版将其改成"特有"，是恰当的。

不遗余力　用出全部力量，一点也不保留。（第 5 版）

在"表示很小或很少"的意思上，第 5 版和第 6 版都只收"一点儿"，所以第 6 版将释词"一点"改为"一点儿"，使词形更规范，是值得称道的。

3. 修改释义表述

这种修改不限于变更某个字词，而是通过某种方式改变释语，从而使释义更加准确。主要采用以下几种方式。

（1）添加。即在原来释语的基础上添加某个或某些词语。例如：

务工　[动]从事工业或工程方面的工作。（第 5 版）

务工　[动]从事工业或工程方面的工作；做工。（第 6 版）

《现汉》第 6 版增补了引申义"做工"，以反映词义的新变化。鉴于现阶段"务工"的"做工（或打工）"义更常用，本义反而少用，笔者觉得不宜将两者处理为并列关系。可以解释为"从事工业或工程方面的工作，泛指做工"，或者干脆像《现代汉语规范词典》（以下简称《规范词典》）第 2 版那样分立为两个义项。再如：

除夕 名 一年最后一天的夜晚，也指一年的最后一天。（第5版）

除夕 名 农历一年最后一天的夜晚，也指农历一年的最后一天。（第6版）

上例第5版的释义范围过宽，公历一年最后一天的夜晚以及公历一年的最后一天都不是除夕，第6版用"农历"加以限定才够准确。又如：

喂² 动 把食物送到人嘴里：～奶｜给病人～饭。（第5版）

喂² 动 把食物或药物送到人嘴里：～奶｜～饭｜每天给病人～三次药。（第6版）

上例第5版的释义范围过窄，"喂"并不限于食物，第6版加"或药物"使范围得以适当扩大。

（2）删减。即在原来释语的基础上删除某个或某些字词。例如：

反面 ❷ 形 属性词。坏的、消极的一面（跟"正面"相对）。（第5版）

反面 ❷ 形 属性词。坏的、消极的。（第6版）

"坏的、消极的一面"是名词性释语，跟"反面"②的词性（属性词）不吻合。第6版删去"一面"（并删除了括注），改为形容词性释语（属性词释语后面一律带"的"）。不过，顿号宜改为分号。第6版对"负面"也做了相同的修改。

（3）替换。即把原来释语的某处用另一种说法去替换。例如：

蚁 名 ❶……营群居生活，分雌蚁、雄蚁、工蚁和兵蚁。（第5版）

蚁 名 ❶……成群穴居，分雌蚁、雄蚁、工蚁和兵蚁。（第6版）

第5版中的"营群居生活"与全书释语风格很不协调，第6版将其换成"成群穴居"就顺畅了。

（4）重组。即把原释语或原释语中的某些词语根据释义的需要重新组合。例如：

畅通 形 无阻碍地通行或通过。（第5版）

畅通 形 通行或通过顺利，无阻碍。（第6版）

"畅通"为形容词，而原释语"无阻碍地通行或通过"是动词性的，第6版将释语相应改成了形容词性的，以便跟词目的词性吻合。不过，将"无阻碍"改为"无阻碍的"似更贴切。

音素 名 语音中最小的单位，例如 mǎ 是由 m、a 和上声调这三个音素组成的。（第5版）

音素 名 语音中最小的单位，例如 mǎ 是由除声调外的 m 和 a 两个音素组成的。（第6版）

根据学术界对音素的一般理解，声调不是音素（安华林 2006）。因此《现汉》第6版对第5版后半句的表述进行了重组。

(5)综合。即综合运用两种以上的方法修改原释语。例如：

富贵 形 指有钱又有地位。(第5版)

富贵 形 有钱又有地位；富裕而显贵。(第6版)

第6版将提示词"指"删去，又增补了"富裕而显贵"，综合运用了删减和添加两种方法。

通过以上多种方式的修改，《现汉》第6版的释语更加准确和严谨(释语的语法功能与词目语法功能更加契合)。比如修改后"务工""音素""蚁"①的内涵更加准确，"除夕""喂²"的外延义更加得当，"反面"②释语的语法功能跟词目的词性更加契合。

释义，是词典的灵魂；准确，是释义的根本要求，也是词典的生命所在。准确释义，既是词典编纂和修订中努力追求的目标，也是持之以恒、历久不辍的奋斗过程。释语是释义的载体，自然就成了每次修订的重中之重。总体来看，《现汉》第6版对释语的修订是下了大功夫的。但典无完典，第6版在释义准确性和语法严谨性方面还有改进的空间。略举两例：

窗户 名 墙壁上通气透光的装置。(第5版、第6版)

苦 ❶ 形 像胆汁或黄连的味道(跟"甘、甜"相对)。(第5版、第6版)

"窗户"的释义范围太窄，"窗户"不只限于在墙壁上。《规范词典》第2版的释义可供参考："窗户 名 房屋、车、船等的通气透光装置。""苦"①用名词性释语解释形容词性义项，不妥，可改为"味道像胆汁或黄连的"(如果释语是动词性的，建议后加"的"作为形容词性释语标记)。

二 修改释义提示词

所谓释义提示词，"是指语文辞书释义时用来提示词义的由来、引申途径，或与字面义不同的实际语义、深层含义以及表达功能等的前导词语，一般用在释文的开头或中间"(江蓝生2013)。也有人称为"释语打头字"(姜自霞2009)。释义提示词本来属于释语的一部分，为了使讨论集中，这里单独列出。

《现汉》在《第6版说明》中交代："……对释义提示词(如'比喻、形容、借指'等)也做了统一的修订。"主要有以下修改方式。

(1)删除。例如：

热点 名 指某时期引人注目的地方或问题：古都西安成为旅游的～。(第5版)

热点 名 一个时期内引人注目的地方或问题：古都西安成为旅游的～。(第6版)

第6版删去提示词"指"。因为"指"主要用于相关性转义、简称的原形等，而这里是直接释义,违背"指"的使用细则。不过,释语中的"地方"容易引起误解,以为只指"地点",配例更强化了这种理解。可将"地方"修改为"事物",再多举几个例子,如"热点问题、讨论热点"等。

(2)添加。例如:

花花搭搭 (～的)〈口〉|形|状态词。❶花搭着。❷形容大小、疏密不一致。(第5版)

两个义项的释义格式不一致,义项①不用提示词"形容",而义项②用了。《现汉》第6版在义项①上加了"形容",使释语格式统一,而且符合状态词的释义体例。

(3)改换。例如:

鸿雁 |名|❷〈书〉比喻书信。(第5版)

第6版将"比喻"改换成"借指"。此条由借代而产生转义,是借工具(鸿雁)代传递的物品(书信)。这种修改是妥当的。

修改释义提示词的例子还有:"春风"③的"比喻"改成"指","低头"②的"比喻"改成"指","第一"②的"比喻"改成"指","热血"条的"比喻"改成"借指",等等。

释义提示词有提示、引导、标识等作用,读者可以根据"比喻、借指、形容、表示"等的提示将某义理解为比喻义、借代义、形容词性意义、副词性意义等;释义提示词还有类化作用,读者会自觉不自觉将使用同一提示词的释义归为一类。这就要求释义提示词尽量功能单一,分工明确。《现汉》第6版对释义提示词做了全面审查和修订,这种努力值得肯定。不过,有些地方还可以进一步思考。比如,"指"与"借指"如何分别?拟声词的释义用"形容"引导是不是合适?举个拟声词的例子:

汪² |拟声|形容狗叫的声音:狗～～叫。(第5版、第6版)

《现汉》第6版对拟声词的释义都用提示词"形容"引导。单就拟声词看,没有什么问题,但放到整部词典中看,就跟形容词的一些小类(如状态词)相同了,读者可能误以为它们是同类。笔者建议拟声词用"摹拟"等引导。

三 调 整 义 项

《现汉》第6版对第5版的义项进行了较多调整,包括义项的增删、分合、排序等都有新的处理。

(一)义项增删

1. 义项增补

(1)增设语文义项。所谓语文义项,指只涉及字词本身意义而不涉及百科知识的

义项。《现汉》第5版漏收了一些常用的语文义项,第6版做了适当增补。例如:

不足 ❶[形]不充足……❷[动]不满(某个数目)……❸[动]不值得……❹[动]不可以;不能……(第5版)

不足 ❶—❹同上。❺[名]不够完备的地方;缺欠:工作中还存在一些～。(第6版)

第6版增设了"不足"的名词性义项。再如:

回顾 [动]回过头来看◇～过去,展望未来。(第5版)

回顾 [动]❶回过头来看。❷回想;反思:～历史|～过去,展望未来。(第6版)

第5版只解释"回顾"的本义,认为派生义尚未凝固为词义,所以用带"◇"号的配例显示。第6版明确地将派生义"回想;反思"设立为义项。笔者认为"回顾"的"回想;反思"义已经固定,且很常用,宜立为义项。

第6版增补的义项还有:"过"(guò)的形容词性义项"❻〈口〉[形]过分;过火"和副词性义项"❼[副]过于","纯"的副词性义项"❹[副]纯粹②(限于用在少数几个单音节动词前面)","难道"的另一个副词性义项"❷表示揣测的语气",等等。这些增补都是非常必要的。

(2)增设专科义项。所谓专科义项,指通行于某种学科或领域的义项。跟语文义项不同,它带有一定的术语色彩,使用也没有那么广泛。第6版也增补了一些专科义项。例如:

察看 [动]为了解情况而细看……(第5版)

察看 [动]❶为了解情况而细看……❷对犯错误的人的一种处分,把犯错误者留在组织或单位,考察他是否改正错误:留党～|留校～。(第6版)

第6版增设了表示处分的专科义项。此义常用,应该增补。与此类似的还有"层次",第6版增补了语言学术语义:"❹语言学中指语言单位组合的先后顺序"。

有时,《现汉》第6版将增补的意思通过配例来显示,而非单设独立的义项,可能编者觉得这些意思尚未凝固成词义。这是"暗补"。例如:

冲击 [动]❷冲锋:向敌人阵地发起～。(第5版)

冲击 [动]❷冲锋:向敌人阵地发起～◇～世界冠军。(第6版)

火 ⑧〈口〉[形]兴旺;兴隆:买卖很～。(第5版)

火 ⑧〈口〉[形]兴旺;兴隆:买卖很～◇他唱了一首好歌,一下子就～了。(第6版)

《现汉》第6版通过配例增补了"冲击"的"向目标奋力拼搏;努力获得"义,"火"的"走红"义。笔者觉得,这些意义现在很常用,可以增设为独立的义项。

词典适时增补字义词义是修订工作的重要一环。从原因上看,增义大体有这样几种情况:(1)原版本收义不全,增义是为了补缺,如上文所举的"不足"条。(2)词语在运用中产生了新义,增义是为了跟上词语发展的步伐,如《现汉》第6版增收了"宅"的"待在家里不出门(多指沉迷于上网或玩电子游戏等室内活动)"这一义项。(3)词典编纂理念发生了变化,增义是为了体现新的指导思想。比如,如果编纂者想增强词典的百科性和备查性,可能会增加百科词条和专科义项在词典中的比重。从方式上看,增义又有这样几种情况:(1)单独设立义项,如上文所举的"察看"条;(2)在原义项上增补新义位,如上文所举的"务工"条;(3)通过配例显示,如上文所举的"冲击"条。

然而,词义处在不断地发展变化之中,新义淡入、旧义淡出随时都在发生却无明确标志,一个新义何时入典,何时需要单设义项,有时很难断定。笔者觉得可以根据必要性(根据所编词典的收录原则看是否有必要收录)、通行面(看在多大范围内通用)、常用度(看是否经常使用)来判定。以此标准衡量,《现汉》第6版的增义总体上是适当的。但也不是没有改进的空间。例如:

奋战 动 奋勇战斗:浴血～。(第5版、第6版)

口 ⑪ 量 a)用于人:一家五～人。b)用于某些家畜或器物等:三～猪｜一～钢刀｜一～缸。(第5版)

"奋战"条宜增收泛指义"泛指奋力做事情",如"奋战在抗洪抢险第一线""奋战二十天,确保大丰收"。"口"条,《现汉》第6版只将义项序号⑪变为⑫,内容未变。在量词用法上,宜增收"用于某些跟口有关的动作"义项,如"说一口流利的普通话""一口饭都没吃"。此义《规范词典》第2版收录,可参考。

2. 义项删除

(1)删除专业性太强的义项。例如:

场 ⑧ 量 电视接收机中,电子束对一幅画面的奇数行或偶数行完成一次隔行扫描,叫做一场。奇数场和偶数场合为一帧完整画面。(第5版)

语文词典不同于专科词典,过于专深的百科义不必收录。《现汉》第6版"场"条删去此义项。

(2)删除陈旧罕用的义项。例如:

容许 ❶ 动 许可:原则问题决不～让步。❷〈书〉副 或许;也许:此类事件,十年前～有之。(第5版)

"容许"现在很少表示"或许;也许"的意思。第6版"容许"条删除义项②。

(3)删除误立的义项。例如:

传承 ❶[动]传授和继承:木雕艺术经历代～,至今已有千年的历史。❷[名]传统:文化～。(第5版)

"传承"没有"传统"义,"文化传承"中的"传承"还是"传授和继承"的意思。第6版删除了义项②。

义项删除可以使词典"瘦身",有利于控制整体篇幅。总体看来,《现汉》每次修订基本是增多删少,这可能跟语言变化的增多减少、进快退慢有关。一方面,《现汉》是语文词典,所以《现汉》第6版删除一些专科义是必要的,但应注意与增补专科义协调。另一方面,《现汉》又是共时词典,《现汉》第6版删除一些不用或基本不用的陈旧词义也是非常必要的,否则徒然增加篇幅却降低了实用价值。然而《现汉》第6版对一些旧义的删除似乎有些"手下留情"。例如:

待遇 ❶〈书〉[动]对待(人):～宾客甚厚。(第5版、第6版)

开展[1] ❸[形]开朗;不狭隘:思想～。(第5版、第6版)

"待遇"的义项①、"开展[1]"的义项③今天基本不用,可删。

(二)义项分合

有的词义在《现汉》第5版中合并在一起,到第6版中分成不同的义项。例如:

餐厅 [名]供吃饭用的大房间,一般是宾馆、火车站、飞机场等附设的营业性食堂,也有的用作饭馆的名称。(第5版)

餐厅 [名]❶供吃饭用的房间。❷宾馆、火车站、飞机场等附设的营业性食堂,也有的用作饭馆的名称。(第6版)

《现汉》第5版只列一个义项,似乎漏收了家用的餐厅。第6版分成两个义项,而且去掉"房间"前的"大",释义更加准确。

有的词义在第5版中分得太细,第6版做了合并。例如:

不平 ❶[形]不公平:看见了～的事,他都想管。❷[名]不公平的事:路见～,拔刀相助。❸[形]因不公平的事而愤怒或不满:愤愤～。❹[名]由不公平的事引起的愤怒和不满:消除心中的～。(第5版)

不平 [形]❶不公平:看见了～的事,他都想管|路见～,拔刀相助。❷因不公平的事而愤怒或不满:愤愤～。(第6版)

《现汉》第6版将第5版的4个义项合并为2个,将第5版中的义项②删除,但保留配例,将第5版中义项④的释义连同配例一并删除。其实可以保留第5版中义项④的配例,放在第 6 版义项②下,因为汉语中形容词也可以做宾语。

不过,第 6 版在义项分合方面仍有可以商榷之处。例如:

步伐 名❶指队伍操练时脚步的大小快慢:～整齐。❷行走的步子:矫健的～。❸比喻事物进行的速度:要加快经济建设的～。(第 5 版、第 6 版)

"队伍操练时脚步的大小快慢"也是一种"行走的步子",或者说是"行走的步子"的具体化。由于概括性不够,导致义项①和义项②的区别性不大,配例也可以换用。笔者觉得可以合并成一个义项,解释为"行走的步子;脚步"。

义项分合涉及义项的划分问题,牵涉确定义项的原则。确定义项可以列出多条原则,笔者认为最重要的有两条:概括性和区别性。所谓概括性,是指一条义项能够涵盖多个具体的言语义(具体语境中的意义),不能随文立义;所谓区别性,是指义项之间要有明确的区分度,不能纠缠不清。两条原则角度不同,概括性对内,区别性对外。当然也存在一定的矛盾,概括性可能导致模糊性,对区别性会产生一定影响。但只要把握适度,对义项划分还是会起到作用的。例如上文所举的"餐厅"条的两个义项区别性很大,宜分立;《现汉》第 5 版"不平"条中义项③和义项④的区别性就不明显,或者说概括性不够,宜合并。至于第 5 版"不平"条中的义项①和义项②是分是合,可能见仁见智。笔者倾向于分,因为义项②已经出现了转义,转指"不公平的事",与义项①有明确的区分度。《规范词典》第 2 版是分的,可以参考。

(三)义项排序

《〈现代汉语词典〉编写细则》第 92 条规定:"词义分项排列的先后,基本的在前,引申的在后;一般的在前,特殊的在后;具体的在前,抽象的在后。"(吕叔湘 1958)根据张博(2013)的抽样调查,《现汉》第 6 版义项排列更加注重词义发展顺序。例如:

味道 名❶味①:这个菜～好◇心里有一股说不出的～。❷指兴趣:这个连续剧越看越有～。❸〈方〉气味:他身上有一股难闻的～。(第 5 版)

味道 名❶味①:这个菜～好◇心里有一股说不出的～。❷〈方〉气味:他身上有一股难闻的～。❸指趣味;情趣:这个连续剧越看越有～。(第 6 版)

《现汉》第 6 版将第 5 版的义项②和义项③对调,符合上述引申脉络以及从实到虚的排序细则。

问题是,基本义是就常用度而言的,属于共时范畴;引申义是就词义发展顺序而言的,属于历时范畴。当不同标准发生冲突时,《现汉》的处理显得不统一。例如:

出头 动❶从困苦的环境中解脱出来……❷(物体)露出顶端……❸出面;带头……❹(～儿)用在整数之后表示有零数……(第 5 版、第 6 版)

脸面 名❶脸①……❷情面；面子……（第5版、第6版）

"出头"条按常用度把义项①排在最前。若按引申先后或从实到虚、从具体到抽象排列义项，排为②→③→①→④似乎比较合理。《规范词典》第2版的义项排序可供参考。而在"脸面"条中，则按引申先后排序，因为义项①是本义，义项②是引申义。两条存在不一致。这种情况还有不少。

理论上，义项排序可有多种选择，例如按引申线路排序（本义在前），按使用频率排序（常用义在前），按认知先后排序（熟知义在前），按词类实虚排序（实词义在前），等等。《现汉》第6版"采用的是多重标准"（张博 2013），"不以考求词义历史发展为己任，而是立足现代，着力反映现代汉语的使用实际；同时也注意尽量反映词义间的引申和逻辑关系，力求把二者有机地结合起来"（江蓝生 2013）。笔者觉得，不管采用单一标准还是多重标准，词典内部应该统一。

四　改进释义方法

《现汉》采取了多种释义方法，比如同义词互释式、反义词否定式、定义式（义界式）、外延举例式、插图辅助式、综合式等，此不赘述。这里只谈词典应该避免的循环释义。出现循环释义的主要原因在于使用单纯的语词式释义中的同义词互释。如果多采用定义式释义，或定义式释义和语词式释义相结合，则可以有效避免。《现汉》第5版在这方面做得不错，第6版又有所改进。例如：

攥〈口〉动握……（第5版、第6版）

握 动❶用手拿或攥……（第5版）

握 动❶五指拳曲聚拢或用手指把东西固定在手里……（第6版）

《现汉》第5版采取的基本是语词式释义，有循环释义之嫌。为避免循环释义，第6版对"握"采用了定义式释义。类似的还有第6版对"消息"义项②的修改，目的是为了避免跟"音信"形成循坏释义。

这方面第6版仍然存在可以改进的地方。例如：

仿佛 ❶副似乎；好像……（第5版、第6版）

好像 ❶副似乎；仿佛……（第5版、第6版）

似乎 副仿佛；好像……（第5版、第6版）

每一个词都用另外两个词解释。这是典型的循环释义，应该力避。

五　修　改　配　例

在语文辞书中,配例之于释义,犹如血肉之于骨架。好的配例可以使释义具体化,有助于读者理解和掌握词义,甚至可以提供学习语言的范本。《现汉》的配例以其规范、精当历来为学界称道。《现汉》第 6 版对配例也做了仔细的修订。大致有以下几种情况。

(1)添加。即增加新的配例。例如:

道³　❸[动]说(跟文言"曰"相当,多见于早期白话)。(第 5 版)

道³　❸[动]说(用来引出人物说的话,多见于早期白话):先生～:"此计甚好!" (第 6 版)

《现汉》第 6 版除了修改括号内的部分释语外,还增加了一个配例。

(2)删除。即删去原有的配例。例如:

若是　[连]如果;如果是:他～不来,咱们就找他去|我～他,决不会那么办。(第 5 版)

配例"我～他,决不会那么办"有问题,其中的"若是"不是一个词,因为后面跟宾语"他","若是"就不可能是连词。《现汉》第 6 版将此配例删去。

(3)改换。即对原来的配例进行修改或替换。例如:

凑巧　[形]表示正是时候或正遇着所希望的或所不希望的事情:我正想去找他,～他来了|真不～,我还没有赶到车站,车就开了。(第 5 版)

《现汉》第 6 版将第二个配例修改成"真不～,你来访那天我刚好出差去了",比原例更能体现"凑巧"的意义。

(4)移位。即调整原来配例的位置。例如:

代¹　❶[动]代替:～课|～笔|～销。❷[动]代理:～局长。(第 5 版)

代　❶[动]代替:～课|～笔。❷[动]代理:～销|～局长。(第 6 版)

《现汉》第 6 版将"～销"调至"代理"义下,更准确合宜。

(5)综合。即综合运用两种以上的方法。例如:

定期　❶[动]定下日期:～召开代表大会。❷[形]属性词。有一定周期的;有一定期限的:～刊物|～存款。(第 5 版)

定期　❶[动]定下日期:婚礼何时举行,尚未～。❷[形]属性词。有一定周期的;有一定期限的:～刊物|～存款|～召开代表大会。(第 6 版)

《现汉》第 6 版添加了新例"婚礼何时举行,尚未～",并将配例"～召开代表大会"移至义项②之下。这些修改都是合适的。

虽然《现汉》第6版对配例进行了细致修改,但仍然有改进的空间。例如:

伏[1] ❹ 名 初伏、中伏、末伏的统称;伏天:入～|初～|三～天|每～十天。(第5版、第6版)

配例"每～十天"有问题。根据"三伏"的释义,中伏是十天或二十天。因此"每～十天"可改为"每～多为十天"或"每～是十天或二十天",以免误导。

笔者曾专文讨论过语文辞书配例的原则,对配例提出两个层面的要求,基本要求是契合性、典范性、自足性,较高要求是全面性、补充性、鲜活性(安华林 2010)。以此观之,《现汉》的配例还可以更上一层楼。

六 修改词类标注

严格说来,词类标注不属于释义内容,但对释义会产生直接或间接影响,因此本文也把它放在"释义部分"里一并讨论。

词类标注是个复杂而棘手的系统工程,涉及词与非词的区分、词类划分的标准、每类词语法特点的确定等等,而这些问题有不少迄今仍悬而未决,难度可想而知。但标注词类是语文词典编纂的大势所趋,标比不标好,标了利于理解词义,而且大部分词条或义项还是容易确定所属词类的。有问题的地方逐步完善即可。《现汉》第5版开始尝试对所有词条进行全面的词类标注,第6版对一些不尽如人意的地方做了修改。例如:

心爱 动 衷心喜爱:～的人|～的礼物。(第5版)

心爱 形 属性词。衷心喜爱的:～的人|～的礼物。(第6版)

动摇 动 ❶不稳固;不坚定:意志坚定,绝不～。(第5版)

动摇 ❶形 不稳固;不坚定:意志坚定,绝不～。(第6版)

《现汉》第6版将"心爱"改为属性词(形容词的一个小类),将"动摇"①改为形容词。修改后更符合两词的语法特点。不过,"动摇"条配例中的"绝"改为"决"似乎更好。

有的修改似可商榷。例如:

不止 动 ❶继续不停:大笑～|血流～。❷表示超出某个数目或范围:他恐怕～六十岁了|类似情况～一次发生。(第5版)

《现汉》第6版除了将义项②配例中的"一次"改为"一处"外,最主要的修改是将义项②标注为副词。对这种处理笔者以为不妥。笔者还是赞同《现汉》第5版的处理,因为"不止"后可带宾语,如"办公室里不止一台电脑"。

有的词类标注似可修改而未改。例如:

彩色 名 多种颜色:～照片。(第5版、第6版)

"彩色"主要跟"黑白"相对。从语法功能上看,主要做定语,起分类作用,处理为属性词比较适宜。

《现汉》第6版的修订是系统而全面的(详见《第6版说明》,江蓝生2013),一篇文章不可能囊括所有的修订细节。本文只是举例性地列举《现汉》第6版释文的修订实例,并对每个修订实例做出说明,对每类修订情况做出评析,力图找出修订中带有规律性的东西,以期为今后修订或其他语文词典的修订提供参考。通过上文的列举和分析,可以看出《现汉》第6版的修订是细致而认真的,细到用字、"儿"化都不放过。只有坚守认真负责的态度、精益求精的精神,才能保证修订的上乘质量。

词典的修订不可能一劳永逸,而是常修常新。有人说:"一部中型词典五年内不修订,中大型词典十年内不修订就会失去生命力,失去市场。"(章宜华,雍和明2007:331)可见,修订是词典保持生命力的内在要求。虽然《现汉》的每一次修订都迈上了一个新台阶,但尚未尽善尽美。我们期盼她越来越完美,永远保持旺盛的生命力。

附 注

[1] 关于《现汉》第6版修订的详细介绍,请参看江蓝生先生的文章(江蓝生2013)。

[2] 为了节省篇幅,全文举例一律省去注音、无关义项,酌情省略配例。

参 考 文 献

1. 安华林.汉语语文词典编纂理论与实践新探.语言文字应用,2006(2).
2. 安华林.《新华字典》(第10版)配例问题商榷,湛江师范学院学报,2010(1).
3. 江蓝生.《现代汉语词典》第6版概述.辞书研究,2013(2).
4. 姜自霞.《现代汉语词典》(第5版)单音语素释语打头字"指"的使用.辞书研究,2009(1).
5. 李行健主编.现代汉语规范词典(第2版).北京:外语教学与研究出版社,语文出版社,2010.
6. 吕叔湘.《现代汉语词典》编写细则(1958).//中国社会科学院语言研究所词典编辑室.《现代汉语词典》五十年.北京:商务印书馆,2004.
7. 苏宝荣.以理论研究引领《现代汉语词典》修订在规范化上取得新突破.辞书研究,2013(2).
8. 张博.《现代汉语词典》第6版释义修订的类型及特征.辞书研究,2013(2).
9. 章宜华,雍和明.当代词典学.北京:商务印书馆,2007.
10. 中国社会科学院语言研究所词典编辑室.现代汉语词典(第5版、第6版).北京:商务印书馆,2005,2012.

义素分析和释义模式在词典编纂中的运用
——以《现代汉语词典》第 6 版修订为例

曹兰萍

(中国社会科学院语言研究所　100732)

提要　根据系列相关词的理论,以《现代汉语词典》修订的词汇为例,在从语义角度对释义进行分析的基础上,简述义素分析在系列相关词修订中的运用以及释义义素与释义模式的关系和两者相结合的方法。

关键词　《现代汉语词典》　词典　词义　系列相关词　义素分析　语义关系　释义模式　同素族词汇

"语文字词典的注释,是语文字词典的重要组成部分,一部语文字词典的好坏,注释起决定性的作用……人们查字词典,虽然有时是要解决字形和读音问题,但经常查找的是字词的意义和用法,这些都得靠注释和举例来解决。"(刘庆隆 2008)

《现代汉语词典》(以下简称《现汉》)的编写与修订中,释义是非常重要的方面。本文试图以《现汉》第 6 版修订的词汇为例,通过修订后的第 6 版和修订前的第 5 版的对比分析,简述释义义素与释义模式的关系,以及基本义素在同素族系列相关词中的运用。

一　义素和释义模式组成

"汉语的辞的结构不是语法问题……汉语的辞的构造最重要的是语义问题,需要重点弄清楚辞内字与字之间的语义关系。"(徐通锵 1997)

"人们在语法研究中透过基本单位——词进而去寻求语素,在语义研究中则将词义进而分析为义素……义素是目前人类所认识到的最原始、最基层的语义单位。"(苏宝荣 2000)

一个词由一个或几个义项组成,每个义项又可分解为若干个元素,我们把它叫作义素。义素是释义的基本单位,通过对义素的分析,可以确定释义的内容;释义的若干义素之间的关系就好像是连接线,连接线表现为释义模式,由释义模式把这些看似独立的义素有机地组合起来,就构成词的完整释义。可以说,词的释义是从义素分析开始的。

例1:

灾荒 因灾害造成的粮食歉收、土地荒芜、物品严重缺乏等状况。(《现汉》第5、6版)

1. 释义模式是:"因……造成……(的)状况"

"灾荒"由"灾"和"荒"组成,"灾"和"荒"之间是因果关系,因为"灾害"引起而发生的"荒"的状况。由此得出"灾"和"荒"二者的连接线也就是释义模式是"因(灾)……造成(荒)……"

2. 义素分析:在《现汉》中,"灾"的释义有两个义项,"灾荒"的"灾"符合其中的第一个义项,即"灾害";"荒"的释义有9个义项,"灾荒"的荒符合其中的4个义项,即:荒芜、荒歉、荒地、严重的缺乏。

"灾荒"可以分解成"灾"和"荒";"灾"和"荒"又可以分解为:"灾害"和"荒芜、荒歉、荒地、严重的缺乏"。在这里,"灾害"和"荒"的这4个义项作为"灾荒"释义的义素被释义模式"因(灾)……造成(荒)……"连接起来,成为以上的完整释义。

另外,有时会出现直接释义不能覆盖全部词义的情况,比如,"荒"还有"荒凉"的意思,一般表现在灾害过后的某段时间,也有的不完全是灾害造成的,比如从未开发的、原始状态的荒凉。所以,"荒凉"不能全部的而只能是部分的成为"灾荒"的一个义素。为了把这部分内容在释义中得到体现,在释义中用了"等"字,就比较严谨了。

二 义素分析对释义内容的作用

"义素分析法运用于词典释义……应该是在已给出的词的释义的基础上,通过义素分析加以适当的调整和限制,在词义的分析和说明中体现一定程度的形式化,以纠正和弥补释义中的某些偏颇和缺失。"(晁继周2005)

词的释义经过分解,得到了若干个义素,有的义素意义单一明确,有的则需要经过解析来确定,在这些义素中,起核心作用的义素,我们称之为基本义素。基本义素的确定对释义内容的准确性起着重要的作用。如果基本义素选错了,整个释义的内容就会出现偏差。有的释义表面看起来好像不错,用义素分析的方法确定基本义素,并和相关的词进行比较加以分析,就可看到不易被发现的问题。

例2:

旭日 刚出来的太阳:～东升。(第5版)

旭日 刚升起的太阳:～东升。(第6版)

落日 夕阳。(第5、6版)

朝阳 初升的太阳。(第5版)

朝阳 早晨的太阳。(第6版)

夕阳 傍晚的太阳。(第5、6版)

1. 这是一组系列相关词,表达的是太阳在某一时段的状态,释义模式是:"……(时间或状态)的太阳。"

其中,"旭日"与"落日"是一组,着眼于太阳的状态;"朝阳"与"夕阳"是一组,着眼于太阳存在的时间。

2. 【旭日】和【落日】修订前后的分析:

(1)"旭日"可以分解为"旭"和"日"。

在《现汉》中,"日"有9个义项,在这里,毫无疑问是指太阳,这属于意义明确的义素。"旭"指的是(太阳的)状态。

在《现汉》中,"旭:初出的阳光。""初出"分解为"初"和"出(出来)",在《现汉》中,"初"有8个义项,这里符合义项④:"第一次;刚开始。""出"是"出来"的意思,合起来"初出"的意思就是"第一次出来;刚开始出来"。"旭日"就是"(每天)第一次出来的太阳;刚开始出来的太阳"。

(2)"旭日"修订前注为"刚出来的太阳","刚出来"可分解为"刚"和"出来",在《现汉》中,"刚²"有4个义项,这里符合义项③:"表示行动或情况发生在不久以前。"这样,通过义素分析,释文中"刚出来的太阳"可以被替换成"不久以前出来的太阳"。

(3)【旭日】修订前词目与释义的共同点和不同点:

词目"旭日"的意义是"第一次出来的太阳;刚开始出来的太阳";释义"刚出来的太阳"的意思是"不久以前出来的太阳"。这两者是否重合呢?

"第一次出来的太阳;刚开始出来的太阳"的特点是在早晨,太阳在上升的趋势中。而"不久以前出来的太阳"可以在任何时候,趋势不一定是在上升,比如,看日出的时候说"刚出来的太阳",指的是"旭日";如果上午阴天下雨,下午雨后天晴出了太阳,也可以说是"刚出来的太阳"或说是"不久以前出来的太阳",但这时候的太阳不是

"旭日"。很显然,"第一次出来的太阳;刚开始出来的太阳"和"不久以前出来的太阳"这两者当中表示"太阳出来"的意义是相同的,表示太阳出来的时间和运行趋势可能相同,也可能不同。

"旭日"最具特点的义素就是"刚升起"。"刚"是指日出的特定时间。"升起"是指太阳上升的趋势。这两点构成了"旭"的基本义,改变或缺少了其中任何一个元素,都不能对"旭日"进行完整释义。

(4)由此得出结论:"初出"和"刚出来"有相同之处,也有不同之处,在意义上不能完全重合,所以修订前把"刚出来"作为"旭"的基本义素,把"旭日"注为"刚出来的太阳",不能完全覆盖词目义。第6版修订后改为:"刚升起的太阳。"更符合实际。

(5)"旭日"和"落日"是一对同素族系列相关词。其中"落日"用"夕阳"作注("夕阳"注为:"傍晚的太阳"),单独看没有问题。把"落日"的释义替换成"傍晚的太阳"再和"旭日"的释义"刚升起的太阳"进行比较,可以看到"刚升起"和"傍晚"并没有相关性,"落日"分解成"落"和"日","落"的基本义为"下降",而非"傍晚"。作为太阳的两种相反的状态,"旭"是指上升的状态,"落"是指下降的状态,为了达到与"旭日"的释义"刚升起的太阳"相对应,"落日"可以注为"将落下的太阳"。

3.【朝阳】和【夕阳】修订前后的分析:

"朝阳"和"夕阳"是一对同素族系列相关词。修订前"朝阳"注为"初升的太阳","夕阳"注为"傍晚的太阳",第6版"朝阳"修订为"早晨的太阳"。

"初升的太阳"和"傍晚的太阳"虽然能够说明太阳处于相反的状态,但是"初升"和"傍晚"单独比较却看不出它们之间的相关性,"朝阳"和"夕阳"与"旭日"和"落日"略有区别,"旭"和"落"是指太阳升或降的状态,"朝"和"夕"是时间概念,强调的是太阳存在的时间。

"朝阳"可以分解为"朝"和"阳","朝"的基本义是"早晨"而非"初升",所以,"朝阳"应为"早晨的太阳",修订后,"早晨"和"傍晚"用于注释"朝阳"和"夕阳",说明太阳在所处的不同时段,更符合义素分析的要求,因而也更加确切。

三 义素分析在系列相关词释义中的运用

"传统的词典释义,是收集尽可能多的例句,从例句中分析概括出所要解释的词的意义;义素分析法则强调从相关的一组词、一群词的相互比较中提炼词义的构成成分,使被解释的词的意义在同有关的词的比较中更清楚地显示出来。"(晁继周2005)

有共同义素的一组或一群词叫作系列相关词,系列相关词之间具有意义的关联性。

1. 同素族系列相关词

在词的结构上,含有相同词素的一组或一群词,叫作同素族词汇,其中意义相关的词,叫作同素族系列相关词。同素族词汇有的有,有的没有相同义素。比如,"水害、水灾、水荒",都有"水"字,是"水"的同素族词汇,在意义上都和水有关,也是"水"的系列相关词。"水"就是这一组词的基本义素。又如,"炎热、炎暑、炎夏"有共同的基本义素"炎",这个"炎"是指极热的(天气),这组词是同素族系列相关词;"肺炎、肠炎、咽炎"也有共同的基本义素"炎",这里的"炎"是炎症的意思,它们也是同素族系列相关词。而"炎热、炎症"虽是同素族词汇,却不是系列相关词,在这里,"炎热"的"炎"是很热的意思,表示热的程度;"炎症"的"炎"是指发炎,是一种症状,虽然都含有"炎"字,但此炎非彼炎,它们之间没有意义的关联,没有共同的义素,所以就不是系列相关词。

2. 非同素族系列相关词

系列相关词也有非同素族的。是指没有相同的词素,但却有相同的义素的一组或一群词,比如"朝阳、旭日"都指早晨升起的太阳;"夕阳、落日"都指傍晚落下的太阳。"朝阳"和"旭日"没有相同的词素,却有相同的义素,它们是非同素族系列相关词;"夕阳"和"落日"也是同样情况。"阳"和"日"都指太阳,"太阳"是这组词的基本义素,这两组词分别是两组非同素族系列相关词。

3. 系列相关词的释义

通过义素分析,使基本义素在系列相关词释义中得到体现,从而提高释义的准确性。

例3:

盐场 海滩、湖边或盐井旁制盐的场所。(第5版)

盐滩 用来晒盐的海滩、湖滩。(第5版)

盐田 用海水或盐湖水晒盐时挖的一排排的四方形浅沟。(第5、6版)

义素分析:"盐场、盐滩、盐田"有共同的基本义素——盐,盐产自于含盐的水,即海水、盐湖水、盐井水等。海水是含盐的,而湖水和井水有含盐的和不含盐的,为了有所区别,湖和井必须和基本义素"盐"组成"盐湖、盐井",修订前【盐田】的释文中用了"盐湖";【盐场】【盐滩】的释文中用了"湖边、湖滩",并没有指出有盐还是无盐,这样,就有两种可能出现,第一种是将海水或盐湖、盐井的水打上来,就近在海边、盐湖边、盐井边晒成盐,这是符合实际情况的;第二种可能就是将海水运到湖边去晒盐,听起来有点荒唐,之所以有可能得出这样的结论,原因是基本义素在这里没有得到体现。通过运用"系列相关词有共同的基本义素"这样一个理论,对这一组词进行统一处理,放在一起对比,就发现基本义素"盐"在此处起着限定范围的作用。词的释义就是使词更加具体化,基本义素的运用可以达到这样的效果。在用基本义素衡量释义的过程中,问题也就得到了解决。

第 6 版修订为:

盐场 海滩、盐湖边或盐井旁制盐的场所。(第 6 版)

盐滩 用来晒盐的海滩、盐湖滩。(第 6 版)

盐田 用海水或盐湖水晒盐时挖的一排排的四方形浅沟。(第 5、6 版)

4. 系列相关词的释义模式

通过义素分析可以得出系列相关词的释义模式,以使系列相关词的释义达到行文格式的统一。

例 4:

肺炎 肺部发炎的病,由细菌病毒等引起,种类很多,症状是高热、咳嗽、胸痛、呼吸困难等。(第 6 版)

肾炎 肾脏发炎的病,通常指肾小球肾炎,由链球菌等细菌或病毒引起,症状是血尿、高血压、水肿等,严重的出现心力衰竭或尿毒症。(第 6 版)

阑尾炎 阑尾发炎的病,多由病菌、寄生虫或其他异物侵入阑尾引起,主要症状是右下腹疼痛、恶心、呕吐等,俗称盲肠炎。(第 6 版)

心肌炎 心肌发炎的病,由各种感染、药物中毒、变态反应等引起。主要症状是发烧、上呼吸道感染、心悸、胸闷、心前区隐痛、头晕和乏力等,严重的出现心力衰竭甚至猝死。(第 6 版)

这是一组以"炎"为基本义素的同素族系列相关词。这组词的基本义素"炎"即炎症。炎症是肌体受外界刺激以后发生的病态反应,包括病因和病症等。这组词共同点都是病名,都和发炎有关,不同点是(炎症)分别发生在身体的不同部位或器官,并且由于不同(或相同)的病因引起,表现为不同(或相同)的症状。病因和病症是因果关系,用"由……引起……"表示。这类词释义的内容主要包括:(某部位或器官的)病+病因+症状。

比如,【肺炎】可以分解为"肺——身体的一个器官"和"炎——炎症——发炎引起的病",释义的第一句"肺部发炎的病"是"肺炎"的定义,后面是对"肺炎"这种病的病因和症状的具体论述,"由细菌病毒等引起"是病因,"症状是高热、咳嗽、胸痛、呼吸困难等"是症状。

由此得出释义模式:

【……(部位或器官)炎】……(部位或器官名称)发炎的病,由……(病因)引起,……(症状)。

这个释义模式,也适用于"盲肠炎、关节炎、肠炎、肝炎"等词。

四　义素分析在修订中未能顾及的遗憾

词典编纂和修订是创作和再创作的过程,没有完美,只有完善,经过了多年的词典工作,我深深体会到,词典的编写和修订在某种意义上说,也是遗憾的艺术。《现汉》是语文辞书的精品,吕叔湘先生和丁声树先生以及老一代众多专家缔造了它,后来者一代一代不断学习、不断研究、不断修订,为的是使它永葆青春,不留遗憾或少留遗憾。

在总结修订体会的同时,不妨把遗憾也列举一二。

1. 修订前后的原文

例5:

中国画　国画。(第5、6版)

国画　我国传统的绘画(区别于"西洋画")。(第5版)

国画　我国传统的绘画。(第6版)

西洋画　指西洋的各种绘画。因工具、材料的不同,可分为铅笔画、油画、木炭画、水彩画、水粉画等。简称西画。(第5、6版)

【西画】西洋画的简称。(第5、6版)

2. 体例和释义模式的分析

这是正副条关系的两组词:"中国画"和"西洋画"是正条,"国画"和"西画"分别是"中国画"和"西洋画"的副条,它们也是同素族系列相关词。虽然修订后【国画】删掉了"(区别于'西洋画')",从体例上达到了一致(因为【西洋画】未注"区别于'中国画'"),但没有改变它们之间意义的相关性。

这两组词的基本义素是"画(画成的艺术品)",正条的释义模式是(画的)定义+(画的)特点:"(定义)……的画。(特点)……。"

"×画"的同素族词汇不止一条,在释义上除了基本定义之外,还须注出它的特点,以区别其他的画。

"西洋画"释义的第一句是西洋画的定义,第二句是西洋画的特点。符合以上的释义模式。"中国画"释义是简称。没有注出基本定义和特点。

"西画"注为"西洋画的简称",符合《现汉》的副条体例。"国画"释义内容是"中国画"正条的定义,没有按副条体例注释。

3. 存在的主要问题

这组词在修订前后变化不大,在体例上不全是按正副条的要求处理,释义模式不统一。

(1)【中国画】和【国画】正副条错位

中国画的名称产生于清末,当时西方绘画进入中国,为了区别二者,称我国传统绘画为中国画、中画,称西方绘画为西洋画、洋画、西画。20世纪20年代,中国画改称国画。(参《中国艺术百科辞典》)由此可见,先有"中国画",后称"国画","国画"是从"中国画"而来,"中国画"为正条比较合适。《中国艺术百科辞典》和《辞海》都以"中国画"为正条。

(2)【中国画】和【西洋画】释义模式不统一

【西洋画】详注,释义中提到的"铅笔画、油画、木炭画、水彩画、水粉画"都已单独出条,这些词的释义对这些绘画的使用材料和画法分别进行了详注;【中国画】没有详注,《现汉》另收了"山水画、水墨画、草虫、花鸟、人物、工笔、写意、白描、泼墨"等和中国画有关的词,注释为"……为题材的中国画""……的国画""国画的一种画法……"等。中国画的这些具体类别没有在【中国画】的释义里体现出来。

(3)【国画】和【西画】释义模式不统一

这是因为正副条的确定偏差造成的。(见4.3.1)

(4)【中国画】和【国画】两条释义都没有具体说明这种画的特点

这两个词,仅注为"中国的传统绘画"是不够的,只有将其绘画技法、使用材料、画面特征以及绘画的类型等具体义素与西洋画进行比较,才可使读者了解什么是我国传统的绘画。所以说,这两条的释义效果没能充分体现出来。

4. 修订建议

(1)【中国画】我国传统绘画。以毛笔、水墨、宣纸、绢帛为主要工具材料,运用皴、擦、点、染等基本手法,通过线条和墨色的变化表现描绘物象。按制作技巧和笔法可分为工笔、写意、白描、泼墨等;根据画面题材可分为:人物、花鸟、山水等。简称国画。

(注:"皴、擦、点、染",其中比较专业的"皴",在单字下已有中国画技法义的注释,

"擦、点、染"比较好理解,也可在单字下加"中国绘画的一种技法"的义项)

(2)【国画】中国画的简称。

(3)与【中国画】【西洋画】相关的条目在立目和体例以及释义模式等方面进行统一处理。

一部词典的出版之日,就是下一次修订的开始,希望这些条目能够有机会再次修订。

参 考 文 献

1. 曹兰萍.语文词典科技条系列相关词的释义研究.//《现代汉语词典》学术研讨会论文集(二),北京:商务印书馆,2009.
2. 曹兰萍.《现代汉语词典》第5版释义例说.光明日报,2005年8月3日.
3. 晁继周.把词典编纂与词汇研究结合起来.//语文词典论集.北京:商务印书馆,2005.
4. 冯其庸主编.中国艺术百科辞典.北京:商务印书馆,2004.
5. 符淮青.词的释义.北京:北京出版社,1986.
6. 韩敬体.论规范性词典释义的一般原则.//《现代汉语词典》编纂学术论文集.北京:商务印书馆,1993.
7. 刘庆隆.辞书编纂工艺导论.武汉:崇文书局,2008.
8. 苏宝荣.词义研究与辞书释义.北京:商务印书馆,2000.
9. 谭景春.词的意义、结构的意义与词典释义.中国语文,2000(1).
10. 徐通锵.语言论——语义型语言的结构原理和研究方法.长春:东北师范大学出版社,1997.
11. 中国社会科学院语言研究所词典编辑室.现代汉语词典(第5、6版).北京:商务印书馆,2005,2012.

《现代汉语词典》第6版释义修订评析

白 冰

（商务印书馆　100710）

提要　本文随机抽取《现汉》第6版O、P、S、T、X、Y字母段的一些条目，与第5版进行了对比。通过对比发现，《现汉》第6版在反映最新语言生活、改正原释义中的不足、进一步提升释义质量方面，取得了新的进展。同时也应看到，《现汉》第6版在释义方面也还存在一些问题，个别释义需要斟酌。

关键词　《现代汉语词典》第6版　释义　修订

释义是词典的灵魂，也是词典修订工作的重中之重。释义修订的好坏，决定了这部词典是不是保持、发扬了原有的优点，并在此基础上有所提升。为了考察《现代汉语词典》（以下简称《现汉》）第6版在释义修订方面的新变化、新成果，这里随机抽取了O、P、S、T、X、Y字母段的一些条目，与第5版进行了对比。通过对比发现，《现汉》第6版在反映最新语言生活、改正原释义中的不足、进一步提升释义质量方面，取得了新的进展。

一　与时俱进，反映最新语言生活

《现汉》第6版在释义方面的"新"，主要体现在以下四个方面：

1. 增收新义新用

《现汉》第6版增收新义项新用法400多项，这里试举几例：

拼　❷几个人拼合起来做某事：～车｜～饭｜～购。

评点　❷评论指点：～房地产市场。

扑救　❷扑上去救（球）：守门员飞身～，将球挡出。

迎接　❷做好准备期待某事物或某情况到来：～劳动节｜～新的挑战。

"拼"原来是"合在一起"的意思，引申出"拼合起来做某事"之义；"评点"原来是

"批评圈点(诗文)",把"点"理解成"指点",就产生了"评论指点"的新义;"扑救"的对象原来是火,用在足球上,就有了"扑上去救球"的新用法;"迎接"原来只用于人,现在还用于事物或情况。

以上这些增收的义项,在日常生活中经常使用,已经凝固、稳定下来了,《现汉》第6版把它们收进来,说明对新义新用的关注和对语言事实的尊重。

2. 反映客观事物变化

语言是社会生活的反映,随着时代的发展,社会的进步,客观事物发生了变化,释义也要随之进行修订。《现汉》第6版特别注意反映客观事物的新变化。如:

皮包 用皮革制成的提包。(第5版)

皮包 用皮革、人造革等制成的提包。(第6版)

印刷品 印刷成的书报、图片等。(第5版)

印刷品 印刷成的各类物品,如图书、报刊、图片、海报、广告、包装盒等。(第6版)

对"皮包"释义的修改,表明随着制革业的发展,皮包的原料已不限于真皮,还广泛地使用人造革,不管是真皮还是人造革制成的包,都可以称之为皮包。对"印刷品"释义的修订,体现了印刷业的新发展:过去的印刷品主要指书报、图片,现在印刷品的范围扩大了,海报、广告、包装盒等都可以归入印刷品。

3. 体现语义范围变化

语言在发展过程中,有的词的内涵没有太大变化,但语义范围产生了变化,有的范围扩大了,有的范围缩小了,《现汉》新版据此对释义进行了适当的修改。如:

坛 ❺指文艺界或体育界:文～|诗～|影～|体～。(第5版)

坛 ❺指某些职业、专业活动领域(多用于文艺、体育方面):文～|诗～|影～|体～|足～|医～|政～。(第6版)

人 ❹指某种人:工～|军～|主～|介绍～。(第5版)

人 ❹指某种身份或职业的人:工～|军～|主～|介绍～|电影～|媒体～。(第6版)

"坛""人"两例中,前一例属于语义范围扩大,在实际语用中,"坛"⑤不仅指文艺界和体育界,还指其他专业活动领域,如医坛、政坛。《现汉》第6版把释义调整为"指某些职业、专业活动领域(多用于文艺、体育方面)",既体现了语义扩大的情况,又补充说明了其主要使用的范围,释义就周全了。后一例属于语义范围缩小,"人"④的释义原来比较笼统,修改后的释义所指更加明确,并增补了"电影～|媒体～"两个新例,具有时代气息。

4. 认识和态度的与时俱进

如何给一个词做注释,往往反映了编写者或修订者对该词的认识和态度。过去在"以阶段斗争为纲"的思想影响下,为了跟唯心主义划清界限,一些条目不恰当地带上了"迷信的人指"一类的释义提示词,其实大可不必。如:

天命 迷信的人指上天的意志,也指上天主宰之下的人们的命运。(第5版)

天命 指上天的意志,也指上天主宰之下的人们的命运。(第6版)

缘分 迷信的人认为人与人之间命中注定的遇合的机会;泛指人与人或人与事物之间发生联系的可能性。(第5版)

缘分 民间认为人与人之间命中注定的遇合的机会;泛指人与人或人与事物之间发生联系的可能性。(第6版)

上面举的"天命"和"缘分"两个词,都是日常生活中常说常用的,如"五十而知天命","我们俩很有缘分"。人类对有些事物认识不充分,各种文化中都存在对不可知力量的模糊认识。如果因为人类认识不清就把这些词都打上"迷信"的标记,显然是不符合语言实际的。第6版的释义中把"迷信的人"删掉,或用"民间"替换,不能不说是一种进步,体现了修订者对语言实际的尊重。

二 完善释义,改正原释义中的不足

《现汉》虽然是一部优秀的词典,并且经过多次修订,但仍然存在着这样或那样的问题。这次修订,对一些不够准确、不够周全的地方进行了修改。试从以下几方面说明:

1. 对释义中不准确、不恰当的地方进行修改

这方面的例子很多,如:

熟 ❷(食物)加热到可以食用的程度:~菜|饭~了。(第5版)

熟 ❷(食物)烧煮到可以食用的程度:~菜|饭~了。(第6版)

油香 伊斯兰教徒的一种食物,用温水和面,加盐,制成饼状,再用香油炸熟。(第5版)

油香 伊斯兰教徒的一种食物,用温水和面,加盐,制成饼状,再用食油炸熟。(第6版)

跑偏 ❶(车辆行驶)偏离正常轨道。(第5版)

跑偏 ❶(车辆)行驶中不正常地向左或向右偏移:汽车~。(第6版)

眼影 女子涂在眼皮上的一种装饰,有蓝色、淡褐色、粉红色等:～膏｜～粉。(第5版)

眼影 化妆时涂在眼皮上的一种妆饰色,有蓝色、淡褐色、粉红色等:～膏｜～粉。(第6版)

以上几例中,"熟"原来的释义"加热到可以食用的程度"没有抓住核心义,加热只是温度的变化,不是性质的变化;"油香"释义中的"用香油炸熟"没有根据,与实际不符;"跑偏"原来的释义如果用于火车,那就不是"跑偏"而是"脱轨"了;"眼影"原来的释义的中心语是"一种装饰"(起装饰作用的物品),而眼影是抹在眼皮上的颜色,并非物品。这几个词原有的释义都不够准确,改后的释义就准确了。

2. 对释义中归纳不全的地方进行补充

《现汉》原有的释义中,有的词义归纳得不够全面,不能涵盖其用法,与实际语用不相符合。如:

先生 ❷对知识分子和有一定身份的成年男子的尊称。(第5版)

先生 ❷对知识分子和有一定身份的成年男子的尊称(有时也尊称有身份、有声望的女性)。(第6版)

烟草 ❷指烟叶:～市场。(第5版)

烟草 指烟叶或烟叶制品:～市场。(第6版)

洋 ❹现代化的(区别于"土"):～办法｜土～结合｜打扮得挺～。

洋 ❹现代化的;现代的(区别于"土"):～办法｜土～结合｜打扮得挺～。(第6版)

以上三例中,"先生"作为对知识分子和有一定身份的人的尊称,不一定只用于男性,也可以用于女性;"烟草"现在不仅指烟叶,更多地指烟叶制品,烟叶只是烟叶制品的原料;"洋"的释义如果不加"现代的",后面的例子"打扮得挺～"就无法成立。

3. 增补漏收义项

这次修订中增补的一些义项,有的并非是新词新义,而是属于漏收的常用用法。如:

偏 ❻副偏偏:不让我去我～去｜庄稼正需要雨水的时候,可天～不下雨。(第6版)

哑 ❷不说话的;无声的:～场｜～剧｜～铃｜～口无言。(第6版)

"偏"的副词义经常使用,不该遗漏,"哑"的这个语素义如果不补,那么"哑场、哑铃、哑口无言"这几个词将无处安放,而"哑剧"原来归在"由于生理缺陷或病而不能说话"义下也显得很牵强。

4. 对释义中缺失的重要的语义特征进行补充。

有的释义中缺失了词义重要的语义特征,释义就显得不那么准确。如:

腌 把鱼、肉、蛋、蔬菜、果品等加上盐、糖、酱、酒等。(第5版)

腌 把鱼、肉、蛋、蔬菜、果品等加上盐、糖、酱、酒等,放置一段时间使入味。(第6版)

摇手 把手左右摇动,表示否定或阻止。(第5版)

摇手 手心向外左右摇动,表示阻止或否定。(第6版)

上面两例中,"放置一段时间"是"腌"的重要的语义特征,不能丢失,丢失了就不是"腌",而是"凉拌"了。"手心向外"是"摇手"的重要语义特征,不加这几个字,释义就不够到位。

5. 以词释词时,补上对应词具体的义项号。

用同义词释义时,如果用作释语的词是多义词,那么一定得加上对应的义项号,否则就出现了语义上的不对等,如:

扑腾 pūteng ❸〈方〉活动:这个人路子广,挺能~。(第5版)

扑腾 ❸〈方〉活动⑥:这个人路子广,挺能~。(第6版)

作为释语的"活动"有6个义项,从"扑腾"的用例看,这里的"活动"应该是第6个义项"指钻营、说情、行贿",如果不注明,就会发生理解上的偏差,算是"硬伤"了。

6. 对循环释义问题进行处理

《现汉》存在一些循环释义的问题,这次的修订也对此进行了处理。如:

炮格 古代的一种酷刑。(第5版)

炮烙 就是"炮格",古代的一种酷刑。(第5版)

改为:

炮格 炮烙。(第6版)

炮烙 相传为商代的一种酷刑。用炭火烧热铜柱,让罪人在上面爬,人掉到炭火中被烧死。也叫炮格。(第6版)

原来的释义中,"炮格""炮烙"分别释义,但两处都说是"古代的一种酷刑",却没有对这种酷刑做进一步的解释,出现了释义落空。第6版把这两个词作为主副条处理,以"炮烙"条作为主条,进行了较详细的说明,解决了这个循环释义造成的释义落空问题。

三 精益求精,进一步提升释义质量

有的释义的文字改动,并不是因为原释义有错,而是从词典的系统性或其他方面考虑,改了以后更好。这方面的工作,主要体现以下几方面:

1. 对同类词的释义表述进行统一

有的释义与相关词条比对,在表述上不够一致。修订时进行了统一。如:

扒 ❹一种煨烂的烹调方法:～羊肉|～白菜。(第5版)

扒 ❹烹调方法,先将原料煮到半熟,再用油炸,最后用文火煮烂:～鸡|～羊肉|～白菜。(第6版)

再如:

公公 ❹尊称年老的男子:刘～|老～。(第5版)

婆婆 ❸〈方〉对老年妇女的尊称。(第5版)

公公 ❹尊称年老的男子:刘～|老～。(第6版)

婆婆 ❸〈方〉尊称老年妇女。(第6版)

第5版中,"公公"的释义表述为"尊称年老的男子",但"婆婆"的释义表述为"对老年妇女的尊称",两处的释义表述不一致。第6版中,"婆婆"的释义改为"尊称老年妇女",和"公公"的释义表述一致了。

2. 提供更多的语义信息

有的词的释义较为简单,给出的信息有限,不足以使读者理解词义,修订时补充了信息,如:

陪都 旧时在首都以外另设的一个首都。(第5版)

陪都 旧时在首都以外另设的一个首都,如我国抗战时期的重庆。(第6版)

笆子 搂柴草用的器具,多用竹子、铁丝等制成。(第5版)

笆子 搂柴草用的工具,有长柄,一端有一排用竹子、铁丝制成的弯钩。(第6版)

破五 旧俗指农历正月初五,过去一般商店多在破五以后才开始营业。(第5版)

破五 旧俗指农历正月初五,过去一般商店多在破五以后才开始营业。民间也有在这一天吃饺子的习俗。(第6版)

"陪都"后增加"如我国抗战时期的重庆",相当于举了一个例子,帮助理解词义;"笆子"的修改,说明了这种工具的形状,比以前释义具体形象;"破五"增加了"民间也有在这一天吃饺子的习俗",增加了文化信息。

有的释义后还补充了词的理据信息。如：

皮猴儿 称风帽连着衣领的皮大衣或这种式样的人造毛、呢绒做衬里的大衣，因穿上样子像猴子而得名。（第6版）

"因穿上样子像猴子而得名"这一句是后加的，加上这句话后，这个词的得名理据就清楚了。

3. 增加语用信息

如：

攀高枝儿 指跟社会地位比自己高的人交朋友或结成亲戚。（第5版）

攀高枝儿 指跟社会地位比自己高的人交朋友或结成亲戚(多含贬义)。（第6版）

破鞋 指乱搞男女关系的女人。（第5版）

破鞋 指乱搞男女关系的女人(骂人的话)。（第6版）

以上"攀高枝儿""破鞋"两例，新版都在释义后扩注了语用信息，分别提示了其感情色彩和使用场合，有利于读者理解和使用。

4. 字斟句酌，使释义更加简明、准确、通顺

有的释义虽然没有太大问题，但在表述和措辞上有所欠缺，修订时采用了换说法、增减字词、调整句子顺序等方法，对释语进行细致的打磨，使所指更加明确、语句更加通顺、释义质量得到进一步提升。

1) 换说法

如：

排版 依照稿本把文字、图版等排在一起，拼成版面。（第5版）

排版 依照稿本把文字、图片、表格等排在一起，拼成版面。（第6版）

泡 ❶气体在液体内使液体鼓起来造成的球状或半球体。（第5版）

泡 ❶气体在液体内使液体鼓起来形成的球状或半球体。（第6版）

烟筒 炉灶、锅炉上出烟的管状装置。（第5版）

烟筒 炉灶、锅炉上排烟的管状装置。（第6版）

摇篮曲 催婴儿入睡时唱的小歌曲……（第5版）

摇篮曲 催婴儿入睡时唱的短小的歌曲……（第6版）

"排版"释义中用到"图版"一词，词典中没有收，也不太好理解，改为"图片、表格"后，就容易理解了；"泡"①原释义中的"造成"没有"形成"常用，"烟筒"释义中的"出烟"没有"排烟"常用，"摇篮曲"释义中的"小歌曲"不如"短小的歌曲"好理解，修改以后的释义更加通俗易懂。

2)增减字词

如：

赔小心 以谨慎、迁就的态度对人，博得人的好感或使息怒。（第5版）

赔小心 以谨慎、迁就的态度对人，博得人的好感或使人息怒。（第6版）

陪读 陪伴他人读书，特指……（第5版）

陪读 陪人读书，特指……（第6版）

批复 对下级的书面报告批注意见答复。（第5版）

批复 对下级的书面报告批注意见予以答复。（第6版）

上面几例增减字词后，整个句子更加通顺，表意更加清楚。

3)调整语序

庞大 很大(常含过大或大而无当的意思，指形体、组织或数量等)：体积～｜机构～｜开支～。（第5版）

庞大 (形体、组织或数量等)很大(多含过大或大而无当的意思)：体积～｜机构～｜开支～。（第6版）

酸菜 白菜等经发酵变酸了的叫做酸菜。（第5版）

酸菜 经发酵变酸了的白菜等叫作酸菜。（第6版）

"庞大"调整顺序后，前一个括号里的内容是限定范围，后一个括号里的内容是补充说明，符合全书的统一体例；"酸菜"调整后的释义更符合汉语的表述习惯。

5. 对成语的释义进行全面统查

从第5版和第6版对比的结果看，《现汉》对成语修订的幅度较大。第5版在成语的释义方面，较为随意。有的只说本义或字面义，不交代引申义和比喻义，有的跳过了本义和字面义，只交代引申义和比喻义。这次修订基本上按照先说本义，再说引申义的方式统一表述。如：

判若鸿沟 形容界限很清楚，区别很明显。（第5版）

判若鸿沟 中间像有条鸿沟分开一样，形容界限很清楚，区别很明显。（第6版）

判若云泥 高低差别好像天上的云彩和地下的泥土的距离那样远。也说判若天渊。（第5版）

判若云泥 高低差别好像天上的云彩和地下的泥土的距离那样远，形容差别极大。也说判若天渊。（第6版）

对成语释义欠妥的地方，也进行了修改。如：

如鲠在喉 好像鱼刺卡在喉咙里，形容非常难受：这些意见～，早就想找机会提

出来。(第 5 版)

  如鲠在喉 好像鱼刺卡在喉咙里,形容心里有话没有说出来,非常难受:这些话～,早就想找机会说出来。(第 6 版)

  盘根错节 树根盘绕,枝节交错。比喻事情复杂,不易解决。(第 5 版)

  盘根错节 树根盘绕,枝节交错。形容事情或关系等相互交织,纷繁复杂。(第 6 版)

"如鲠在喉"原来的释义没有讲清楚到底为什么难受,表意不清,修改后更明确了。"盘根错节"不光指事情复杂不易解决,还用来指关系复杂,改后的释义更加符合实际语用。

6．对释义提示词进行了全面修订

《现汉》第 6 版对全书的释义提示词做了全面梳理,将大量的"比喻……"换作"指……、借指……、形容……"等说法,对此,修订工作的主持人江蓝生先生做过详细阐述,这里仅举几例说明:

  皮毛 ❷比喻事物的浅层或表面:只伤了点儿～,没动根本。❸比喻表面的知识:略知～。(第 5 版)

  皮毛 ❷指事物的表面:只伤了点儿～,没动根本。❸借指表面的知识:略知～。(第 6 版)

  漂浮 ❷比喻工作、学习等不踏实,不深入:作风～。(第 5 版)

  漂浮 ❷形容工作、学习等不踏实,不深入:作风～。(第 6 版)

"皮毛"③的释义中,将"比喻"改为"借指",是因为"皮毛"与"表面的知识"有相关性而没有相似性。"漂浮"②的释义"比喻……"改成"形容……"是因为此义是由"停留在液体不下沉"义引申而来,有一定的形象性,用这种"停留在液体不下沉"的形态形象地表现工作、学习不踏实的那种状态,"形容"比"比喻"更贴切。

总体来说,《现汉》第 6 版在释义方面能够与时俱进,不断完善,精益求精,其释义水平又上了一个新的台阶。

同时,也应该看到,《现汉》第 6 版在释义方面也还存在一些问题,个别释义也还可斟酌。如:

  藕粉 用藕制成的粉。(第 5 版)

  藕粉 用藕制成的粉,用于烹调,也可用开水冲成糊状食用。(第 6 版)

改后的释义虽增加了其功能信息,是一个进步,但对于其主要用途的认识,还不太符合实际情况。建议改为:"可用开水冲成糊状食用,也可用于烹调"。

一些词语,是不是要补进新的义项,也可商榷,如"公知"的"公共知识分子"义,"初恋"的名词义等。

词典的修订工作是永无止境的。一方面,时代在发展,客观事物在不断变化,人们对事物的认识也在变化;另一方面,金无足赤,人无完人,词典也有这样或那样的缺点和毛病。如果不修订,我们的辞书就跟不上时代的发展,就不能给读者提供最新、最准确的知识。在知识更新和信息传播速度加快的互联网时代,辞书的修订者和辞书编辑要有紧迫感、危机感和使命感,要抱着谦虚包容的心态,兼收并蓄地吸纳各方意见和成果,努力把这部几代人为之付出艰辛努力的精品词典修订得更好。

参 考 文 献

1. 段晓平.《现代汉语词典》对新义新用的处理.辞书研究,2009(5).
2. 杜翔.《现代汉语词典》第五版的释义改进.中义自学指导,2005(5).
3. 杜翔.时代性准确性系统性——论第5版《现代汉语词典》释义的修订.辞书研究,2006(1).
4. 王桂花.新旧版《现代汉语词典》释义对比.山东省青年管理干部学院学报,2007(1).
5. 武楠稀.基于新旧两版《现汉》对比的汉语词汇变化分析.语文学刊,2007(10).
6. 张志毅,张庆云.词汇语义学(修订本).北京:商务印书馆,2005.
7. 赵大明.释义是检验辞书编纂质量的关键.辞书研究,2005(3).
8. 中国社会科学院语言研究所词典编辑室.现代汉语词典(第5、6版).北京:商务印书馆,2005,2012.

《现代汉语词典》第 6 版配例的改进*

冯海霞　姜如月

（鲁东大学文学院　264025）

提要　文章对《现代汉语词典》第 6 版与第 5 版 A、B、K、S 等部分词目进行比较，发现第 6 版在配例方面做了很多调整和完善：数量有所增加；类型更加丰富，功能更加全面；例文简洁、凝练；排列的顺序更合理、有序；常用性、实用性增强；体现时代性；与释义契合更紧密。

关键词　《现代汉语词典》　配例　修订

一　引　言

"一部中型词典五年内不修订，中大型词典十年内不修订就会失去生命力，失去市场。这还是一种传统的、保守的估计……词典项目一旦完成，词典的修订就应该成为编者最为关注的重要问题。"（章宜华，雍和明 2007：331）《现代汉语词典》（以下简称《现汉》）作为一部中型语文词典，在第 5 版出版 7 年后再一次修订，隆重推出了第 6 版。"一部没有例句的词典只是一堆枯骨"（黄建华 2001：69）。这个比喻形象地说明了配例对于一部辞书的重要性。《现汉》"本着更好地配合释义、体现用法以及扩大词汇信息量的原则，对例词、例句做了相应的增删和修改"（《现汉》第 6 版"凡例"）。笔者将第 6 版与第 5 版 A、B、K、S 等字母段的部分条目进行对比，以探讨《现汉》在配例上修订的力度、类型及特色。

---

* 本研究为教育部青年基金项目"基于语义类别的汉英中型语文词典释义研究"（项目编号：11YJA7400）成果之一。

二 配例调整的内容

（一）数量增多

笔者对 A、B、K、S 四个字母段中所有条目的配例进行了统计,具体情况见表1。可以看出,第6版的配例与第5版相比,无论是有配例的义项数量还是配例的总量都有所增加,而且有的字母段增加的幅度很大。

表1

字母部	考察项目	第6版	第5版	差额数量	幅度(%)
A	有配例的义项数量	356	346	10	2.89
A	配例的总量	575	554	21	3.79
B	有配例的义项数量	2608	2427	181	7.46
B	配例的总量	4175	3988	187	4.69
K	有配例的义项数	1379	1175	204	14.79
K	配例的总量	2328	2196	132	5.67
S	有配例的义项数	3514	3013	501	14.26
S	配例的总量	5593	4921	672	12.02

很多第5版已有配例的词条或义项,第6版也会根据需要再增加一个或几个配例,比如(文中所举《现汉》各例一般均只出配例,下同):

挨 ❶～饿｜～了一顿打。❷苦日子好不容易～过来了。(第5版)

挨 ❶～饿｜～骂｜～了一顿打。❷忍一忍,～到天亮就好了｜苦日子好不容易～过来了。(第6版)

"挨"的每个义项分别增加了一个配例。类似的还有"审查、审处、师法、缩头缩脑"等。其中我们发现:大部分是在单个配例的基础上再增加一个例子,如"撒①、筛选②、上瘾、生长点、少数、失控、史册、示威①、事件、时装①、收缩②、缩小、索贿"等;少数也会增加两个或多个配例,如"哀①、保育、开放、少说、施与、时②、时评、食堂、收官"等。

不少第5版中没有配例的词条,第6版都增加了配例。如:

说一不二 ❶形容说话算数。❷形容专横,独断独行。(第5版)

说一不二 ❶形容说话算数:他这个人～,答应的事从不食言。❷形容专横,独断独行:此人做事～,根本听不得别人的意见。(第6版)

类似的还有"把家、白肉①、霸气②、贬称②、白润、彼岸、薄情、不妙、暴殄天物、炕

①、开园②、靠背、矿业、傻眼、删削、伤神②、上苍、上火②、上阵、少量、摄食、深层①、神话②、生死存亡、失窃、师法、使眼色、世家、势力、是味儿、首屈一指、受制②、书卷气、双管齐下、顺水人情、悚恿、松绑"等。这些词大都是些方言词语或书面词语,但它们在普通话里还相对比较活跃,因此第 6 版为其增加了配例。

还有一种增加配例的方式是随着词条的增收、义项的增加或释义的改变而添加的配例。如:"白嫩"在原有"皮肤～"的基础上增加了"～的豆花儿汤"这一配例,是因为它的释义"白皙细嫩"不再如《现汉》5 版所释"(皮肤)白皙细嫩"仅仅指"皮肤"了。

（二）类型更加丰富、功能更加全面

词条中配例的类型有词例、语例、句例三种,综合使用这几种类型可以使配例类型更加丰富,第 5 版比较好地贯彻了这一原则,但也有少数还不够全面,如:

倍 ❷～增｜事半功～。（第 5 版）

煸 ～锅｜～牛肉丝。（第 5 版）

这两条的配例只有词例和短语例,缺少独立使用的句例,第 6 版各增加了一个句子"每逢佳节～思亲"和"炸酱前先～肉丁儿"。这样配例的类型就更加丰富了。类似的还有"开⑧、实感、实物②、实学、使假、视力、手法②、私德、损人、唆使、所在②"等。同时,也有增加短语例的情况:如"搬②、霸②、崩溃、堪①、看透②、客运、课题、哭、快速、愧、散发、嗓子②、骚扰、刹车①④、闪①⑥、上②、上镜①、释怀、胜负、死③④、缩小、锁国"等。当然,也有既增加语例又增加句例的情况,如"熬③、纱②、深②、实景、实习、首付、水头①、死硬②、松④、馊②"等。值得一提的是,有一种情况是词条释义没有改变,但在配例中却增加了一种新"意味"的例子,如"布阵"就增加了"赛前,教练精心～"、"开锅"增加了"讨论一开始,会场就开了锅"的引申义,从而使配例更加丰富。类似的还有"开启①、可塑性②、空转①、库①、捆①、塞①、书③、顺溜、缩②"等。

好的配例首要的功能是说明并全面体现词目的意义,使词目的意义实例化、具体化、语境化。但第 5 版个别条目没有很好地体现这一点,如:

熬 ❸动忍受（疼痛或艰苦的生活等）：～夜｜～苦日子。（第 5 版）

第 5 版的这两个配例只体现了"忍受艰苦的生活"这一意义,而没有体现"忍受痛苦"这一层意义。第 6 版增加了能体现忍受痛苦"病痛难～"这一配例,这样配例才全面体现出释词的意义。类似的还有"暴力、崩溃、变色、剥离、不对劲、撒②、狂①、顺溜②、上下"等。

"成功的词典配例一方面可以补充说明词目的意义……另一方面可以通过丰富的包含各种信息的例语例句补充说明词目的具体用法……例证是显示语词分布结构

和用法的最有效、最直观的办法。"(章宜华,雍和明 2007:130)也就是说,评判配例好坏的一个标准是它能否全面体现词目的语法功能。第 5 版大部分词或义项的配例都做得比较好,但也有一些配例并不全面。如:

  爱戴 动 敬爱并且拥护:～领袖。(第 5 版)

  爱戴 动 敬爱并且拥护:～领袖|受到人民群众的～。(第 6 版)

  安定 ❶ 形(生活、形势等)平静正常;稳定:生活～|情绪～|社会秩序～。(第 5 版)

  安定 ❶ 形 形(生活、形势等)平静正常;稳定:生活～|情绪很～|～的社会秩序。(第 6 版)

"爱戴"在第 5 版里只配了做谓语的例子,其实"爱戴"还可以做宾语,第 6 版就增加了"受到人民群众的～"这一配例;"安定"在第 5 版中的三个配例只体现出了一个语法功能——充当谓语,其实,"安定"还有作为形容词的典型语法搭配——受程度副词修饰和充当定语,而这两个典型的用法在第 6 版中都得到了很好的体现。类似的还有"标记、库藏、山①、失误"等。

(三)例文简洁、凝练

  "在充分体现例证功能的情况下,例证越短越好。"(章宜华,雍和明 2007:212)每一部词典都想在有限的空间内给读者最多的有用信息。释义配例在尽量简洁、凝练的经济原则下即能发挥其作用,这是每一部纸质词典所追求的一个目标。《现汉》第 6 版对某些词条的配例做了删减,既保证配例完整,又使例句显得干净、简洁。如:

  悲凄 远处传来～的哭声。(第 5 版)

  悲凄 ～的哭声。(第 6 版)

在"悲凄"的配例中,把句子例"远处传来～的哭声"改成短语例"～的哭声",非但没有影响读者的理解,反而使读者一目了然,提高了读者的阅读效率。类似的还有"安保、被褥、哺②、标定、扮饰、颗粒②、克服①、控制②、盛赞、双①、顺⑥、随①"等。

(四)排列顺序更为合理、有序

  一个义项之下的多条例证也构成了一个需要系统安排、组织的结构体,这就意味着多条例证需要按照一定的顺序排列,张宏(2009:81)把这种顺序总结为三种类型:说明词语本义的在先,说明比喻义的在后;偏重解释词义的在先,偏重提供用法信息的在后;体现简单语法结构的在先,体现复杂语法结构的在后。

  (1)当一个义项的配例综合词例、短语例和句例这几种类型,词典一般会对这三

种配例按照层级由小到大的顺序排列,第5版已经基本做到了按词例、语例和句例这样的排列顺序,但也有个别的没有照顾到,如:

半边 ～身子|这个苹果～儿红,～儿绿|广场东～。(第5版)

半边 ～身子|广场东～|这个苹果～儿红,～儿绿。(第6版)

第6版经过调整后的顺序更为符合排列原则,看起来也会更美观。类似的还有"实地"等。

(2)有的词目或义项有两个或多个释词或释语,理论上讲,后面的配例序列应该和前面的释义序列相一致,但是在第5版个别的词或义项中,配例有与释词或释义的顺序不对应的情况,如:

奔涌 急速地涌出;奔流:大江～|热泪～◇激情～。(第5版)

奔涌 急速地涌出;奔流:热泪～|大江～◇激情～。(第6版)

开发 ❷发现或发掘人才、技术等供利用:～高新技术|人才～中心。(第5版)

开发 ❷发现或发掘人才、技术等供利用:人才～中心|～高新技术。(第6版)

在"奔涌"的释义中,显然"急速地涌出"义对应"热泪奔涌";"大江奔涌"中的"奔涌"为"奔流"义。第6版调整配例顺序后,有助于读者理解释义与配例。类似的还有"生计、疏解"等。

(五)实用性、常用性增强

《现汉》是一部主要用来为"推广普通话、促进汉语规范化"服务的中型现代汉语词典,其性质要求它的配例必须符合中等以上文化程度读者的需求。

1. 第6版里删去了很多过于书面语的配例,如在"哀伤"这一义项中就删去了"请保重身体,且莫过于～"例。类似的还有"爆冷、便饭"等。

2. 有些例子虽然带有方言色彩,但是在现实生活中还经常用到,所以在第6版中有所体现。如在"保准③"这一义项中就增加了"这件事他～不知道"的配例(也增加了"〈方〉副一定"这一释义)。还有在"变戏法"这个词条中增加了"你就别跟我～了,有什么想法直说吧"这个例子,因为"变戏法"这个词的引申义我们在日常生活中经常用到,如果只有本义而没有引申义的使用,那"变戏法"的使用范围就很有限了。类似的还有"变色②、包①、半票②、版⑤"等。

3. 有些例子更贴近生活实际,语境更完整。如:

悲剧 ❷决不能让这种～重演。(第5版)

悲剧 ❷酒后驾车,酿成车毁人亡的～。(第6版)

第6版改进后的配例中就使"悲剧"具体化、情景化,联系到了生活实际,从而使读者更容易理解释义。又如：

悲酸 阵阵～,涌上心头。（第5版）

悲酸 看到瘦弱的孩子,心里很是～。（第6版）

辩称 ～自己无罪。（第5版）

辩称 被告人～自己无罪。（第6版）

北国 ～风光。（第5版）

北国 银装素裹的～风光。（第6版）

以上例子都体现出了配例形象化、情景化的特点,对读者理解词义会有很大的帮助。类似的还有"枯萎、避暑、伤神、上来②、身影、深信、神道、生⑥、声威①、盛产、矢言、史诗、实名、势利、熟悉①、鼠辈、爽气、说不上②、松快、琐碎"等。

（六）更加符合时代潮流,体现时代性

词典不但是供人们学习语言时查阅的工具,而且也是一种语言在一个历史时期发展变化的缩影,与人们的社会生活密切相关。人们通过它,不仅可以了解、学习、使用这些词汇,也可以从中感受到其时的社会风貌、经济变迁、流行时尚以及文化创新及变异等诸多因素。

如：

山寨 名❶在山林中设有防守的栅栏的地方。❷有寨子的山区村庄。（第5版）

山寨 ❶名在山林中设有防守的栅栏的地方。❷名有寨子的山区村庄。❸形属性词。仿造的；非正牌的：～货｜～手机。❹形属性词。非主流的；民间性质的：～文化｜～足球队。（第6版）

《现汉》第6版不但增收了"山寨"的两个新义项,也相应增加了体现时代特色的新配例。又比如在"八卦"的配例中增加了"新闻"和"这个说法太～"两个配例。类似的还有"开通、少数、上行、升势、升涨、数得着、爽声"等。

（七）配例的知识性、文化性增强

例证可以反映文化,这已是词典学家们的共识。广义的文化要素大致包括五类：认识体系、规范体系、社会体系……其具体内容又包括：价值观念、人生信念、伦理道德、对事物的认识或态度、学科知识等。（关世杰1995:15）《现汉》第6版在增加配例时,也特别注意了其知识性和文化性,如：

上瘾 玩电脑游戏容易～……

少见 岭南下大雪很～。

身外之物 钱财乃～。

神品 王羲之的《兰亭序》被尊为书法～。

类似的还有"神智、生死存亡、盛举、史诗、视域、适于、手段、俗称"。

（八）配例与释义更加契合

《现汉》第 5 版绝大多数配例与释义的配合是准确、完美的，但其中也有个别的配例略有不妥，这也促使编纂者们在修订时力求精益求精。例如：

摆设 [动] 把物品（多指艺术品）按照审美观点安放：屋子里～得很整齐。（第 5 版）

摆设 [动] 把物品（多指艺术品）按照审美观点安放：屋子里～得很讲究。（第 6 版）

我们认为，并非所有"整齐"的都是"按照审美观点"的，所以，第 6 版把例子改为"屋子里～得很讲究"，"讲究"一词就比"整齐"更为符合"按照审美观点安放"的解释。再如，在"艾"这一词条中，第 5 版的配例是"少～（年轻漂亮的人）"，第 6 版改为"少～（年轻漂亮的人，多指女子）"。括注中加上了"多指女子"这一解释，就照应了前面"美好；漂亮"的解释，因为"漂亮"一词多用来形容女子。类似的例子还有"空旷、口④、撒②、申冤、省份、失时、双料、耸人听闻"等。

三　结　语

总之，《现汉》第 6 版 A、B、K、S 字母段各部分中的词条在配例的数量、类型、功能、例文、排列的顺序及内容上都做了一定程度的调整和改进，使其更具科学性、实用性。可以说，其每一点进步和完善都凝聚着词典编纂者的努力，体现着他们对我国词典修订工作至善至美的追求。或许，也只有这样，词典才能更好地吸引着、服务着它的新老读者们。

参　考　文　献

1. 冯海霞，张志毅.《现代汉语词典》释义体系的创建与完善——读《现代汉语词典》第 5 版. 中国语文，2006(5).
2. 关世杰. 跨文化交际学——提高涉外交流能力的学问. 北京：北京大学出版社，1995.
3. 黄建华. 词典论. 上海：上海辞书出版社，2001.
4. 刘川平. 对外汉语学习词典用例的一般原则. 辞书研究，2006(4).
5. 张宏. 外向型学习词典配例研究. 广东外语外贸大学博士论文，2009.
6. 张妍.《现代汉语词典》第 5 版配例的改进. 辞书研究，2007(2).

7. 张志毅,张庆云.词汇语义学.北京:商务印书馆,2001.
8. 章宜华,雍和明.当代词典学.北京:商务印书馆,2007.
9. 郑奠等.中型现代汉语词典编纂法(初稿)(上)·序言.中国语文,1956(7).
10. 中国社会科学院语言研究所词典编辑室.现代汉语词典(第5、6版).北京:商务印书馆,2005,2012.
11. Landau S.I.词典编纂的艺术与技巧.章宜华等译.北京:商务印书馆,2005.

《现代汉语词典》第6版同义对释研究

刘 伟 张志毅

(鲁东大学文学院 264025)

提要 文章分析比较了国内外具有代表性的普通语文词典和学习型词典使用同义对释的现状,提出在词汇系统的三个梯度中同义对释的使用存在差异,进一步研究了《现代汉语词典》第6版在普通词语和外围词语中应用同义对释的情况。根据分类统计的结果,客观地评价了普通词语的同义对释,并重点剖析了其语义、语法、语用三个层面的"个性"问题。文末分析了普通语文词典的同义对释与学习型同义词词典同义辨析的不同之处,同时在对《现代汉语词典》第6版与第5版比较的基础上,探究了第6版同义对释模式的优化策略。最后针对不同类型的词典释义方式提出了建议。

关键词 现代汉语词典 同义对释 语义 语法语用

一 引 言

同义对释,作为词典释义的一种模式,向为国内外词典学家所关注。之所以如此关注,原因有两个:一是常用,二是大家评价不一。欧美国家的普通语文词典还在继续使用这一释义模式,学习型词典很少使用或基本上不用。例如《钱伯斯20世纪词典》大多用同义对释,旧版《小罗贝尔词典》同义对释占15%,《现代法语词典》同义对释占3.7%,《牛津高阶英语词典》同义对释占3.1%,《柯林斯COBUILD英语词典》则完全取消了同义对释。(R. Martin 1977)目前我国普通语文词典同义对释用得较多,《现代汉语词典》(以下简称《现汉》)广义的同义对释占39%多,狭义的同义对释约占13%[1]。学习型词典,例如《商务馆学汉语词典》《汉语教与学词典》用得虽然少了一些,但还是比欧美用得多。本文试图在当前国内外语文词典同义对释研究的基础上,对《现汉》第6版1—440页这一封闭域做调查研究,并深入探讨同义对释问题,从而为我国词典释义方式的优化提出参考建议。

二　同义对释的应用

按原型论的观点,现代语言词汇系统可以分为三个梯度:(1)中心词语,包含核心词和基本词汇;(2)次中心词语,指普通(或一般)词语;(3)外围或边缘词语,包括口语的边缘(俗语、土语)、书面语的边缘(不常用的雅语)、术语(行话)、古词、旧词、新词、外来词、方言词等。语文词典对中心词语,不用或少用同义对释;对普通词语,常用同义对释,约占《现汉》同义对释比例的 65.6%;对外围词语,一般分情况使用同义对释,约占《现汉》同义对释的 33.5%。这是从词汇系统角度观察同义对释的使用情况。

(一) 对普通词语的同义对释

胡明扬等(1982:132—136)和黄建华(2001:109—114)对释义方式的具体划分虽然不同,但都提到过同义词对释、同义交叉对释和限制性对释三种释义方式。后一种,现在多不列入同义对释。《柯林斯 COBUILD 英语词典》已将限制性同义对释的限制语(即释语的夹注部分)直接作为释语的有机组成部分,不再以括号标出。现在同义对释模式主要分为以下三种:

1. 用单个同义词对释

　　丰饶　形 富饶。

　　分辨　动 辨别。

　　风帆　名 船帆。

这种类型的同义对释,基本上可以用如下形式表示:假设以 Y 代表被释词的基义,A 代表释义词,那就是:Y≈A。A 与被释词的基义大部分相似或相同,这是它们同义对释的基础。被释词"丰饶""分辨""风帆"均采用单个同义词对释的方法。

2. 用两三个同义词对释

　　待承　动 招待;看待。

　　搞　动❶做;干;从事。

　　服　❻动 承认;服从;信服。

为了全面反映被释词在某一义位上的基义,词典往往会选择两个或三个同义词对被释词进行释义,主要包括两种形式:一种是 Y≈A≈B(≈C),其中 A、B、C 分别代表释词,A、B 或 C 在某一义位上的基义大致相等,只是陪义不同,例如词条"待承"

"搞"①。另一种是 Y≈A+B+C，A 与 B、C 加起来构成被释词在某一义位上的基义。单独 A、B 或 C 都不能全面反映某个义位，例如词条"服"⑥。

3. 分释语素的同义对释

匆促 形匆忙；仓促。

调遣 动调派；差遣。

胆虚 形胆怯；心虚。

这种类型的同义对释，可以用公式 Y≈A+B 来表示，A、B 分别代表被释词的语素义，A 与 B 之和为被释词的基义。以上对于"匆促""调遣""胆虚"三个被释词的释义，分别用两个释词揭示其语素义，语素义之和构成被释词的词义。

由于《现汉》对中心词语基本上不用或少用同义对释，因此我们认为基本可以将此忽略不计。据统计，《现汉》第 6 版 1—440 页普通词语同义对释约为 1900 项，占同义对释总数的比例约为 65.6%。说明在国内语文词典中，对普通词语多用同义对释。

（二）对外围词语的同义对释

对外围词汇系统的同义对释，在《现汉》第 6 版 1—440 页中共计 972 项，约占同义对释总数的 33.5%。举例如下：

拔擢 〈书〉动提拔。

草底儿 〈口〉名草稿。

耳膜 名鼓膜[2]。

榜文 名古代指文告。

大内 名旧时指皇宫。

壁厢 名边；旁（多用于早期白话）。

房贴 名房补[3]。

窗棂 〈方〉名窗格子。也叫窗棂子。

安琪儿 名天使。[英 angel]

贝多 名贝叶棕。也叫桫多。[梵 pattra]

布拉吉 名连衣裙。[俄 платье]

《现汉》1—440 页给同义对释的义位标注"书""口"的分别是 295 处和 122 处，另外术语共有 117 处。标注"古代"的有 6 处，"旧时"和"旧称"的共有 31 处，早期白话的有 9 处，新词语有 26 处。标注〈方〉的，共 353 处。外来词共有 13 处。上述八类数据列表如下：

分类 数据	口	书	术	古旧早	新	方	外
合计：972	122	295	117	46	26	353	13

我们对于上述采用同义对释的八类词语应该分情况来讨论：第一类是口语、书面语、方言词以及进入通用层的术语这四种词，其中方言词最多，书面语次之，口语、术语基本持平。第二类是外来词和新词语。第三类是有古、旧、早期白话标志的词语。总体来看，这反映了普通语文词典同义对释的一般规律：对于第一类多用同义对释，因为作为内向型的语文词典，对读者来说，这类词语进行语言解码较为容易。即使是术语这一应用于各个专门领域的专门词语，其在不同程度上进入了普通话，其语域陪义随着术语的普通化趋势而逐渐由强变弱，因此并不难理解。对于第二类一般少用同义对释，这主要基于语言经济性原则。在语言系统中如果能用同义对释方式解释这类词，也就是说既然可以用语言系统中的原有词语和结构表达某种新概念，那么语言群体就没有必要创造新词语和引进外来词（为了求新求异造词例外）。对于第三类应该少用同义对释，因为古、旧词和早期使用的词汇对于现代读者来说，由于时间间隔较远，不易理解，理应释义详细，少用同义对释。因此与第一类相比，第二、三类应少用同义对释。

上述八类外围词语，尤其是方言词、书面语词、口语词以及进入通用层的术语，采用同义对释，在原则上是可用的、允许的。而对于普通词语，同义对释的优劣、宽严等，其说不一，值得讨论。

三　普通词语同义对释的优点和缺点

普通词语同义对释三种释义方式的灵活运用，一方面提高了释义的简明性；另一方面，也为读者扫清了阅读障碍。普通语文词典同义对释与同义词词典的词义辨析并不相同，同义对释的目的之一就是利用词典的"认读"功能而非"运用"功能，"因而它在本质上是寻求两个词语之间的共同性"（苏新春 1992：350）。它往往将被释词与释词之间词义的细微差别忽略而显示其基义的共同性。通过这一认知的原点，去沟通释词和被释词，这符合普通语文词典编纂的基本原则之一——简明性。Landau（2005：184）认为"释义的艺术不仅取决于分析和理解词义的能力，也取决于简洁表达词义的能力"。所以在实际的词典编纂中受市场影响，词典编纂者往往采用同义对释。

普通词语同义对释,在不同类型词典中的分布是不同的:普通语文词典的同义对释比例较高,学习型词典比例较低。在同类型的词典中分布又有不同:同为普通语文词典,《现汉》同义对释的比例比《牛津简明英语词典》高。

普通词语同义对释固然有其简明性,但大范围使用也有不容忽视的缺点。对于词典工作者来说,给出同义词间的个性是一项严峻的挑战。语言学研究告诉我们,语言中真正的等义词是很少的。简单的同义对释不利于学习者充分理解词义间的细微差别。因此,应该尽量避免简单的同义对释。以下我们将从语义、语法、语用三个层面来分析普通词语同义对释的不足——忽略了词义或义项的个性。

(一)语义层面的个性

在同义对释中,被释词与释词在基义、陪义、义域层面都有个性,而简单的同义对释往往"只求同",因此忽视了被释词与释词在语义上的个性特征。现分述如下:

1. 基义层面的个性

(1)义位重点的个性

残忍 形 狠毒:手段凶狠~。

"残忍"侧重于心肠、手段狠毒;"狠毒"强调凶狠。因此,两者在同一基义上的个性并不相同。

(2)义素丰度的个性

风光 名 风景;景象。

"风景"的区别特征是:[+可供人观赏的美好景象];"景象"的区别特征是:[±好的现象、状况]。而"风光"的区别特征是:[+美好的风景]。因此,从区别特征的角度来看,被释词比释词的义素丰度小,个性更明显。

(3)义位轻重的个性

称誉 动 称赞。

"称誉"其程度比"称赞"重,而且"称誉"多用于书面语。为突出"称誉"的个性特征,最好释为:〈书〉称赞(较"称赞"程度重)。

(4)行动内容(施动者、受动者、方式、方法等)的个性

扶养 动 养活:把孩子~成人。

"养活"具有三个行动基义:①对人,供给生活资料或生活费用;②对动物,饲养;③有的地区,指生育。而"扶养"仅指"养活"①,也就是说"扶养"的施动对象、受动对

象必须是人,而且方式是"供给生活资料或生活费用"。

2. 陪义层面的个性

陪义是语言表情达意的重要手段。同义对释中被释词与释词的很多个性都表现在陪义上,主要体现在以下几个方面:

(1)语体陪义的个性

  绰号 [名]外号:她的～叫小猫。

  肥胖 [形]胖:过度～对健康不利。

语体的划分是相对的,主要依据占优势的典型因素。"绰号"和"肥胖"的个性是多用于书面语,因此释义时应显示二者的差异,可以补充〈书〉语体标志。

(2)形象陪义的个性

  鼻涕虫 [名]蛞蝓。

跟"蛞蝓"相比,"鼻涕虫"具有形象色彩的个性,更具体可感。

(3)风格陪义的个性。

  后嗣 [动]指子孙。

这里的风格是表现格调风格,主要基于语域、语源、语体、语用以及心理等因素。主要有典雅和粗俗等附属义。"后嗣"属于典雅风格,最好标注〈书〉,以显示其风格陪义的个性。

此外,陪义层面的个性还表现在方言陪义、情态陪义、外来陪义、语境陪义等方面。总体来看,陪义层面的个性具有辅助基义的作用,是词义重要的组成部分,释义时必须兼顾。

3. 义域层面的个性

义域是义位的意义范围和使用范围,它的个性主要体现为搭配伙伴词的多少和使用范围的大小。

(1)搭配伙伴词的多少

"对一个词的语义特征的描写,不应该仅仅局限于词的本身,还应该列举词与词之间的结构(语言结构包括词汇性上下文和语法性上下文),这种关系能显示义位的基义的某种特征和价值。"(张志毅 张庆云 2006:41)这种观念与索绪尔的"价值"说一脉相承。索绪尔(2003:118,162)认为"语言是一个纯粹的价值系统"而"任何要素的价值都是由围绕着它的要素所决定的"。例如:

  分别[1] [动]离别。

223

请看两词的搭配个性：

动词	人与地点	人与人	带宾语
分别	×	√	×
离别	√	√	√

通过比较，我们发现同"离别"搭配的伙伴词要比"分别"多，这种搭配伙伴词的多少也反映了义位的价值。词典至少应补充例句，提示被释词在义域层面的个性，例如：我与母亲分别不觉已有两年了。

(2) 使用范围的大小

这里的使用范围主要包括三个方面：显性伙伴域、隐性伙伴域和适用域。被释词与释词在义域层面上的个性相差越多，则使用范围越不同。例如：

摒弃 动 舍弃。

"摒弃"和"舍弃"的基义共性是"丢开抛弃原有的东西"，宾语都可以是抽象名词。个性是使用范围上的差异："摒弃"的个性体现在其搭配对象多是表示消极意义的名词和名词性短语，例如"偏见、陋习、陈见、传统观念"等；而"舍弃"的个性体现在除了多跟表示积极意义的抽象名词和名词性短语，另外还跟表示具体意义的词语搭配，例如"妻儿、故乡、待遇、奖金"等。因此"舍弃"较之"摒弃"使用范围更广。

(二) 语法层面的个性

1. 词类范畴的个性

"同义词绝大多数是语法范畴意义——主要是词类相同，而结构意义和功能意义可能不完全相同。"（张志毅 张庆云 2006：27）因此，同义对释在绝大多数情况下要求词性相同，但少数也有不同词性的。而这些少数词性不同的，就是其词类范畴内的个性。例如：

顿然 副 忽然；突然。

"顿然"是副词，而"突然"是形容词。上例中，由于词性的不同，两者的语法功能会产生巨大差异："顿然"只可做状语，而"突然"除了做状语外，还可做定语、补语、谓语。因此，同义对释时应尽量避免词类范畴内的个性差异。

2. 结构及功能的个性

结构的个性主要体现在：词的内部结构，词的构词能力以及重叠形式等。功能的个性主要体现在：句法功能，词间组合，宾语不同，中心语不同等。（张志毅 张庆云 2006：44—45）同义对释的难点之一就在于揭示被释词与释词在结构以及功能层面的个性。例如：

仓促 [形]匆忙。

从结构个性来看，"匆忙"是联合结构，可以重叠成"匆匆忙忙"。而"仓促"是单纯词，不能重叠成"仓仓促促"。从功能个性来看，两者词间组合也不完全相同，例如常说"时间仓促"，而不常说"时间匆忙"。

（三）语用层面的个性

现代语义学认为，义位的意义作为"他变量"取决于三个自变量：第一自变量，义位内部的成分义；第二自变量，义位的组合方式；第三自变量，义位所处的语境。第二、第三自变量现多归属于语用层面，自变量的个性差异会影响语用意义。

首先，我们在这里探讨的主要是义位组合方式的个性差异是如何影响词语意义的。其中最明显的表现之一是同义词的搭配个性对于词义的影响。义位之间的组合反映的主要是义域，它是语义溢出（semantic overflow）的结果。它指词语搭配或义位组合中 A 单位的语义流淌到 B 单位中去（至少是渗透），使 B 受义。《现汉》第 6 版对这种语义溢出主要采取三种处理方式：第一种是用括号予以标出。这种方式实际上是将括号中的部分当作被释词的搭配对象。第二种是对语义溢出部分不加括号，即将其作为词义的有机组成部分。第三种是采用简单的同义对释，即将语义溢出部分完全忽略。在国外，将最新词汇语义理论反映到词典编纂中的《柯林斯 COBUILD 英语词典》引领潮流，已将搭配成分作为释语的有机组成部分。上述两部语文词典对于夹注部分的不同处理反映了编者对于语义溢出部分的不同认识。

我们认为，由于 A 义位的语义溢出程度较高，导致 B 义位受到明显影响（A 义位以某种方式参与了 B 义位语义特征的构建）的这一类义位组合，在词典释义中应该将语义溢出部分用括号标注，或者去除括号直接将其作为 B 义位的有机组成部分。这不仅符合现代语义学对词义的理性认识，同时也符合当今世界优秀语文词典的编纂潮流。例如：

博得 [动]取得；得到（好感、同情等）：～群众的信任｜这个电影～了观众的好评。

贬损 [动]贬低：不能～别人，抬高自己。

《现汉》第 6 版对"博得"词条的处理没有简单地采用同义对释的形式，主要基于"博得"经常同"好感""同情"等义位组合，导致后者的语义渗透进"博得"这一义位之中，因而编者用括号将语义溢出部分作为"博得"的搭配对象予以显示。与此相反，《现汉》第 6 版对"贬损"词条的处理却采用了同义对释的形式。两个词条释义模式上的差异,突出地显示了词典编纂中的主观化倾向。我们认为应该将"贬损"词条修改为:贬损 [动]贬低(对手、名声、人格等):不能～别人,抬高自己。当然,如果按照《柯林斯COBUILD英语词典》的方式处理,应该将括号去除。

其次,从语境个性的角度来看,由于词所处的具体语境不同,语境义所指就会不同。一般而言,两个同义词的替换是有条件的、相对的。因此,同义对释的第一种模式——用单个同义词对释,即要求释词和被释词在相同的语境中能够进行有条件的互换,否则两词在语用意义上就相差太大,影响读者与词典文本在认知域内的信息共识。

斯波柏和威尔逊(1986)在《关联:交际和认知》(Relevance: Communication & Cognition)中第一次提出"认知语境"(cognitive context)这一概念。认知语境是关联理论的核心。关联理论的观点之一就是:交际是涉及信息意向(informative intention)和交际意向(communication intention)的明示——推理过程。而同义对释的最佳状态就是在语境中能够实现恰当的交际。《现汉》第6版中绝大部分的被释词和释词可以在语境中等值互换。比如:

爱 ❷[动]喜欢:～游泳|～劳动|～看电影。

在以下同一语境中可以自由换用。例如:

a. 小时候,他最爱(√喜欢)和同学一块儿去河边游泳。

b. 爸爸爱(√喜欢)爬山。

c. 医生爱(√喜欢)干净。

被释词和释词在"喜欢"这一义位上是同义对释。在同义交际语境中实现了等值互换。如果被释词和释词不能在同一个句子(语境)中等值互换,那么语用值就不相等,势必会影响说话者与听话者的信息沟通。例如在下列语境中就不能互换。

吃惊 [动]受惊:令人～|大吃一惊。

d. 听到这个消息,他很吃惊(×受惊)地看着我。

e. 死那么多人真使人吃惊(×受惊)。

f. 他吃惊(×受惊)地问:"你中彩票了?!"

在上述例中,被释词和释词都是单义词,但在同一语境中并不能完全互换,不能互换的原因是二者的个性差异:"吃惊"着重指惊奇、震惊,可以受副词"很"的修饰;"受惊"着重指惊恐、害怕,不能受"很"修饰。如果我们打扰别人,别人受到惊吓,我们会很抱歉地说一句"让您受惊了",而不会说"让您吃惊了"。所以在《现汉》第6版部分同义对释词中应该适当给出释词与被释词语用上的个性差异,这样可以帮助留学生排除学习汉语的难点。

从语用的两个角度来看,同义对释的运用面临诸多挑战,既要对语义溢出部分进行恰当的处理,同时又要寻求释词与被释词语境义的适度等值,因此编纂者只有具备较高的词典释义技巧才能体现出普通词语在语用层面的个性特征。

以上我们从语义、语法、语用三个层面上着眼,挖掘了被释词与释词的个性特征,深入剖析了普通词语同义对释的不足。因此,有必要对同义对释进行优化处理。

四 《现汉》第 6 版同义对释的优化策略

由于词典类型、性质、宗旨等的不同,这就决定了普通语文词典的同义对释与学习型同义词词典的同义辨析是不尽相同的。同义词词典词义辨析的目的是比较异同,尤侧重于"异",在语义、语法、语用三个层面上都可进行深入细致的比较。这与普通语文词典的同义对释并不相同,作为一种释义方式,它一般不直接将两个或多个词语在三层面上进行横向对比,因而一般仅是"求同",而非"析异",但是这样也容易导致忽视被释词个性的问题,而通常弥补这种不足的方法是通过标注词性、改善释义和例证以及附加各种提示语等来体现三个层面的个性特征。综上看来,同义对释与同义词辨析必然有所差异,但是应该如何在释义中体现三个层面的个性呢?

纵观当今世界的优秀语文词典,如《牛津简明英语词典》、《柯林斯 COBUILD 英语词典》以及《来克西法语词典》等,其编纂理念已经打破了单一的规定主义,向描写主义及实用主义转变。"在具体做法上从解释词语的基本方面转向完整的解释;在相关信息上从提供词语的内部信息扩展到提供语境及交际信息。"(杨金华 2012)

在这种发展趋势之下,作为普通语文词典,《现汉》应该尽量避免简单的同义对释,更加突出语义、语法、语用的个性特征,从而实现由传统的以"解码"为主要功能到现代的以"编码"为主要功能的转型,实现由"以编者为中心"到"以读者为中心"的转变,应该说,这是一项比较迫切的任务。

这种大趋势《现汉》第 6 版在编纂中已有所关注。为了解决同义对释在语义、语法、语用层面上易忽视"个性"的问题,《现汉》第 6 版在第 5 版的基础上,也进行了一些尝试,并相应地采取了一系列优化措施。主要体现在以下三个方面:

(一) 语义层面的优化

语义是词典释义的核心,因此只有先做好语义释义才能把握住词典的生命线,《现汉》第 6 版主要从义值、义域两方面进行优化。

1. 从义值看,语义的优化

(1)补充漏收或新产生的义位

《现汉》第 6 版及时补充了新增加的和第 5 版漏收的部分义位,这对于了解词位内部的结构层次,优化义值具有重要作用。例如:

白话 ❷说大话;夸夸其谈:瞎～｜～蛋子(爱说大话的人)。

保险 ❹〈方〉副一定:他这个时候还没进来,～是误了车了。

"白话"②是新收录的义位,补足后就比较全面地反映了词位的义值,同时对于义位②,为了阐明例子,用夹注说明它的意义。"保险"④是方言中进入普通话的新义位,《现汉》第 6 版予以收录,并用〈方〉加以标识。这样,不仅如实地反映了语言生活,而且提高了释义的准确性。

(2)义位顺序的调整

保不住 ❶动不能保持。❷副难免;可能。(《现汉》第 6 版)

保不住 ❶副难免;可能。❷动不能保持。(《现汉》第 5 版)

《现汉》第 6 版对于第 5 版"保不住"词条义项排列顺序的处理,反映了实词意义的抽象化过程,也就是义值由实到虚的过程,遵循了语义发展演变的规律,是语义优化的一种体现。

2. 从义域看,语义的优化

从现代语义学的理论来看,动词、形容词以及名词义位的义域表现各有差异,前二者多数体现在组合框架中。"无论是显性组合,还是隐性组合,都表明谓词常跟某些名词组合,它们互为伙伴。"(张志毅 张庆云 2005:60)在同义对释中绝大部分是动词和形容词,因此同它们搭配的名词的语义就可能由于语义溢出进入谓词的义位中,成为该谓词义位的有机组成部分。那么,这部分溢出的语义是如何体现在义域之中的呢?

动词和形容词的义域一般分为显性义域、隐性义域和适用域。它们在词典中的分布区间不同。《现汉》第 6 版吸收了最新的语义成果。主要分为三种类型:

(1)用夹注显示词的显性伙伴域,例如:

掰 ❷〈方〉动(情义)破裂;绝交:俩人～了都半年了。

对于"掰"②的释义,没有简单采用同义对释,而是将它的显性伙伴域用夹注予以标出,作为释义的有机组成部分。这样,读者对于"掰"②的使用范围就会一目了然。

(2)用语例或句例显示词的隐性伙伴域。例如:

毙 ❸动枪毙②:那个节目被审查组～了。

对于隐性伙伴域,往往通过语例或句例加以提示。上述句例说明了被释词"毕"③只能同作品、节目、方案等伙伴域搭配。

(3)用〈口〉〈书〉〈方〉等标志显示词的适用域,例如:

保准 ❸〈方〉副 一定:这件事他～不知道。

半中腰 〈口〉名 中间;半截儿:他的话说到～就停住了。

语体、语域、方言、风格、时代、外来等陪义具有二重性,既能补充义位的义值,又能表明义位的使用范围。因此,对于"保准"和"半中腰"中新增的义位分别用〈方〉〈口〉等表示其适用域。

(二)语法层面的优化

好的词典释义不仅能解释词的语义,而且能够充分体现词在某一义位上的词类、结构以及功能特征。《现汉》第 6 版在语法层面的优化主要体现在:

1. 充分吸收离合词的研究成果,显示词的结构特征

包桌 ❶(—//—)动 包席①。

《现汉》将离合词的研究成果运用于词典的释义中,增强了释义的科学性。凡是中间加双斜线"//"的多音节词,表示中间可以插入其他成分。"包桌"①虽然使用了同义对释的方式,但是释词"包桌"与被释词"包席①"都是离合词,且结构特征都是一致的。

2. 通过释语夹注提示和用例体现词的功能特征

插花² 副 夹杂;交错(后面多跟"着"):玉米地里还～着种豆子|农业副业～着搞。

"插花"作为副词,它后面常跟动态助词"着",而且两个用例也说明了"插花"同"着"组合常做状语,是句法功能的一种反映。

(三)语用层面的优化

语用层面的优化主要体现在语境的适度等值性。这里的语境主要指的是语言中的语境,即在上下词或上下句中的小语境。例如:

闭嘴 动 住口(多用于阻止):你给我～|还不快闭上嘴。

《现汉》第 6 版在对"闭嘴"词条的释义中,释语的夹注限定了使用的语境。只有在阻止他人讲话的语境下,"闭嘴"和"住口"才是等值的。

作为普通语文词典,《现汉》第 6 版为了揭示被释词在语义、语法、语用三个层面的个性特征,从理论层面创新性地通过深化义值,拓宽义域的表征空间等方式,具体利用释义、例证、词性标注及提示语等加以全方位的体现。一方面,在一定程度上突破了《现汉》第 5 版同义对释的瓶颈,弥补了单纯同义对释的不足。另一方面,也充分显示了与同义词词典词义辨析的不同之处,体现了我国普通语文词典的特色。

但是,正如前面我们在探究普通词语同义对释的缺点时所看到的,《现汉》第 6 版使用同义对释的比例还是高于国外某些优秀语文词典的,这是我们不能回避的一个问题。当然,任何词典的释义都有不完善的地方,如何既能保持我们普通语文词典释义的传统优势,同时又能吸收当前世界语文辞书编纂的先进理念,实现"两大转型",这是需要我们共同努力的。

五　结　语

同义对释起源很早,国内外都在使用。语文词典用得较多,趋势是渐渐少用。对中心词语少用或不用同义对释,对外围词语可以分情况来使用(方言词、书面语、口语以及逐渐进入通用层的术语可多用,新词语、外来词等可少用)。对普通词语(一般词语)应该尽量少用。如果用,最好既注意共性,也注意个性。学习型词典的同义对释用得很少,有的已经干脆不用了。在语义、语法、语用三个层面中,语义是基础、核心,语法是桥梁或构架,语用是语言交际的落脚点。《现汉》以语义释义为核心,其作用主要体现在"认知层面",而非"语用"层面。这也是国内大多数普通语文词典的释义重点。《现汉》第 6 版同第 5 版相比,虽然在优化同义对释的模式上有了较大的进步,但总体上看,同义对释所占的比例仍不少,这与国外优秀语文词典的释义理念——少用同义对释还存有一定的差距。目前针对外国留学生的汉语学习型词典更应该在语义、语法、语用三个层面上对传统释义方式予以创新,并且突出语法、语用的重要性。这样不仅对汉语作为第二语言习得,而且对中文信息处理等诸多领域也会产生积极的作用。

附　注

[1] 据统计,《现汉》第 6 版 1—440 页共计 22 295 条义项,其中同义对释共 2898 项,所占比例约为 13%。

[2]《现汉》未给术语加以标注,因此按原始格式收录。

[3]《现汉》未给新词语加以标注,因此按原始格式收录。

参 考 文 献

1. 费尔迪南·德·索绪尔.普通语言学教程.高明凯译.北京:商务印书馆,2003.
2. 冯海霞,张志毅.现代汉语词典释义体系的创建与完善.中国语文,2006(5).
3. 胡明扬等.词典学概论.北京:中国人民大学出版社,1982.
4. 黄建华.词典论.上海:上海辞书出版社,2001.
5. 闵家骥,刘庆隆,韩敬体等.汉语新词词典.上海:上海辞书出版社,1986.
6. 苏新春.汉语词义学.广州:广东教育出版社,1992.
7. 王福祥,吴汉樱.欧美、俄罗斯、中国语用学.北京:外语教学与研究出版社,2011.
8. 徐志民.欧美语言学简史.上海:学林出版社,2006.
9. 杨金华.语文词典比较研究初探.上海:外语教育出版社,2012.
10. 张志毅,张庆云.词汇语义学(修订版).北京:商务印书馆,2005.
11. 张志毅,张庆云.新华同义词词典.北京:商务印书馆,2006.
12. 章宜华,雍和明.当代词典学.北京:商务印书馆,2007.
13. 中国社会科学院语言研究所词典编辑室.现代汉语词典(第5、6版).北京:商务印书馆,2005,2012.
14. Landau S. I. 词典编纂的艺术与技巧.章宜华,夏立新译.北京:商务印书馆,2005.
15. Martin R. Essai d'une Typologie des Définitions Verbales Dans le Dictionnaire de Langue. *Travaux de Linguistique et de Littérature*,1977.
16. Sperber D, Wilson D. *Relevance: Communication and Cognition* (2nd edition). Beijing: Foreign Language Teaching and Research Press,Oxford:Blackwell Publishers Ltd,2001.

《现代汉语词典》第 6 版对"动作＋人体器官"类动词的修订

王 楠

(中国社会科学院语言研究所　100732)

提要　《现代汉语词典》第 6 版修订的内容比较广泛全面。文章就《现代汉语词典》第 6 版对"动作＋人体器官"类动词在收词与释义方面的修订加以说明。通过修订,词典中"动作＋人体器官"类动词在收词、释义方面不仅体现了时代性,其平衡性、系统性、实用性和准确性也都有所提高。

关键词　收词　释义　平衡性　系统性　准确性

《现代汉语词典》(以下简称《现汉》)第 6 版的修订范围和幅度都比较大,修订的内容也比较广泛全面。正如修订主持人江蓝生先生(2013)所说:"本次修订涉及面广,内容更新度大,是一次较为全面系统的修订。"我们在这里仅就《现汉》第 6 版对"动作＋人体器官"类动词在收词与释义方面的修订略做说明。

本文所说的"动作＋人体器官"类动词,是指由动词或动词性语素与人体器官类的名词或名词性语素所构成的词语。比较典型的如"闭眼、低头、抬手、洗脑、转身、拍脑袋"等。另外,像血液、毛发、指甲等虽然不是人体器官,但也是人体的组成部分或附着物,因此像"输血、造血、美甲、脱毛、植发"等一些词语也在我们所讨论的范围之内。

一　收词的修订

《现汉》第 6 版对"动作＋人体器官"类动词收词的修订,包括增收近几年产生的新词语和已有词语的新用法,补收之前版本没有收的某些相同语义小类的词语和其他一些日常生活中常见常用的旧词语等。下面我们分别举例说明。

（一）增收新词、新义

词典修订工作的一个重要方面，就是要适时地反映从上一版到本版修订期间，一些新产生并稳定下来的，意思明确、用法固定的词语，和一些之前版本已经收录的词语近年来产生的新的含义和用法，以反映发展变化的语文生活、体现词汇发展的时代特点和面貌。《现汉》第 6 版在这方面做了很多工作，如：

1. 增收常见新词

瘦身 动 减肥使身材匀称：～运动｜采用科学方法～◇群众呼吁报纸～。

塑身 动 塑造形体：～美容｜～内衣。

拉皮 动 通过手术等方法使松弛的皮肤变紧。

美甲 动 修剪装饰指甲，使美观。

养颜 动 保养面部肌肤，使延缓衰老：护肤～。

植发 动 为了美观，在头发脱落的部位植上头发。

劈腿 动 ❶体操上指两腿最大限度地叉开。❷比喻同时跟两个或两个以上的人谈恋爱：因他～，女友毅然离去。

洗脑 动 指向人强制灌输某种思想观念以改变其原有的思想观念：在活生生的事实面前，一些被邪教洗过脑的人开始醒悟过来。

（本文引例除另注明者外，均摘自《现汉》第 6 版，不一一注明。）

随着生活水平的提高和观念的不断更新，人们对健康越来越重视，对美的追求也呈现出多样化。像"瘦身、塑身、拉皮、美甲、养颜、植发"等，就是因为近年来这些现象和事物在人们生活中出现、普及而产生和普遍使用的新词语。《现汉》第 6 版及时地反映语言生活的这种发展变化，对这些新词予以增收。

"劈腿"在体操领域的用法，有词组的性质，意思也比较明确，所以《现汉》以前的版本没有收录。近年来，"劈腿"一词产生了抽象比喻，而且使用频率非常高，因此作为新词被《现汉》第 6 版收录。虽然"劈腿"的比喻义有一定的消极性，但这是社会现象和语言事实。消极性词汇是实际语言的一个组成部分，词典中不可或缺，规范型的词典对含有消极意味的词语酌情收录是合理的，也是需要的。"洗脑"也是近年来产生的比较形象的新词语，《现汉》第 6 版也及时地收词释义。

对于这些近年来产生的意思明确、用法固定，使用频率也比较高的词语，词典修订时应该加以反映。适量增收新词也是词典时代性的一个直接体现。

2. 增收常用新义项

洗手 动 ❶比喻盗贼等改邪归正。❷比喻不再干某项职业：～改行。❸<u>婉辞，指上厕所。</u>

脱毛 动 ❶鸟兽的毛脱落。<u>❷使人体某些部位的毛发脱落：～膏｜激光～。</u>

《现汉》第6版补充"洗手"的第三个义项，这体现了由于社会的进步和文明程度的提高，人们的言谈举止也都相应地发生了变化。"上厕所"这种事情在某些场合说显得不文明，为了避讳，于是人们就用上完厕所后要"洗手"这一相关性的行为来委婉地借指，久而久之，"洗手"便成了"上厕所"的代名词。"脱毛"使动用法的新义则是用于动物转而用于指人。《现汉》第6版对这些已有旧词语的新义、新用法及时立项释义，同样反映了当前语言的发展变化，也体现了词典与时俱进的修订理念。

（二）补收旧词

科学、合理的收词是词典成功的基础，词典的收词工作理当引起人们的重视。然而，在日新月异、浩如烟海的词语面前，一部容量有限的中型语文词典，要做到收词科学、合理、系统、平衡并不是一件容易的事情。词典在收词方面难免会出现某些疏漏。《现汉》第6版从平衡性、系统性角度考虑，补收了一些第5版没有收录的相关旧词语，如：

1. 补收某些语义小类常用的旧词语，完善词典收词的平衡性、系统性

(1)补收由人死亡时所表现出的非自主性的人体动作，转指人死亡的生理现象的"闭眼"：

闭眼 动 ❶闭上眼睛：～睡觉。❷婉辞，指人死亡：老人～的时候，儿女都在身旁。

"闭眼"并不是新词，孤立地看收与不收都不存在大的问题。《现汉》第6版补收"闭眼"一词，是有所考虑的，并不是随意而为。在修订过程中我们发现，在由人死亡时所表现出的非自主性的人体动作，通过转喻，转指人死亡这一生理现象的"动作＋人体器官"类动词中，比较常见有"闭眼、合眼、伸腿、蹬腿"等，其中只有"闭眼"在《现汉》之前的各版本中都没有收条。而"闭眼"一词在借指人死亡时特别常用，所以，《现汉》第6版予以补收。

(2)补收由人生气、不满时面部的动作、表现，转指人生气、不满的心理活动的"皱眉、黑脸"：

皱眉 动 眉头皱起来，多是为难、不满、生气或思索等的表情。也说皱眉头。

黑脸 ❶ 名 戏曲角色行当黑头的俗称,借指忠正耿直、铁面无私或粗率莽撞的人物,如包公、张飞等:他是唱～的。❷(一//一)动 指脸色变得阴沉:他整天黑着脸,准是碰到了什么不痛快的事。

"皱眉、黑脸"都不是新词,但是,由人生气、不满时在面部所表现出的外在的动作、表现等,通过转喻,转指人生气、不满的心理活动的"动作+人体器官"类动词中,《现汉》第5版已经收录的有"撅嘴(第6版改词形为'噘嘴')、撇嘴、瞪眼、绷脸、横眉、怒目"等,"皱眉、黑脸"也是很常用的描写人生气、不满时面部动作、表现的词语之一,词典应该收录。

(3)补收用于阻止的"闭嘴、住嘴":

闭嘴 动 住口(多用于阻止):你给我～|还不快闭上嘴。

住嘴 动 ❶住口:～！不许胡说八道。❷停止吃东西:这孩子爱吃零食,从早到晚不～。

"闭嘴、住嘴"也不是新词,但是,在由嘴巴说话的具体人体动作行为,到转指说话的言语行为,再到更为抽象的引申义(如"张嘴、张口、开口"指借代或有所请求;"闭口"指不发表意见;"住口"用于制止)的"动作+人体器官"类动词中,《现汉》第5版收了"闭口、开口、张口、住口、张嘴",而"闭嘴、住嘴"用来表示阻止的用法也非常常见,而且还和"张嘴"构成反义词,词典应该收录。

(4)补收由自杀方式转指自杀行为的"割腕":

割腕 动 把手腕部位的血管割开自杀。

由人自杀时所采取的某种行为方式,转指人自杀这一行为的"动作+人体器官"类动词性词语,比较常见的有"割腕、割脉、剖腹、抹脖子"等。《现汉》第5版已经收录的有"剖腹、抹脖子",《现汉》第6版补收"割腕"。其实"割腕、割脉"都应该收录,这两个词语都是由相关的具体动作产生转指义。

第6版补收上述词语后,相关语义小类词语收词的平衡性、系统性较之以前的版本有所提高。

2. 补充常用旧词,增强词典查考性

净身 动 ❶使身体清洁:～后入殓。❷指男子被阉割。

入目 动 看;看得下去:不堪～|惨象让人不忍～。

丧身 动 丧命:～火海。

现身 动 人或事物出现在公众场合:众明星～电影节|新款春装已～各大商场。

  抬手 动 抬起手(让通过),比喻通融或宽容(多用于求人原谅):又不是什么原则问题,您抬抬手,这事儿就算过去了。

  拍脑袋 指没有经过仔细考虑或认真论证,单凭主观想象或一时冲动,就轻率地做决策或出主意:领导干部岂能～做决策。也说拍脑门儿。

这几个词语都不是新词,但都很常用,词典应该收录。通过补收这类生活中常用的旧词语,丰富了词典的收词,增强了词典的实用性和查考性。

(三)区分词与词组

  一般说来,词典的收词原则应该是词本位,所收的条目,首先应该是基本的词汇单位。由这个词所组成的比较常见的一些成语等固定组合也可以酌情收录。本着这一原则,《现汉》第6版修改了个别词语的收词,提高了词典收词的科学性,如:

  切肤之痛 切身感受到的痛苦。(第5版)

  切骨之仇 形容极深的仇恨。(第5版)

  切肤 动 用于比喻,形容程度极深:～之感|～之痛|～的寒意。(第6版)

  切骨 动 用于比喻,形容程度极深:～之仇|～的痛苦。(第6版)

《现汉》第5版收了"切肤之痛、切骨之仇",没有收"切肤、切骨",第6版予以调整,改收"切肤"和"切骨"。

  "切肤"和"切骨"都是独立的词,并不只局限于"切肤之痛"和"切骨之仇"的单一组合。"切肤"做修饰成分的例子还有"切肤感、切肤的记忆、切肤的感受、切肤的疼痛、切肤的苦和累"等。做其他成分的如"字字切肤、伤痛切肤"等。"切骨"除了组成"切骨之仇",还可以组成"切骨之寒、切骨之恨、切骨之痛"等。做修饰成分的例子还有"低温让人感到切骨的寒意、切骨的痛苦、切骨切肉的真实情感、切骨的体验"等。而且除了做修饰语,"切骨"还可以做其他句法成分,如"恨之切骨、句句刻骨"等。

  《现汉》第6版改收"切肤"和"切骨",可以说抓住了根本,能够起到以简驭繁的作用。人们只要理解掌握了这两个基本的词语,就可以不受局限,对于由这两个词所构成的其他的组合就能够比较容易地理解。

  另外,这里我们想顺便说明一下《现汉》第6版对"回肠"的修改。"回肠"虽为名词,但其构词方式也属于本文所讨论的"动词+人体器官"类型,主要是《现汉》第5版对"回肠"的处理比较特殊,所以,这里我们把它作为特例略做说明。

  回肠[1] 名 小肠的一部分,上接空肠,下连盲肠,形状弯曲……(第5版)

  回肠[2] 〈书〉动 形容内心焦虑,好像肠子在旋转:～九转。(第5版)

《现汉》第5版将"回肠"分立两个词目,视为意义上没有联系的同音同形词。这种处理形式存在两方面的不妥。首先,从词典对第二个"回肠"的释义可以看出,词典解释的其实是"回肠九转"这个成语的意思,而不是"回肠"的词义。其次,"回肠九转"中的"回肠"其实就是第5版中的"回肠¹"。所以,《现汉》第5版不仅以"回肠九转"这个成语的含义来解释"回肠"的词义,存在词义与词的组合结构义区分不清的问题,而且立目也不正确。第6版将第5版的第二个"回肠"改为"回肠九转":

  回肠 名 小肠的一部分,上接空肠,下连盲肠,形状弯曲……(第6版)

  回肠九转 好像肠子在肚子里回环旋转,形容内心焦急忧伤。(第6版)

通过修订,"回肠""回肠九转"的收词立目和释义都更加科学合理了。

二　释义的修订

释义是词典的核心和灵魂,《现汉》第6版在"动作＋人体器官"类词语的释义(包括例句)修订方面也做了大量的工作,我们分别说明:

1. 区分义项,细化释义

  刺耳 形 声音尖锐、杂乱或言语尖酸刻薄,使人听着不舒服:～的刹车声｜他这话听着有点儿～。(第5版)

  刺耳 形 ❶声音尖锐、杂乱,使耳朵不舒服:～的刹车声。❷言语尖酸刻薄,使人感觉不顺耳:他这话听着有点儿～。(第6版)

"刺耳"既有生理上的反应,也有心理上的感受,比如形容尖锐的声音的"刺耳",是生理上产生的不舒服的反应,而"言语尖酸刻薄"的"刺耳",则有很强的主观性因素,是听话者心理上产生的不愉快、不舒服的感受。两者意思差别很大,应用范围也不同。所以,《现汉》第6版对"刺耳"的这两层含义分别立项释义。分开立项释义,使词的不同含义和应用上的差别都更加清晰地呈现出来,既符合语言实际,也方便读者理解、运用。又如:

  造血 动 机体自身制造血液,比喻部门、单位、组织等从内部挖掘潜力,增强自身实力:增收节支,强化企业的～机能。(第5版)

  造血 动 ❶机体自身制造血液。❷比喻部门、单位、组织等从内部挖掘潜力,增强自身实力:增收节支,强化企业的～机能。(第6版)

《现汉》第5版将"造血"的字面义与比喻义放在一起阐释,第6版予以区分,分立两个不同的义项。词典对"造血"区分释义比较合适,按照《现汉》通常的体例,只有在一个词的字面义基本不用时,其比喻义才和字面义作为一个义项释义。而"造血"的字面义和比喻义都很常用,应该分开立项释义。

招魂 动 招回死者的魂(迷信),现多用于比喻。(第5版)

招魂 动 ❶招回死者的魂(迷信):扬幡～。❷比喻为复活消亡的事物进行宣传、鼓吹。(第6版)

"招魂"的"魂",按照迷信的说法是附着在人体上的一种非物质的东西,因为和人体有关,所以,这里我们也宽泛地把"招魂"纳入我们所讨论的范围之内。

《现汉》第5版对"招魂"只用"现多用于比喻"对其比喻义一带而过,释义过于笼统,原释义没有解释清楚"招魂"的比喻义到底是什么,应用于什么范围和场合,第6版则为其比喻义分立义项,详细解释,便于读者理解和应用。

2. 增补常用旧义项,完善释义

分手 动 ❶别离;分开:我要往北走了,咱们在这儿～吧。❷指结束恋爱关系或夫妻关系:他们两人合不到一起,早分了手。

输血 动 ❶把健康人的血液或血液的组成部分(如血浆、血小板等)用一定的装置输送到病人体内。❷比喻从外部给予财力、物力、人力等方面的帮助:地区发展不能一味靠政府～。

裸体 ❶动 光着身子:赤身～。❷名 人光着的身体。

援手 ❶〈书〉动 救助(语本《孟子·离娄上》:"嫂溺,援之以手"):国际社会对受灾国纷纷～。❷名 救援之手:伸出～(指在人力、物力方面给予救助)。

"分手"由一般情况下的泛指义"分开、别离",到专指男女之间结束恋爱或夫妻关系,产生特指义。"输血"则正相反,由医学领域中的专指概念,泛化映射到其他领域,通过隐喻,词语产生出相似性的比喻含义和用法。名词性的"裸体、援手",都是由其动词相应地产生出的无标记名词转指义。增补这几个词语的义项,在日常生活中都常见常用,《现汉》第6版通过增补常用旧义项,完善了相关词语的释义。

3. 系统修改、完善相关或相同语义类词语的释义

这里我们主要指的是《现汉》第6版对释义提示词的修订。《现汉》第6版修订主持人江蓝生先生对《现汉》第5版中相关词语的释义提示词进行了全面、系统的梳理修订。这里我们举两组例子略加说明:

(1)修改相关语义类词语的释义

低头 动 ❶垂下头:～不语。❷比喻屈服:他在任何困难面前都不～。(第5版)

抬头 动 ❶把头抬起来,比喻受压制的人或事物得到伸展。❷……(第5版)

低头 动❶垂下头：～不语。❷指屈服：～认罪｜他在任何困难面前都不～。（第6版）

抬头 ❶(-//-)动把头抬起来：～仰望。❷(-//-)动指受压制的人或事物得到伸展：平反之后他才抬起了头｜警惕黑势力在某些地方～……（第6版）

首先，《现汉》第6版将"抬头"的字面义独立出来，避免了和反义词"低头"在处理上的不一致。另外，我们看到"低头、抬头"的释义提示词，在《现汉》第5版中都为"比喻"，《现汉》第6版都改为"指"。这是因为人在屈服或认输时往往有"低头"的动作，由某种心理活动产生时的直接的外在表现，转指相关的抽象心理活动，是相关性的转喻而不是相似性的隐喻，因而词语产生的是转指义。这种用法的词语的释义用"指"更准确。"抬头"用于人时也属于同样的情况。

由"比喻"改为"指"实际上是对修辞学上的比喻手法进行了进一步的区分，由过去笼统的"比喻"更细致地区分出了"转喻"与"隐喻"两种不同的情况，这也比较符合近年来语言学界在这方面的研究状况。

(2)统一相同语义类词语的释义

弹指 动弹动指头，比喻时间极短暂：～之间｜～光阴。

旋踵 〈书〉动把脚后跟转过来，比喻时间极短：～即逝。

眨眼 动❶眼睛快速地一闭一睁：～示意。❷形容时间极短；瞬间：～的工夫｜小燕儿在空中飞过，一～就不见了。

转脸 动❶掉过脸。❷(～儿)比喻时间很短：他刚才还在这里，怎么～就不见了。

转身 (～儿)动❶转过身。❷比喻时间很短：刚说好了的，一～就不认账。

转眼 动表示极短的时间：冬天过去，～又是春天了。

以上各例均摘自《现汉》第5版。

这几个词语在语义上有一个共同之处，即都有形容时间短暂的抽象引申义。但是，我们也看到，对于语义和用法都相同的这几个词语的抽象引申义项，《现汉》第5版分别用了"比喻、形容、表示"三个不同的释义提示词，第6版将这几个词语的释义提示词都统一修改为"形容"(详见《现汉》第6版)。

"弹指、眨眼"等动作行为一般是在很短的时间内完成的，如"弹指"的"弹一下手指"、"眨眼"的"眨一下眼睛"，动作用的时间都非常短暂，由这个突出的特点先通过隐喻，"用的时间跟弹指(眨眼)等用的时间一样短暂"，由人的动作行为域到时间域，再运用夸张的手法引申出"形容时间极短暂"的抽象词义和用法。这类词语所表示的这种引申义是通过隐喻和夸张的方式共同实现的,所以,《现汉》第6版统一用释义提示词"形容"对"弹指、眨眼"等词语抽象的、具有夸张色彩的引申义予以描写说明。另外,用提示词"形容"释义,能够准确地揭示出"弹指、眨眼"等词语语义的衍生方式和用法上的特点等。

对相同语义类型的词语采取统一的释义模式,说明词典已经注意从横向角度系统考虑相关问题,只有对同类的词语系统考虑,词典的释义才能不断深化、细化和系统化、精准化。

4. 修改例句

跺脚 动 脚用力踏地,表示着急、生气、悔恨等情绪:<u>他一边～,一边懊悔不迭</u>。(第5版)

跺脚 动 脚用力踏地,表示着急、生气、悔恨等情绪:<u>他懊悔得直～</u>。(第6版)

《现汉》第6版将第5版"跺脚"的例句"他一边～,一边懊悔不迭"改为"他懊悔得直～"。应该说改得有道理,因为"一边……一边……"这一格式表示的是两个或两个以上的动作同时进行或发生,如:

一边……,一边…… 关联副词。表示两种以上的动作同时进行。(《现代汉语八百词》)

一边 ……❸ 副 表示一个动作跟另一个动作同时进行……:他～儿答应,～儿放下手里的书。(《现汉》第6版)

一边 ……表示并列关系。常构成"一边……一边……"的句式,连接动词性词语或小句,表示动作行为或事情同时发生。战士们一边走一边议论这个镇子……。《现代汉语虚词词典》

通过对"跺脚"这个词语比较常见的用法的分析,我们发现,通常情况下,往往是人内心先有某种比较强烈的情绪或感受,再由这种强烈的情绪或感受导致"跺脚"这一动作的发出。如"气得直跺脚、后悔得直跺脚、急得直跺脚"等。就"跺脚"和"懊悔"来说,一般情况下"跺脚"是因为"懊悔",是由心理活动"懊悔",导致了直观外在的人体动作"跺脚",动作的发生有先有后,而且有前因和后果之分。表示因果关系的两个小句通常情况下是不用并列句式表达的,如一般不说"她一边哭,一边伤心",多说"她伤心地哭了"。"伤心"是生理现象,是原因,"哭"是具体动作表现,是结果。从词典对和"跺脚"语义、用法都相同的"跳脚"的处理也可以看出这一特点:

跳脚 动 因发怒或急躁而跺脚:船都快开了他还没来,父亲急得直～。(《现代汉语学习词典》)

跳脚 动 因为焦急或发怒而跺脚。(《现汉》第1—6版)

我们觉得因为"跺脚"最常见的用法和"跳脚"一样,都是由强烈的内心情绪所导致的外在的人体动作,所以,《现汉》对"跺脚"也可以考虑采取和"跳脚"相同的释义模式。

三 结 语

"现代汉语语文辞书的修订,一是要反映发展变化的语文生活,更新收词与释义;二是要体现语言学与辞书学研究的新成果,更新其编纂体例"(苏宝荣 2013)本文的论述只是苏先生所说的辞书修订内容第一个方面中的一小部分,即"动作+人体器官"类动词在收词、释义方面的修订。因为收词在词典的编写、修订工作中至关重要。"收词是编写词典首先碰到的一个问题,收词的适当与否直接关系到词典的质量。人们评论一部词典时,常常先提到的就是收词问题。"(刘庆隆 2004)收词不仅关系到词典编写的质量,同样也是衡量词典修订工作是否成功的一个重要标志之一。释义是词典的核心和灵魂,"释义是决定辞书质量、判定编者水平高下的核心要素和关键指标"(江蓝生 2013)。足见收词和释义在词典编写与修订中的重要。这两个方面的工作做得好,可以说词典就成功了大半。本文讨论的虽然不是词典全部词条的收词、释义方面的修订,但从一定程度上也可以反映出词典修订的理念和努力的方向。

通过对上述例子的分析,我们可以看出,经过修订,《现汉》第6版中"动作+人体器官"类动词在收词方面,比较客观地反映了词汇发展的时代特点,体现了词典的时代性。在收词的平衡性、系统性、实用性、科学性等方面也都有所完善。另外,词典释义的准确性、全面性,释义与例句的照应性等也有所提高和加强。

以上是《现汉》第6版对"动作+人体器官"类动词在收词、释义方面的修订举例。词典修订工作是永无止境的,虽然修订者做出了努力,但是,一定还会有不完善和不尽如人意的地方,只有在以后的修订中弥补了。

参 考 文 献

1. 冯凌宇.汉语人体词汇研究.北京:中国广播电视出版社,2008.
2. 汉语大词典编纂委员会.汉语大词典编纂处编.汉语大词典.上海:上海辞书出版社,汉语大词典出版社,1986—1993.
3. 黄碧蓉.人体词语语义研究.上海:复旦大学出版社,2010.
4. 江蓝生.《现代汉语词典》第6版概述.辞书研究,2013(2).

5. 刘庆隆.现代汉语词典的收词.//《现代汉语词典》编纂学术论文集.北京:商务印书馆,2004.

6. 吕叔湘主编.现代汉语八百词(修订版).北京:商务印书馆,2005.

7. 商务印书馆辞书研究中心编.现代汉语学习词典.北京:商务印书馆,2010.

8. 苏宝荣.以理论研究引领《现代汉语词典》修订在规范化上取得新突破.辞书研究,2013(2).

9. 王楠.双音节动宾式人体动作词语的语义衍生方式及语义类型.中国语文,2013(5).

10. 于石.关于释义中置前的提示词.辞书研究,1996(2).

11. 张斌.现代汉语虚词词典.北京:商务印书馆,2005.

12. 张志毅,张庆云.词汇语义学.北京:商务印书馆,2001.

13. 中国社会科学院语言研究所词典编辑室.现代汉语词典(第5、6版).北京:商务印书馆,2005,2012.

语文词典中疑问词非疑问用法的修订

张　定

(中国社会科学院语言研究所　100732)

提要　不定代词语义图为观察汉语疑问词的各种非疑问用法提供了很好的参照框架,有助于更为直观地展示各种非疑问用法之间的内在联系,同时也为语文词典中相关义项的分合和举例的修订提供理论支持。

关键词　疑问词　任指　虚指　语义图模型　词典修订

一　引　言

语法形式的多功能性(或"多义性")是自然语言的一种普遍现象,是语言经济性(一个形式表达多项意义)的一个重要表现。语法学界长期关注的课题之一就是探索语法形式多功能性背后的规律,揭示各项功能之间的内在联系。近十几年来,语言类型学领域兴起的语义图模型(Semantic Map Model)为这一探索提供了很好的框架,其目的是用图形直观地表征语法形式的多功能性,通过跨语言比较来揭示人类语言多功能模式的共性和个性。目前,该模型的经典成果包括反身和中动态(Kemmer 1993)、不定代词(Haspelmath 1997)、情态(van der Auwera & Plungian 1998,Li 2004)、语义角色(Haspelmath 2003)等。最近几年,汉语语法学界张敏(2008,2009)、吴福祥(2009)等开始关注语义图模型并做了先期的尝试,代表性成果有张敏(2008,2009)、吴福祥(2009)等,《语言学论丛》第42,43两辑也连载了6篇文章。语义图模型的具体操作可参看吴福祥、张定(2011)。

本文采用语义图的视角和框架来分析汉语疑问词的非疑问用法,力求体现出"务虚"与"求实",即"务理论之虚,求词典之实",将当前语言学界的新理论、新方法与汉语语文词典的释义和举例结合起来。

二 不定代词语义图

Haspelmath(1997)是最经典的语义图研究专著,也是类型学研究最重要的成果之一,它引发了类型学界对语义图模型的广泛关注(Croft 2007)。作者深入考察了40种语言(外加100种其他语言以扩充考察的广度),构建了包括9种功能的普遍的"概念空间",然后使用"语义图"来表征不同语言中不定代词的功能。下图是不定代词的"概念空间"(Haspelmath 1997:4,64):

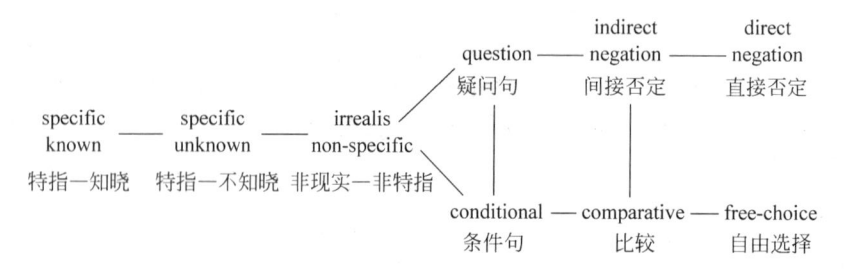

```
                              indirect      direct
                   question — negation — negation
                    疑问句    间接否定    直接否定
                     ╱
specific — specific — irrealis
known     unknown    non-specific
特指—知晓  特指—不知晓  非现实—非特指
                     ╲
                   conditional — comparative — free-choice
                    条件句         比较        自由选择
```

语言中的不定代词总是成系列出现。英语主要有三组不定代词:some-系列(someone,something,somewhere 等)、any-系列(anyone,anything,anywhere 等)和 no-系列(no one,nothing,nowhere,never 等)。其中,some-组覆盖"特指—知晓""特指—不知晓""非现实—非特指""疑问句"和"条件句"五种功能,any-组包含"疑问句""条件句""比较""间接否定""直接否定"和"自由选择"六种功能,而 no-组只覆盖"直接否定"的功能。根据英语中三组不定代词的功能分布可以绘制出英语不定代词的语义图(Haspelmath 1997:65)。

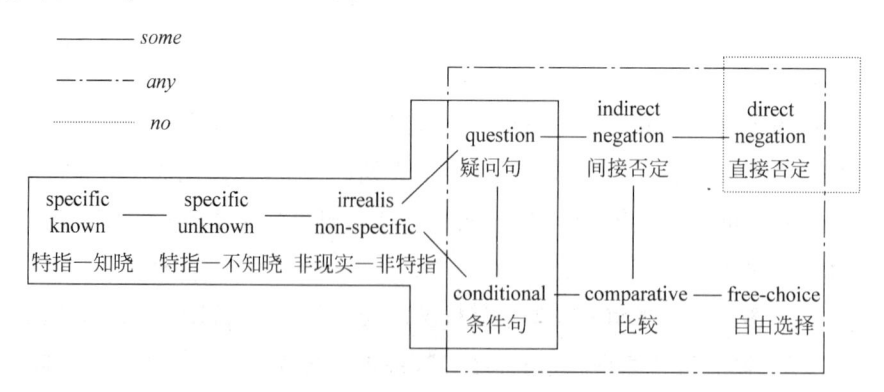

```
——— some
—·—· any
······ no
```

构建一个合理的概念空间必须遵循"邻接性原则"(Haspelmath 1997)或"语义图连接性假说"(Croft 2003),即任何一个特定的形式,其各项功能必须在概念空间上占据毗连的区域。其背后的理念是，排除同音现象和语言接触等外部影响，语言形式的多项功能之间应该具有内在的联系，语义图上各项功能之间的连线正是这些内在联系的直观反映。可以看出，英语三组不定代词的各项功能没有违背上述原则。对Haspelmath(1997)不定代词语义图的详细介绍及对汉语疑问词非疑问用法的分析可参看张定(2013a,2013b)，下面简单介绍汉语里的情况。

三 汉语疑问词的非疑问用法及来源

汉语疑问词有成系统的非疑问用法，例如：

(1)a.真希望**哪**个有权有势又善良又英俊的北京小伙，娶了小白姑娘。（毕淑敏《预约死亡》）

b.宝康，你这人**什么**都好，就一条：太傲。（王朔《你不是一个俗人》）

吕叔湘(1942)将不做疑问用的疑问指称词称作"无定指称词"，认为其用途有二：表不知的可称为虚指(1a)，表不论的可称为任指(1b)。赵元任(1979)指出疑问词用于非疑问功能时韵律上的差异：不定的意思，往往是轻声(1a)；随意的意思，通常带重音(1b)。本文将虚指类用法的疑问词称作"轻读疑问词"；任指类用法的疑问词称作"重读疑问词"。下面来看这两类疑问词在不定概念空间上的功能分布。

(i)轻读疑问词的功能分布

初步考察发现，轻读疑问词系列可用于"非现实—非特指""疑问句""条件句""直接否定"和"间接否定"五种功能，这与Haspelmath(1997：307—308)的考察是一致的；不过，考察还发现，这一系列还具有"特指—不知晓"的功能。

(2)a.特指—不知晓：老陈正在给**什么**人细声细语打电话……（王朔《修改后发表》）

b.非现实—非特指：真希望**哪**个有权有势又善良又英俊的北京小伙，娶了小白姑娘。（毕淑敏《预约死亡》）

c.疑问句：写作有**什么**窍门吗？（王朔《顽主》）（是非问）

d.条件句：……你们如能找到**哪**个处室可以接受，让他们再来找我不行了？（刘震云《一地鸡毛》）

e.直接否定：街上没有**哪**个人注意到我。（刘心武《白牙》）

f.间接否定：我不认为我们已经有了**什么**决定性的发现。（王朔《人莫予毒》）

(ii)重读疑问词的功能分布

初步考察显示，个定指的重读疑问词最重要的功能是自由选择，也可用于比较标准、直接否定、间接否定、条件句、疑问句和非现实—非特指语境。

(3)a.自由选择:因此,无论**谁**上台,都有他们的饭吃,他们永远是大人物!(老舍《四世同堂》)

b.比较标准:这次的月牙比**哪**一回都清楚,都可怕。(老舍《月牙儿》)

c.直接否定:我们**什么**也不想吃,包饺子挺好。(王朔《顽主》)

d.间接否定:我不相信他**什么**都吃。

e.条件句:如果你**什么**都听他的,那就太没有主见了。

f.疑问句:你**谁**都认识吗?

g.非现实—非特指:他好像**什么**都懂似的。

进一步分析发现,上述各例中重读疑问词的语义解读存有差异。张定(2013a)在不改变 Haspelmath(1997)原图的情况下,认为汉语重读疑问词实际上只具备该语义图上的自由选择、比较标准和直接否定三项功能。

据此,我们可以绘制汉语这两类疑问词在不定概念空间上的切割范围(即语义图):

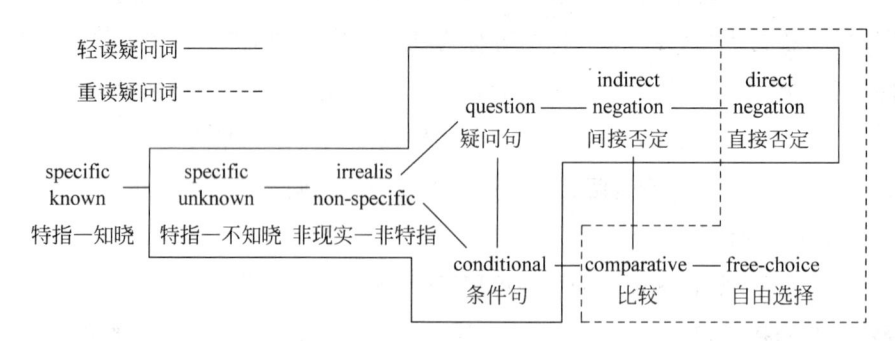

疑问词的不定用法是一种普遍的语言现象,并非汉语所独有。Haspelmath(1997)的 100 种语言样本中,64 种语言的不定形式是基于疑问词的,而其中又有 31 种语言直接将光杆疑问词用作不定代词。而在 Haspelmath(2005)的 326 种语言样本中,基于疑问词的不定代词有 194 种。Bhat(2004)也指出,世界上大多数语言中,疑问词和不定代词或者形式等同,或者具有派生关系;该著引述 Ultan(1978)的考察,发现 79 种语言样本中,77 种语言显示了这种形式等同或具有派生关系。

从历史来源上看,汉语疑问词的疑问用法在先,不定用法在后;虚指如此,任指亦然。张定(2013a,2013b)分别考察了汉语两类疑问词非疑问用法的来源,认为轻读疑问词的来源结构是"上位母句'(我)不知'+参数问句",其中"(我)不知"在截省(slicing)语境中省略;重读疑问词系列来自全称让步条件句(UCC),后者又可追溯到最初的来源结构"上位母句'不关心/不相干'+参数问句"。根据本文的需要,下面只

246

对轻读疑问词的来源略加展开。

Haspelmath(1997)指出,语言中跟疑问词结合的有些不定性标记来自"I don't know"(我不知)或类似意义的小句,这种类型尤其在欧洲语言里得到充分证实。例如(Haspelmath 1997：131)：

(4)古英语　nāthwā 'somebody'(某人)
　　　　　　ne wāt hwā '(I) don't know who'[(我)不知谁]

这种来源结构语法化程度很低,一般来源义都很清楚。演变的历时过程也很容易重构:最初的来源结构是内嵌于母句"我不知"的间接参数问(即 wh- 问句),其中内嵌问句的大部分都省略了,因为这些被省略的信息明显能从语境获得。下面从(a)到(b)是 Haspelmath(1997：132)假设的演变路径：

(5)a. (She told him something_i.) I don't know what [it_i was].
　　　她 告诉他　某事　　　　我不　知　什么[它是]

b. She told him I don't know what.
　　她 告诉他 我不　知　什么

这种高度有标记的"句法混合形式"(syntactic amalgam)容易发生重新分析,最初的母句"我不知"重新分析为一个不定性标记,频繁使用又导致根本的语音缩减。这种来源结构只能产生"特指—不知晓"的功能。

现代汉语里,如果说话人不知晓所指对象的身份,他常常会使用"不知(道)+参数问句"的形式。与"不知(道)"关联的可能是句子主语,也可能是言者主语(即说话人)。与句子主语关联时,"不知(道)"要放在主语之后(6a);但与言者主语关联时,"不知(道)"的位置比较自由。例如：

(6)句子主语

　a.张三不知道谁来了。

　b.＊不知道张三谁来了。

(7)言者主语

　a.不知张三吃了什么。

　b.张三不知吃了什么。

下面的例子来自真实语料,其中"不知/不晓(得)"都用于言者主语：

(8)a.……书记**不知什么**时候已经走了,前两排仍然空着。(阿城《棋工》)

　b.……嘴里唧唧咕咕的**不晓得**说了些**什么**。(老舍《骆驼祥子》)

但是,用于言者主语时,汉语有一种强烈的倾向或制约:"不知"一般不能出现在宾语位置。例如：

(9) 张三吃了**不知什么**。

如果到了(9)这一步，我们就可以认为，"不知"已经语法化为一个不定性标记，或者至少已经朝着不定性标记迈出了巨大的一步。但这不是古今汉语的常态，语料中只能发现少数例句，其中"不知＋疑问词"出现在介词或动词之后，这似乎显示"不知"确实有了向前发展的倾向。例如：

(10) a. 他觉到痛快，好像就这么跑下去，一直跑到**不知什么**地方，跑死也倒干脆。（老舍《骆驼祥子》）

b. 我点了根香，找出瓶**不知谁**丢这儿的香水漱漱口……（王朔《浮出海面》）

在"截省"语境中，现代汉语有时连"不知"也省略了，表达的意思是，说话人预设了所指对象独一无二的存在（特指），但他并不知晓或者不能确定。例如：

(11) 老陈正在给**什么**人细声细语打电话……（王朔《修改后发表》）

上述判断得到古汉语的证实。古汉语里，疑问词所在的参数问句可以内嵌于上位母句"不知"；西汉以后，"不知"可以省略，光杆疑问词直接表"特指、不知晓"功能。

(12) a. 故海不辞东流，大之至也；圣人并包天地，泽及天下，而**不知**其**谁**氏。（《庄子·逍遥游》）

b. 廷尉验治**何人**，竟得奸诈。本夏阳人，姓成，名方遂。（《汉书·隽不疑传》）（师古曰：凡不知姓名及所从来者，皆曰何人，他皆类此。）

c. 歙自书表曰：臣夜人定后，为**何人**所贼伤，中臣要害。（《后汉书·来歙传》）（李贤注：何人，谓不知何人也。）

四 "谁、什么、啥"的义项分合与举例的修订

语义图上的各项功能（或"意思"）是在跨语言比较的基础上确立的比意义更细的单位，因此不能简单地将每一项功能都对应地视为词条下的一个个义项。一个义项常常可能涵盖语义图上的几项功能，在这种情况下，义项及释义体现不出来的功能，可以适当地通过例证来补充；但同一项功能的举例最好不要过多，那样会减少词典的信息量。本节主要以《现代汉语词典》第5版、第6版，《现代汉语规范词典》第2版和《现代汉语学习词典》这三部中型语文词典为例，讨论不定代词语义图如何贯彻到"谁、什么、啥"等疑问词的义项分合与举例的修订。下文提到三部词典时可分别省作《现汉》《规典》和《学典》。需要说明的是，由于这几部词典的义项及举例的排序存有

差异,如《现汉》第 5 版和《学典》侧重共时词典中义项排序的频率因素,《规典》侧重引申脉络,修订时宜在保留各自排序原则的前提下分别处理。另外,受篇幅限制,各词典中许多不相关的内容全部省略。

(i)《现代汉语词典》第 5 版:

谁 代 疑问代词。❸虚指,表示不知道的人或无须说出姓名和说不出姓名的人:我的书不知道被～拿走了|今天没有～来过。❹任指,表示任何人。a)用在"也"或"都"前面,表示所说的范围之内没有例外:这件事～也不知道|大家比着干,～都不肯落后。b)主语和宾语都用"谁",指不同的人,表示彼此一样:他们俩～也说不服～。c)两个"谁"字前后照应,指相同的人:大家看～合适,就选～当代表。

什么 代 疑问代词。❷虚指,表示不确定的事物:他们仿佛在谈论～|我饿了,想吃点儿～。❸任指。a)用在"也"或"都"前面,表示所说的范围之内没有例外:他～也不怕|只要认真学,～都能学会。b)两个"什么"前后照应,表示由前者决定后者:想～说～|你～时候去,我也～时候去。

啥 〈方〉代 疑问代词。什么:有～说～|到～地方去?

考察发现,《现汉》第 5 版对这三个词的处理总体上比较妥当,各自只有一个小的细节问题需要改进。

(a)前文提到,汉语疑问词的虚指用法的来源结构是"上位母句'(我)不知'＋参数问句",但这种来源结构中的疑问词本身仍然是疑问词,比如"我不知道他找谁"中,母句是"我不知道",而"他找谁"仍然是个内嵌的参数问句。处在过渡阶段的疑问词,其不定用法并不典型。因此"谁"③中的例子"我的书**不知道**被～拿走了"似乎不太典型,宜换成典型的例证,如"我的书**好像**被～拿走了"。

(b)汉语疑问词的虚指用法实际上涵盖了语义图上六项功能,而"什么"的两例分别有"仿佛"和"想",这些都是"非现实—非特指"语境,有重复之嫌,宜将其中一例换成"直接否定"或其他虚指类功能,例如可以将"**我饿了,想吃点儿～**"换成"**我不饿,不想吃～**"。

(c)疑问词的疑问用法在先,非疑问用法在后,在频率相当的前提下,宜将典型的疑问用法放在前面,非疑问用法随后。因此,《现汉》第 6 版已据此将"啥"的两个例子换序,改为"到～地方去?|有～说～"。

(ii)《现代汉语规范词典》第 2 版:

谁 ❸代 指不能肯定的人,包括不知道的人、无须或无法说出姓名的人,相当于"某人""什么人"▷我知道这是～干的|隔壁好像有～在说话呢。→❹代 表示任

何人或无论什么人,可用在"也""都"前或"不论""无论""不管"后,也可在一句话中用两个"谁"前后照应▷~也不知道该干什么|不论~都得去|他俩~也不认识~。

什么 ❶ 代 指事物或人。a)表示疑问▷你叫~名字?|她是你的~人?|你有~事?b)表示不确定的事物或人▷随便吃点~|外面好像有~声音|我没有~不放心的。c)用在"都""也"前,表示在所说的范围内没有例外▷这种金属比~都硬|~困难也吓不倒我们。d)两个"什么"连用,表示前者决定后者▷有~就吃~|你要~样的鞋,我就给你买~样的。

啥 代 某些地区指"什么"▷你干~去?|~时候了?

考察发现,《规典》第2版这三个词的处理都有不妥之处。

(a)"谁"的虚指用例中,"**我知道这是~干的**"显然是最初的来源结构,连过渡都谈不上,因此宜换成"**没有~知道这件事**"。

(b)"谁"的疑问用法和非疑问用法各自分开,且义项③和④分别为虚指和任指,但"什么"的义项①将疑问用法和非疑问用法全部放在一起,其中①b)为虚指,①c)和①d)为任指。这样处理不仅忽略了非疑问用法的相对独立性,还跟"谁"的处理相左。此外,同为任指,却分立①c)和①d)两项,不符合分类的层次原则。因此,相关义项的层次需要调整。

(c)先来比较《规典》第1版和第2版对"啥"的处理:

啥 代 什么▷你干~去?|~时候了?|要~有~。(第1版)

可以看出,第2版删去了不定用法(任指)的例子,疑问用法的两个例子都保留着。宜恢复该例。

(iii)《现代汉语学习词典》:

谁 代 疑问代词。❸虚指某人,表示不能肯定的人,包括不知道的人,无须或无法说出姓名的人:你得罪~了吗?|今天没有~给你打电话|有~能帮帮我就好了!❹用在"也、都"前,或"不论、无论、不管"后,表示在所说的范围内任何人都无例外:~也不知道是怎么回事ㄦ|干起活ㄦ来,~都不肯落后|无论~都得遵守制度。❺两个"谁"前后照应,同指任何一个人:~先到~买票|~想好了~回答。❻两个"谁"分指任何两个人。多用于否定句:他们俩~也不服~|他们俩一块ㄦ吃饭各自付账,~也不沾~的光。

什么 代 疑问代词。❷虚指,用于非疑问句,表示不确定的事物、情况。1)做定语、宾语:这话中一定有~隐情|看情形好像有~文章|闲着没事,我想写点ㄦ~。2)用在并列成分前:~写写画画,还不是退休以后有时间了|~虫ㄦ呀鸟呀的,都是

老头儿喜欢的。❸任指……1)……2)……❹……❺……

  啥 代 疑问代词。什么:他～时候回来？|今天要开～会？ 注意 "啥"作为疑问代词还有虚指用法,这时不表示疑问,如"我是有啥讲啥""你说啥是啥""困难再大也没啥了不起"。

  考察发现,《学典》对"谁"的虚指用法(义项③)举例较为精当,三个例子分别对应"疑问句""直接否定"和"非现实—非特指"三项不同的功能,信息量大。但三个词的相关处理也都有不妥之处。

  (a)"谁"的虚指和任指用法虽然都单列,但任指用法却又分出三个义项④⑤⑥,违反分类的层次原则,与"什么"的处理相左。宜将④⑤⑥改为"❹任指。a)……b)……c)……"。

  (b)"什么"的虚指用法(义项②)下再分为二,实际上是将❷2)的列举用法误认为是轻读疑问词用法,因此❷2)宜处理为独立的义项。此外,❷1)后面的"做定语、宾语"似无多大意义,宜删除,二个例子也都是"非现实—非特指",有重复之嫌。综合考虑,似宜改为:

  什么 代 疑问代词。❷虚指,用于非疑问句,表示不确定的事物、情况:这话中**没**有～隐情|看情形好像有～文章|你想写点儿～吗？❸任指……1)……2)……❹……❺……❻用在并列成分前,**表示列举不尽**:～写写画画,还不是退休以后有时间了|～虫儿呀鸟呀的,都是老头儿喜欢的。

  (c)"啥"的两个例子都是疑问用法, 注意 中说"啥"还有虚指用法,但所举的例子前面两个是任指用法,最后一个才是虚指用法。似宜改为:

  啥 代 疑问代词。什么:他～时候回来？|今天要开～会？ 注意 "啥"作为疑问代词还有虚指**和任指**用法,这是不表示疑问,如"困难再大也没啥了不起""你说啥是啥"。

五 结 论

  本文选取不定代词的个案,从语义图的视角探讨汉语语文词典中的相关义项分合及与之密切相关的举例问题,旨在将新的理论成果落实到词典的编纂及修订中,尽可能为义项分合和举例提供一种新的思路,并尽可能摆脱编纂修订者的主观经验。

  语义图模型建立在跨语言比较的基础上,其目标不是解决单个的问题。目前所见的语义图都是将同一个类或一系列的现象纳入同一个概念空间,因此它所解决的不是一个点,而是一个面,每一个语义图都能解决一类问题。比如前文引入的不定代词语义图解决的是汉语疑问词的虚指、任指两类非疑问用法,除了我们作为例证来分析的"谁、什么、啥"之外,其他疑问词如"哪"系列(包括"哪、哪个、哪会儿、哪里、哪儿")、"怎"系列(包括"怎、怎么、怎么样、怎么着、怎样")等都可以重新审视。如《现汉》第5版和第6版的"哪"和"怎"系列:

  哪(那)代 疑问代词。❸虚指,表示不能确定的某一个:～天有空你来我家坐坐。❹任指,表示任何一个(常跟"都、也"等呼应):你～天来都可以。[按:虚指、任指分开,释义准确,例句精当,不必修改。]

  哪个 代 疑问代词。❶哪一个:你们是～学校的?[按:尚可,但释义和举例中均未见非疑问用法。]

  哪会儿 代 疑问代词。❷泛指不确定的时间:赶紧把粮食晒干入仓,说不定～天气要变|你要～来就～来。[按:释义只是虚指,但例句前为虚指,后为任指。宜分列。]

  哪里 代 疑问代词。❷泛指任何处所:农村和城市,无论～,都是一片欣欣向荣的气象|她走到～,就把好事做到～。❸虚指某一处所:我好像在～见过他。[按:义项换序,与其他词的同类现象保持一致。]

  哪儿〈口〉代 疑问代词。哪里:你上～去?|～有困难,他就出现在～|当初～会想到这些荒地也能长出这么好的庄稼?[按:尚可。但例句只有任指,没有虚指,可补一虚指例句。]

  怎么 代 疑问代词。❷泛指性质、状况或方式:你愿意～办就～办。❸虚指性质、状况或方式:不知道～一来就滑倒了。[按:义项换序。]

  怎么着 代 疑问代词。❷泛指动作或情况:一个人不能想～就～。[按:义项②的释义和举例都是任指,没有出现虚指。补"❷虚指不确定的动作或情况:我也没打算～。"原义项②改为③。]

  怎样 代 疑问代词。❷泛指性质、状况或方式:要经常进行回忆对比,想想从前～,再看看现在～|人家～说,你就～做。[按:例句不典型,可以理解为母句"想、看"内嵌了参数问句。宜删去。]

  其他汉语语文词典中对这些词的处理也有许多可改进之处,在此不赘。词典中可以类聚的词条一般都有一些共同之处,但也有些差异,这正好可以成为语义图的用武之地。不过,成千上万个词条所组成的类别数目肯定不少,其中也有大量纷繁复杂的交叉,即便上百个语义图都不可能解决所有问题。因此需要做出更多的语义图,解决更多系列的问题。

参 考 文 献

1. 北京大学中国语言学研究中心《语言学论丛》编委会.语言学论丛(第四十二辑).北京:商务印书馆,2010.
2. 北京大学中国语言学研究中心《语言学论丛》编委会.语言学论丛(第四十三辑).北京:商务印书馆,2011.
3. 李行健主编.现代汉语规范词典.北京:外语教学与研究出版社,语文出版社,2004.
4. 李行健主编.现代汉语规范词典(第 2 版).北京:外语教学与研究出版社,语文出版社,2010.
5. 吕叔湘.中国文法要略.北京:商务印书馆,1982.
6. 吕叔湘著,江蓝生补.近代汉语指代词.上海:学林出版社,2004.
7. 商务印书馆辞书研究中心.现代汉语学习词典.北京:商务印书馆,2010.
8. 吴福祥.从"得"义动词到补语标记——东南亚语言的一种语法化区域.中国语文,2009(3).
9. 吴福祥,张定.语义图模型:语言类型学的新视角.当代语言学,2011(4).
10. 张定.汉语疑问词任指用法的来源——兼谈"任何"的形成.中国语文,2013(2).
11. 张定.汉语疑问词虚指用法的来源.//语法化与语法研究(六).北京:商务印书馆,2013.
12. 张敏.空间地图和语义地图上的"常"与"变":以汉语被动、使役、处置、工具、受益者等关系标记为例.中国社会科学院语言研究所报告,2008.
13. 张敏.语义地图模型及其在汉语多义语法形式研究中的运用.//第五届汉语语法化问题国际学术讨论会论文.上海师范大学,2009.
14. 赵元任著,吕叔湘译.汉语口语语法.北京:商务印书馆,1979.
15. 中国社会科学院语言研究所词典编辑室.现代汉语词典(第 5、6 版).北京:商务印书馆,2005,2012.
16. Bhat, D. N. S. *Pronouns*. Oxford:Oxford University Press. 2004.
17. Croft, William. Typology and linguistic theory in the past decade: A personal view. *Linguistic Typology*,2007(11).
18. Haspelmath, Martin. *Indefinite Pronouns*. Oxford:Clarendon Press,1997.
19. Haspelmath, Martin. The geometry of grammatical meaning: semantic maps and cross-linguistic comparison. In M. Tomasello (eds.) *The new psychology of language* (Vol. 2). New York:Erlbaum,2003.
20. Haspelmath, Martin. Indefinite Pronouns. In Haspelmath, Martin, Matthew Dryer, David Gil, Bernard Comrie(eds.) *The World Atlas of Language Structures*. Oxford:Oxford University Press,2005.
21. Kemmer, Susan. *The middle voice*. Amsterdam:Benjamins,1993.
22. Li, Renzhi. *Modality in English and Chinese: a Typological Perspective*. PhD, Antwerp, 2004.
23. Van der Auwera, Johan & Vladimir A. Plungian. Modality's semantic map. *Linguistic Typology*,1998(2).

理论研究引领《现代汉语词典》修订

——谈《现汉》第 6 版在规范化上取得的新突破

苏 宝 荣

（河北师范大学　050024）

提要　《现代汉语词典》以促进现代汉语规范化为宗旨，是我国第一部规范型现代汉语词典。《现代汉语词典》第 6 版的修订，坚持以理论研究为先导，开展创新性研究，因此能在辞书编纂规范化上取得新的突破。其中特别是释义提示词的使用、异形词梳理中的"做、作"之分以及在新词、新义、注音的处理上，进行了系统而深入的研究工作，提出了独到的而又切实可行的处理意见，在辞书规范化上取得了新的进展。

关键词　《现汉》第 6 版　理论研究　辞书规范化　新突破

现代汉语语文辞书的修订，一是要反映发展变化的社会生活，更新收词与释义；二是要体现语言学与辞书学研究的新成果，更新其编纂体例。《现代汉语词典》（以下简称《现汉》）第 6 版的修订，在这两个方面都做了大量的工作。本文就从以理论研究引领《现汉》修订，在规范化上取得新突破的角度，谈一谈自己的体会。

《现汉》修订之前，结合《现代汉语大词典》的编纂，中国社科院语言研究所词典编辑室先后进行了十多项专题研究，其中相当一部分专题与全面贯彻规范化的原则有关，如依照规范标准重新审定字形、字音；正词法的贯彻与轻声、儿化词的标注；方言词、口语词、书面语的标注与注音、释义的改进；释义提示词的使用；《第一批异形词整理表》内外异形词的梳理等。特别是对释义提示词的使用、异形词梳理中的"做、作"之分以及新词、新义、注音的处理，词典编辑室在占有大量语料的基础之上，进行了系统的整理和研究工作，提出了独到而又切实可行的处理意见，在辞书规范化上取得了新的突破。

（一）对"比喻、指（主要是'借指'）、形容"等提示词进行了详尽的辨析，解决了语文辞书中释义提示词混用、误用的问题

过去，由于语言认知研究上的局限，人们对词义滋生演变的轨迹缺乏细致、深刻

的认识,语文辞书中对释义提示词混用、误用的情形比较普遍,《现汉》在一定程度上也存在这方面的问题。此次修订之前,主持人江蓝生先生撰写了《语文词典释义中提示词的使用》一文,对"比喻、指(主要是'借指')、形容"等提示词进行了详尽的辨析。针对"比喻"用得过滥,"比喻义"与"借代义"不分,提出"凡喻必相似""凡喻必异类""凡喻可还原""喻词用'形容'""喻、本相对应"等鉴别与释义要点。"比喻"为相似联想,"借代"为相关联想,而以往的辞书(包括《现汉》第5版)却有在"相关联想"形成的词义的释义中误用"比喻"做提示词的情形。如:

唇舌 比喻言辞:这件事儿恐怕还得大费～。(《现汉》第5版)

"唇舌"是说话的工具,"唇舌"与"言辞"之间不存在相似关系,用"唇舌"表示"言辞"是用工具代内容而形成的借代义。《现汉》第6版修改为"借指言辞"。

柴门 用散碎木材、树枝等做成的简陋的门。旧时用来比喻贫苦人家。(《现汉》第5版)

旧时贫苦人家的门往往是用柴木做成,故名"柴门",因而"柴门"被看作是贫苦人家的一个标志特征,二者没有相似关系,我们不能说"贫苦人家"像"柴门"一样。所以"柴门"表示"贫苦人家"是用特征代本体而形成的借代义。《现汉》第6版修改为"旧时用来借指贫苦人家"。

伯乐 春秋时秦国人,善于相马,后用来比喻善于发现和选用人才的人。(《现汉》第5版)

"伯乐"原是人名,用某一个人代称这一类人,这是专名代通名形成的借代义。《现汉》第6版将其修改为"后借指善于发现和选用人才的人"。

其他如:

边幅 布帛的边缘,比喻人的仪表、衣着。

唇吻 比喻口才、言辞。

肺腑 比喻内心。

风尘 比喻旅途的劳累。

烽火 比喻战火或战争。

干戈 泛指武器,多比喻战争。

骨头 比喻人的品质。

寒窗 比喻艰苦的读书生活。

鸿雁 比喻书信。

墨水 比喻学问或读书识字的能力。

  算盘　比喻计划,打算。
  萧墙　照壁。比喻内部。
  新雨　〈书〉比喻新朋友:旧知～。
  小九九　比喻心中的算计。
  血泪　痛哭时眼睛里流出的血,比喻惨痛的遭遇。
  印把子　指行政机关的印信的把儿,比喻政权。
  鱼雁　比喻书信(古时有借鱼腹和雁足传信的说法)。

(均见《现汉》第 5 版)

也都存在这方面的问题,《现汉》第 6 版都做了相应的修改。
  其他现代汉语语文辞书大多存在类似的情况。如《新华词典》(2001 年修订本):
  唇舌　……比喻说的话。
  柴门　……旧时比喻贫苦人家。
  伯乐　后比喻善于发现和选拔人才的人。
  边幅　比喻外表、衣着。

又如《现代汉语规范词典》第 2 版:
  伯乐　……后用"伯乐"比喻善于发现和重用人才的人。
  边幅　……比喻人的穿戴、仪容。
  骨头　……比喻人的品质。
  算盘　……比喻打算。

一些大型综合性语文辞书也存在这种情况。如《辞海》第六版:
  边幅　本指布帛的边缘,借以比喻人的仪表、衣着。
  肺腑　❷比喻内心。
  风尘　❷比喻战乱。
  鸿雁　❷《汉书·苏武传》载有大雁传书事。后因用以比喻书信。

  可见,比喻义与借代义不分,在语文辞书释义中具有某种普遍性,因此通过理论研究理清二者的界限是十分必要的。
  "喻词用'形容'",是指比喻是一种修辞方式,是形容的一种手段,因此,凡词目中有"如、若、似"等比喻标记或义项中隐含比喻元素的词语,释义时提示词一般不用"比喻"而用"形容"。这种修订也是颇具创意的。因为如果词目中已有比喻标记,还用"比喻"做释义的提示词,表述上是冗余的,乃至有循环释义之嫌。而改用"形容",则直接揭示出词语的内涵。

语文辞书的规范,包括具体释义条目的准确得体和释义方式(术语)的规范,而释义方式(术语)的规范是涉及全书体例的更深层次的规范。《现汉》第6版的修订,在此方面用力颇多。

(二)在对异形词,特别是关于"做"和"作"使用的处理上,疑难问题不回避,以创新性研究求规范

在对异形词,特别是关于"做"和"作"使用的处理上,体现出《现汉》第6版修订者对疑难问题不回避,以创新性研究求规范的精神。社会上"做"和"作"的使用比较混乱,给语文教学和编辑工作带来了不少困惑和麻烦,要求对此加以规范的呼声不断。不少语言学者与教育工作者进行了多方探讨。以往的研究大多试图从学理上对二者做出区分,但始终没有理清其二者的关系,难以得到社会的认可。其中具有代表性且影响最大的是语言学家吕叔湘先生的观点。20世纪80年代,吕先生指出:"区别的办法基本上还是用'文'和'白'作标准,但不是绝对的,那么怎么办呢?我说,遇到没有把握的词,宁可写'作'不写'做'。"(吕叔湘2002:319)到了20世纪90年代,吕先生在《现代汉语八百词》中,对"做""作"的用法做了补充:"'做'和'作'二者在普通话的语音里已经没有区别。习惯上,具体东西的制造一般写成'做',如'做桌子,做衣服,做文章';抽象一点的、书面语色彩重一点的词语,特别是成语里,一般都写成'作',如'作罢,作废,作对,作怪,作乱,作价,作曲,作文,作战,装模作样,认贼作父'。"(吕叔湘1999:708)吕先生侧重从学理和语义上对"做""作"所做的区分是很有道理的,并为多数语言文字工作者和教育工作者所认同:一般"做"表示具体的动作,"作"表示抽象的动作;"做"主要用于口语,"作"主要用于书面语。但具体与抽象的区分是模糊的,口语与书面语的界定也难于分清,人们的日常运用中二字的实际使用情况非常复杂,但一直没有人用科学的方法进行全面的调查与梳理。"做""作"使用混乱的现状没有得到遏制。

总结以往的经验与教训,对待语言文字规范化的问题,既要讲究学理,又要尊重语言习惯;对待难以区别的异形词语,既要认识其语义上的联系与细微差异,又要正视其在言语实践中的形式(语法)表现。

首先,语言文字的使用具有约定俗成的本质属性,破解这一难题,既要探究学理,又要面对语言事实,尊重语言使用者的习惯。针对这种情况,近年来国家语言文字工作委员会以新的思路推进语言文字规范工作,有些规范原则可先在一定范围内试行,待成熟完善后再上升为国家规范。根据这一精神,以《现汉》修订人员为主,会同有关部门组成"'做'和'作'用法辨析"课题组,对这两个字的用法进行了系统的整理和研

究。在充分调查语言事实的基础上,本着讲究学理,尊重习惯的原则,课题组提出了便于操作的具体意见,多次在编辑出版行业会议上进行通报,并刊登在《辞书研究》2010年第4期上,广泛征求意见,后经相关部门同意作为行业约定试行。《现汉》第6版的修订,也根据这个行业约定对相关条目做了调整。

与此同时,既要从语义上认识"做""作"的差异,又要了解其在具体言语中的使用情况,摸清其分布和组合关系,尽可能找出区分二者的形式标志。语义往往是抽象的,而语法分布与组合关系往往是具体的,是看得见、摸得着的。这次配合《现汉》第6版的修订,课题组完成的《关于"做"和"作"的使用》的报告,就是侧重从语法组合上找出区别"做"和"作"的一些形式标志。

几年来,课题组对"做"和"作"的使用情况进行了广泛的调查研究和深入的学理分析,根据内容(语义)与形式(语法)相结合的原则,最后得出六条倾向性意见,分别为:1."做"主要用于造句,"作"主要用于构词。2.首字是 zuò 的动宾词组,全用"做"。3.首字是 zuò 的双音节词,按习惯用法。4.末字是 zuò 的双音节词或三音节词语,全用"作"。5.成语或四字格等固定结构中有"做"或"作"的,按习惯用法。6.在用"做""作"两可的情况下,要做到局部一致。

总之,对"作"和"做",不仅注意学理上的区分,更要注重约定俗成的语言事实和语言习惯;不仅要注意语义上的区分,更要注重使用中组词造句的语法形式标志。当然,二者是有内在联系的——但形式标志更便于操作。

这样,这个多年来理论上争论不休、实践中用法混乱的疑难问题,有望逐步走上规范化的道路。

实践证明,规范化需要正确的理论引导,正确的理论来源于创新性研究。《现汉》第6版的修订,正是坚持以理论研究为先导,因此能在辞书编纂规范化上取得新的突破。

(三)用科学发展观认识语言文字规范化,积极而稳妥地处理新时期语言生活中出现的相关问题

约定俗成是语言的本质特征,而约定俗成的规则一旦形成之后,又要求语言的使用者共同遵守,方能达到沟通、交际的目的。因此,语言具有俗成性与理据性两个方面。社会生活是在不断发展变化的,作为反映社会生活的语言也会发生或快或慢的变化。语言的发展变化是其常态,而稳定与规范是相对的。特别是在新的历史时期,面临信息化、国际化的新特点,必须用科学发展观重新审视语言文字的规范,妥善处理新时期语言生活中出现的相关问题。当然,新时期规范化的任务不应当、也不可能

完全由《现汉》这样一部辞书来承担;但不可否认,《现汉》在力所能及的范围内,做了积极的努力。正如陆俭明先生(2004)在《吕叔湘与"〈现汉〉风格"》一文中指出的:"对语文规范标准中存在的问题,既不盲从,也不回避,而是在认真研究的基础上,加以妥善处理,以有利于规范标准的贯彻,有利于规范标准的修订,这可以说是《现代汉语词典》基本的规范观。""《现代汉语词典》所体现的辩证的规范观对汉语言文字的规范工作起了积极的作用。"《现汉》第6版的修订,也正是坚持了这一原则。

辞书反映语言的动态发展,首先体现在对新词、新义的增收上。《现汉》第6版的修订,充分利用各种语料库和计算机网络,对近几年的新词、新义进行了广泛的收集,增收新词语和其他词语近3000条,增补新义400多项,反映了近几年政治、经济、文化以及社会生活各个方面的新变化对语言的影响,如增收了大量与经济生活有关的词语(非公有制经济、负资产、后工业化、文化产业、期权、托收等)、与社会管理有关的词语(非政府组织、社会保障、调节税、减排、低碳等)、与群众日常生活有关的词语(房贷、二手房、廉租房、自驾游、自助游、团购、网购等)、与计算机和互联网有关的词语(博客、博文、电子词典、电子政务、物联网等)、反映新的社会习俗与观念的词语(父亲节、母亲节、裸婚、闪婚、官倒、官本位等)。这些词语,有的来自外语(粉丝、桑拿、宅急送等),有的来自港澳台地区或方言(宅男、宅女、谢票、忽悠等)。增收的原则可以说是积极稳妥,审慎取舍。

此外,早在1996年的《现汉》(修订本,即第3版),为适应改革开放的新形势,附录了《西文字母开头的词语》(即通常所说的"字母词")。由于"字母词"不同于《现汉》"附录"中的"我国历代纪元表""计量单位表""元素周期表"等文化常识,是言语交际中使用的一种"词语",因此将其列于词典正文之后,并以"附"的形式做出标记(应当说,这种做法是合理而谨慎的)。以后各版对收录的条目不断增删修订,此次修订增收了媒体中常见的CPI(消费者价格指数,我国称之为居民消费价格指数)、PM2.5(在空中飘浮的直径小于或等于2.5微米的可吸入颗粒物)等字母词(《辞海》修订本采取了同样的做法,称为《阿拉伯数字和外文字母》,附于正文之后,包括"211工程、AA制、DVD"等)。这种做法,适应了语言信息化、国际化的形势,满足了人民群众语言生活的需要。而前一段时间,却出现了一场有人举报《现汉》附录字母词是"违法"的风波。这种情况的出现,首先是因有些人断章取义、混淆概念,也与目前社会上在语言规范化问题上观念陈旧、缺乏与时俱进的变革精神有关。历史上,汉语从上古—中古—近代的发展演变,与我国南北朝、五代两个时期的民族大迁移、大融合不无关系;今天经济全球化、信息网络化的现实,也必然给汉语的发展带来影响,语言(当然包括汉语)规范化的发展前景应当是丰富的、健康的,而不应当也不可能是封闭的、排他的、纯而又纯的。

注音方面,在认真贯彻《普通话异读词审音表》(以下简称《审音表》)的同时,对少数规定明显不符合语言实际、不为广大群众认可的地方,也适当做了变通。如"荫"本有阴平 yīn 和去声 yìn 两读,而《审音表》规定统读为 yìn,而且指出"树荫""林荫道"要写作"树阴""林阴道"。大多群众出于文化心理的原因不予认可。《现汉》第 6 版则保持两读,并在"林"字下兼出"林荫道"与"林阴道",而且以"林荫道"为主条。又如从语言发展变化的实际出发,为常用、稳定的音译外来词设立字头,标注读音:

的 dī 名 的士,也泛指运营用的车:打～｜摩～(营运用的摩托车)｜板儿～(营运用的平板车)。

而且在字头下收录"的哥、的姐、的士"等词条,注音均标为"dī"。

拜 bái 动 拜拜。[英 bye]

【拜拜】báibái 动 ❶再见。❷指结束某种关系:因为性格不合,两人就～了。[英 bye-bye]

上述有关新词、新义的收录和对语音的变通处理,反映了改革开放以来内地与港澳台地区及国际交流给汉语自身带来的影响,也体现了词典编写者与时俱进的精神。

参 考 文 献

1. 辞海编辑委员会.辞海(第六版).上海:上海辞书出版社,2009.
2. 李行健主编.现代汉语规范词典(第 2 版).北京:外语教学与研究出版社,语文出版社,2010.
3. 陆俭明.吕叔湘与"《现汉》风格".光明日报,2004-08-12.
4. 吕叔湘.关于"的、地、得"和"做、作".//吕叔湘全集(第12卷).沈阳:辽宁教育出版社,2002.
5. 吕叔湘主编.现代汉语八百词(增订本).北京:商务印书馆,1999.
6. 商务印书馆辞书研究中心.新华词典(2001年修订版).北京:商务印书馆,2001.
7. 中国社会科学院语言研究所词典编辑室.现代汉语词典(第5、6版).北京:商务印书馆,2005,2012.

从一则广告看《现代汉语词典》的规范性

沈 家 煊

(中国社会科学院语言研究所　100732)

《现代汉语词典》(以下简称《现汉》)是为促进现代汉语词汇的规范而编写的,是一本规范性的词典。这部词典所体现的规范是软性的、有弹性的规范,不是硬性的、僵死的规范。希望广大读者(包括一些语言文字的专家)能充分领略这一点,明白制定的规范总是落后于语言实际和语言变化的道理。

有些词语在口语中通行不同读音,《现汉》第 6 版为这些词括注变读音,例如:"大都 dàdū"(口语中也读 dàdōu),"二流子 èrliú·zi"(口语中也读 èrliū·zi)。还根据普通话读音的实际变化,减少了一些不区别意义的轻声词、儿化词的数量,例如"码头、妥当"和"暗间儿、宽心丸儿"等词据实改注成可以两读。为已经稳定下来的外来词读音设立字头,例如"打的"的"的"(dī),"拜拜"的"拜"(bái)。有个别字的读音没有从《普通话异读词审音表》改,例如"凹"字,《审音表》统读 āo,《现汉》有两个读音:āo、wā。

这些做法和处理都是值得称道的。最近社会上出现一个语言事件,我想说一说。

重庆市部分公交车上出现一则车身广告,这则广告由湖北利川市旅游局投放,广告语为"龙船调的故乡,我靠重庆"。引起热议是因为"我靠重庆"不仅费解而且带有歧义,联想到网络用语"靠"的不雅含义,不少人认为这一广告语带有对重庆人的不恭意味,重庆市工商局要求相关广告公司迅速撤下该广告。而利川方面则解释说"我靠重庆"描述的是利川与重庆在经济、旅游等方面的深层联系,"绝无骂意",反对撤下广告,并称如遭强行撤换就将起诉。《北京青年报》针对这个语言争端发表社评,基本观点是:在一个以变化为主题的时代,保持包容性、与时代同步性当然是非常必要的,但与此同时,尊重民族语言的规范性、维护汉语的自身血统也极为重要。

用"尊重语言的规范、维护汉语的纯洁"来说事,在这里会是一个悖论。重庆方如果指责利川方不遵守语言规范,利川方完全可以引用规范的、有权威性的《现汉》,

"靠"字下并无释义说有"对人不恭"的意思,他们是按"规范的"释义来使用"靠"一字的,并且可以反告重庆方按不规范的释义来理解"靠"字。重庆方如要对此反驳,只能反驳说所谓的"规范词典"并不能真正规范和约束人的语言行为,要尊重语言的实际使用情况。那利川方又会说,你一会儿拿规范来说事,说要"尊重规范",一会儿又说规范不重要,说要"尊重实际",到底尊重哪一个呢?现在利川市旅游局已经正式向重庆市民道歉了,这条广告语也要撤换了,但是利川方做出的解释却又自相矛盾,说是网友一定要曲解中国传统语言本真意思,因此向受到伤害的重庆市民道歉。问题是,既然罪魁祸首是"网络的误读",不是利川在恶搞重庆,而是网络在恶搞利川,但是利川也受到伤害,也是受害者,为什么要由利川来向重庆市民道歉呢?

这个事件表明,《现汉》不管收还是不收"靠"的不雅释义都没有错,这不是一个规范不规范的问题,而是这个广告语本身高低好坏的问题。有的广告语用得巧,虽然突破了语言"规范",但是效果很好,甚至让人佩服设计者的奇思妙想,如一则电熨斗的广告语"千衣百顺",一家宠物医院取名"我爱我爱";有的广告语弄巧成拙,低俗炒作,至少是让人看了不舒服,"我靠重庆"就是一例。前些年还有一例是"宜春,一座叫春的城市"。广告语是巧用创新还是弄巧成拙,这跟设计者的文化素养和文化态度确有直接的关系。

《北京青年报》的社评拿规范来说事说不通,还是不要随便拿规范来说事儿。要提倡一个科学的、正确的规范观,《现汉》的编者们做得不错,广大的读者想来也能理解。

《现代汉语词典》与科技名词规范化

刘 青

(全国科学技术名词审定委员会 100009)

《现代汉语词典》(以下简称《现汉》)第6版正式出版了,我们表示衷心的祝贺。在这里,谈一谈几点感受:

(一)辞书是语言文字规范化和科技名词规范化的重要基础和推进手段

辞书是人类社会语言、文化、科学、知识的重要载体。现代汉语辞书在促进语言文字规范化方面发挥着重要的作用,同时,在促进科技名词规范化方面也有义不容辞的责任。全国科技名词委是负责我国科技名词规范化工作的专职机构,长期以来,我们一直与包括《现汉》在内的许多权威辞书的编者和出版者保持着密切的工作联系,经常磋商,愉快合作。一方面,全国科技名词委所审定的科技名词体系,是各类辞书科技词汇的收词基础;另一方面,全国科技名词委公布的科技名词也通过辞书的收词和注释得以广泛传播,并满足社会各界的使用需求。

(二)《现汉》对科技名词的规范有自觉性、主动性

《现汉》是语言类辞书中的佼佼者,在开始编写到历次修订,它一贯重视科技名词的规范化。凡是已经规范了的科技名词,《现汉》都积极执行,及时予以体现。例如,1996年科技名词委公布了希腊字母的中文规范写法,《现汉》第3版在各类辞书中第一个引用了新的希腊字母表。20世纪末至今,科技名词委先后公布了101~112号元素的中文名称,《现汉》第4版、5版、6版修订时也陆续跟进收录。遇到一些疑难问题,《现汉》编者总是主动与我们联系,一起商讨妥善的处理办法。《现汉》第6版收录了一万多条科技词条,涉及几十个学科,反映了科学常识的方方面面。其中收词的规范性和注释的科学性、通俗性都是值得称道的。

（三）《现汉》专家对科技名词规范化工作给予大力支持

全国科技名词委现已建立了90多个学科的名词审定委员会，公布了100多个学科的科技名词。学科多，名词更多，在语言文字规范方面难免有疏漏和抵牾之处。2006年，全国科技名词委专门成立了语言文字协调委员会，《现汉》编者中的不少专家都是这个委员会的主力。这些年来，他们在科技名词的语言文字规范方面，做出了突出的贡献。

（四）《现汉》的成果对科技名词规范化具有很好的借鉴作用

《现汉》是一部公认的规范性、科学性、实用性很强的辞书，对于科技工作者来说，是一个很好的朋友。当前，全国科技名词委试行为科技名词加注汉语拼音，我们将认真借鉴《现汉》的已有成果，以纠正社会上有些科技名词的不规范读音，使用者也可以不再为其中的多音字和生僻字所困扰。

（五）《现汉》第6版精雕细琢，但百密一疏。有些地方似还有斟酌的余地

1. "通称"和"俗称"是有区别的。第6版对"通称"的解释为：❶通常叫作。❷通常的名称。对"俗称"的解释为：❶通俗地叫作。❷通俗的名称。不过，《现汉》第6版中，有时"通称"又与"俗称"混用。如"马铃薯"的释义中说"通称土豆"；而"俗称"的例句有"马铃薯俗称土豆儿""土豆儿是马铃薯的俗称"。说法上出现了不一致。

2. "俗称"与"俗名"是否相同？第6版对"俗名①"的解释为："通俗的名称，不是正式的名称（多有地方性）：阑尾炎俗名叫盲肠炎。"而对"阑尾炎"的解释中有："俗称盲肠炎"。

3. 当一个概念有多个名称时，《现汉》有"也叫、旧称、通称、俗称"等分类。对此，全国科技名词委分为"又称、曾称、俗称"，《辞海》则有"又称、亦称、亦译、旧称、俗称"等分类。各家对异名分类不完全一致，会影响规范科技名词的使用，建议进行适当协调。

4. 第6版在所附的《中华人民共和国法定计量单位》后注明"公里为千米的俗称"，但在"公里"和"千米"的注释中，并没有说明公里和千米的关系。如"公里"注为："千米。""千米"注为："长度单位，符号 km。"

《现汉》第6版中有很多新的东西都是公众所关注的，这次修订工作将在社会上产生很大的影响，在语言文字和科技名词规范化领域发挥更大的作用。

《现代汉语词典》对地名用字和读音的关注

厉 兵

(教育部语言文字应用研究所 100010)

地名,承载着历史,承载着文化,也承载着乡土情怀。地名的用字和读音,是新闻出版、语文教学和日常交际所十分关心的。词典应该关注地名的用字和读音。在这方面,《现代汉语词典》(以下简称《现汉》)一直做得很不错。

《现汉》第6版收录了福建冠豸山"豸"字的规范读音 zhài,增收了"洞"字的读音 tóng(山西洪洞),确定了河北乐亭的"乐"读 lào、法国戛纳的"戛"读 gā,明确澳门氹仔岛的"氹"不写作"凼"。

福建省龙岩市连城县境内有一座冠豸山,自古以来就有"北夷南豸,丹霞双绝"之誉,1986年荣膺"福建十佳风景区",1994年,国务院公布其为国家AAAA级风景名胜区。这个"豸"字,新中国成立以来的辞书基本上只收录一个读音 zhì(无足之虫。《尔雅·释虫》:"有足谓之虫,无足谓之豸。"),而冠豸山的"豸",福建当地人读 zhài,是神兽,俗称独角兽,而不是"无足之虫"。独角兽,"人君刑罚得中,则生于朝廷,主触不直者"(《文选·司马相如〈上林赋〉》郭璞注引张揖)。连城县的这座山形似古代执法官戴的帽子,故称"冠豸山"。

这个义项的"豸"字,古代字书、韵书实际上是有记录的,反切读音"宅买切",折合今音正好是 zhài。

遗憾的是,长期以来,辞书的编纂者们缺乏实际调查,忽略了"豸"的"宅买切"(zhài)一读,使福建民众尤其是电台电视台的播音员感到困惑,也造成外地人的误读,连城县几乎每届人大会议和政协会议都有代表和委员提交这方面的提案。后来,福建省民政厅、龙岩市民政局及连城县人民政府最后不得不正式行文,要求民政部和国家语委对山名的读音予以认定。2006年1月24日,民政部、教育部、国家语委正式发文批复:冠豸山的山名读音定为 guàn zhài shān。

河北唐山市的乐亭,20世纪60年代普通话异读词审音,定音 lètíng,但并没有流行,尤其是乐亭当地人更是如此。这一次《现汉》拨乱反正,定音 làotíng。词典释文:乐 lào 用于地名:~亭(在河北)。笔者建议,词典修订时,例词增加:乐陵(在山东)。

还有法国著名小城戛纳的"戛"该如何读。2012 年胡锦涛主席访问戛纳前夕,外交部、中央电视台也就此发出询问。戛纳,法文 Ganner,中文音译应该是 Gānà。"戛",古音是二等字,南方方言区今读洪音,普通话读细音(类似"阶",gai—jie)。当年翻译者可能是南方人,自然取"戛"字,于是造成今天"戛纳"读音的混乱。这一次《现汉》确定"戛纳"的"戛"普通话读音为 gā,解决了一个长期存在的悬案,这很好,至少中央电视台播音员有个规范的依据了。

地名,承载着历史,承载着文化,也承载着乡土情怀。所以,没有十分重要和正当的理由,应当保持地名的稳定,切忌乱改地名。1955 年 3 月至 1964 年 8 月,全国有 8 个省和自治区的 35 个地区和县因地名用字生僻难认而被改名。不少专家对这种地名更动是持异议的。当时江西省鄱阳县本来是由鄱阳湖而得名的,被改作"波阳县",而鄱阳湖未改名,这显然很荒唐(2003 年经国务院批准,"波阳县"又改回"鄱阳县")。

我国地名正字正音工作取得一定的成绩,县级以上地名基本有了结论,但乡镇及乡镇以下地名和自然实体地名仍有许多工作要做。这方面工作要求测绘系统、民政系统和语委系统共同努力做好,总得对自己的地名家底有一个清晰的了解。

至于计算机汉字编码字符集也要重视规范的地名用字的收录。遗憾的是,目前这方面存在不少问题。2006 年广东省民政厅、公安厅发出通知,要求 19 个含生僻字的地名应予改名。理由是这些生僻字地名不在公安部的 GB13000 字库中,如不更名,将会造成部分群众长期无法办理第二代居民身份证。此举遭到民众普遍反对。我认为,此事不必责怪民政、公安部门,倒是编制计算机汉字编码字符集的部门应该深刻反思:应该收录的地名用字到底有多少漏收了?

说"执着"

晁继周

(中国社会科学院语言研究所　100732)

提要　"执着"和"执著"是一组异形词。《现代汉语词典》原来以"执著"为推荐词形,第6版改以"执着"为推荐词形。本文从词形的历史演变、学理依据和频次统计三个方面,阐明以"执着"为推荐词形的道理,并从中得出一个重要结论:大多数人浑然不觉的规范才是成功的规范。

关键词　执着　执著　异形词　词源　词形演变　理据　系统性　词频统计

"执着"(zhízhuó)与"执著"是一组异形词。《现代汉语词典》(以下简称《现汉》)第6版以前以"执著"为推荐词形,而以"执着"为非推荐词形。《现汉》第6版改以"执着"为推荐词形,而以"执著"为非推荐词形。本文拟从以下几个方面谈谈"执着"一词词形变化的有关问题。

一　探源析流

"执著"原为佛教用语。丁福保编撰的《佛学大辞典》解释说:"执著,术语,固著于事物而不离也。""执著"最早的出处,可以追溯到1500年前的《百喻经》:"诸外道见是断常事已,便生执著,欺诳世间作法形象,所说实是非法。"后来"执著"有了一般语文义,指固执或拘泥,也指坚持不懈。

"执著"属于并列结构,"执"义为坚持,"著"义为附着。"附着"是"著"的本义。《国语·晋语四》:"今戾久矣,戾久将底。底著滞淫,谁能兴之?"韦昭注:"著,附也。""着"(zhuó)是"著"的俗字,其"穿着"义的用法最早有唐代书证。李白《赠历阳褚司马》:"先同稚子舞,更着老莱衣。""附着"义的用法产生稍晚,《汉语大字典》提供的书证是宋·罗大经《鹤林玉露》卷十:"此理本常理,但异端说得黏皮着骨。""执着"这个词形出现得更晚一些,在成书于明代的《水浒传》第二十二回中可以见到"执着"的最早书证:"我只怕雷横执着,不会周全人,倘或见了兄长,没个做圆活处。"自此以后,

"执着"与"执著"就开始了共存并用的局面。总的来看,五四运动以前,"执著"还是居主导地位,而"执着"多见于通俗文学作品。五四运动以后,"执着"的使用日渐增多。一些著名作家的作品中不乏"执着"的用例。鲁迅用过,如"现在的地上,应该是执着现在,执着地上的人们居住的"(《华盖集·杂感》);朱自清用过,如"总之书生的被嘲笑是在他们对于书的过分的执着上,过分的执着书,书就成了话柄了"(《论雅俗共赏·论书生的酸气》)。此外,王统照的《印空》、茅盾的《关于〈遥远的爱〉》等作品都用过。

新中国成立以后,我国大陆地区"执着"的使用明显占了上风。这是由于"著"和"着"两个字在使用中的分化造成的。"著"和"着"的分化,像"沈"和"沉"的分化一样,不是通过国家语言文字管理部门的规定实现的,而是通过人民群众的使用习惯自然形成的。"沈"原来有 shěn 和 chén 两个音,读 chén 时有异体字"沉"。人们在使用中把它们分化了,"沈"读 shěn,"沉"读 chén。尽管没有文件规定,现在已没有人把"沉默""沉思"写成"沈默""沈思"了。"著"原来有 zhù、zhuó、zhāo、zháo、zhe 五个音,除 zhù 一个音外,zhuó、zhāo、zháo、zhe 四个音都有俗字"着"。人们在使用中对"著"和"着"做了分化,读 zhù 时写作"著",读 zhuó、zhāo、zháo、zhe 时写作"着"。虽然没有文件规定,"著""着"的分化已是不争的事实。初编于 20 世纪 50 年代末的《现汉》试印本已经反映了这个分化:"著"读 zhù,"着"读 zhuó、zhāo、zháo、zhe,"着"在读 zhuó 的时候有个异体字"著"附在括号里。令人不解的是,《现汉》从试印本起,就把 zhízhuó 这个词写作"执著"。单字"著"没有立 zhuó 的音,zhízhuó 又写作"执著",要么是"著"的字音处理不妥,要么是 zhízhuó 词形值得商榷,二者必居其一。这个矛盾到《现汉》第 3 版(1996)才得到解决,解决的办法是保持"执著"的词形,为"著"立一个 zhuó 的音。也是从第 3 版起,《现汉》将"执着"作为"执著"的异形词收录。

《现汉》之后出版的其他词典对这个词是怎么处理的呢?我们看几部较有影响的词典。2000 年出版的《古今汉语词典》立"执着"为词目,没有照顾"执著"这一词形。同年出版的《应用汉语词典》立"执着"为词目,释文后加"也作'执著'"。但这本词典在 2010 年修订后更名为《现代汉语学习词典》时又颠倒过来,以"执著"为推荐词形,而以"执着"为非推荐词形。2004 年出版的《现代汉语规范词典》以"执著"为规范词形,并在释文后提示"不宜写作'执着'"。

二 学 理 分 析

汉字是语素音节文字。一般情况下,一个汉字不仅对应着一个音节,还对应着一个或几个语素义。一个合成词,选取哪个汉字来书写,要考虑汉字所对应的语素义。表示附着义的"着",在我国大陆地区通行的汉字系统里,是"着"而不是"著"。"沉着、附着、固着、胶着、黏着"都用"着"而不用"著"。有人说,"执著"有特殊性,它源于佛经。不错,"执著"最早是佛经用语,但它是意译词,是用汉语的语素、按汉语的构词法构成的。"执著"里的"著",并不是佛经里的专用字。"执著"一词产生的时候,"着"字还没有出现,"执著"是唯一的词形。"著"有了"着"的写法以后,"执著"理所当然地有了"执着"的写法。在"著"和"着"有了事实上的明确分工以后,"执着"的写法渐占优势,也是合乎情理的。不仅一般语文义的"执着"这样写,讲解佛教义理的书也有这样写的了。我们在梦参法师所著《般若心经讲记》里可以读道:"去除私我执着,尤其是遇到逆境当前,也容易看破放下。""因无般若故处处执着,处处执着故,就在三界火灾中,受三苦八苦无量诸苦的煎迫。""又我们遇到爱别离苦时,若不观空,执着爱欲,越执着则越苦恼,倘若观空,一切无常。"可见,来源于佛经的"执著",现在即使在佛经的书里也不执着于"执著"了。

还有人说以"执著"为规范词形有利于缩小海峡两岸用字上的差距。字的使用是成系统的,不是孤立的。在我国台湾地区,"著"字有 zhù、zhuó、zhāo、zháo、zhe 五个音,承载着"著"和"着"的所有意义。翻阅台湾地区的辞书我们可以看到,"着"在读 zhuó 的时候注为"'著'的俗字",在读 zhāo、zháo、zhe 的时候注为"同'著'",处于"著"的异体字的地位。"沉着、附着、固着、胶着、黏着、执着"写作"沈著、附著、固著、膠著、黏著、執著"。(《重编国语辞典》,台湾商务印书馆,1982)如果不做全面考虑,只孤零零地把"执着"写成"执著",那不是在缩小差距,而是在平添混乱。

三 词 频 考 察

以上我们从历史渊源和学理上做了分析,说明确立"执着"为推荐词形是合乎道理的。现在我们看看"执着"和"执著"的实际使用情况。笔者曾随意调查一些人"zhízhuó 一词怎么写",被调查者无例外地都写作"执着"。在他们的意识里,"著"念 zhù,意思是显著;"着"念 zhuó,意思是附着。这种"随意"调查不大会得到学术界的认可。学术界做词频统计,要以书面材料为依据,也就是以出版物中所使用的词形为依据。为此,我们考察了 1947 年到 2012 年《人民日报》"执着"与"执著"的使用情况,列表如下:

	1947	1948	1949	1950	1951	1952	1953	1954	1955	1956	1957
执着	3	1	15	8	4	4	4	5	8	7	12
执著	0	0	0	0	0	0	0	0	0	0	0

	1958	1959	1960	1961	1962	1963	1964	1965	1966	1967	1968
执着	11	2	3	5	14	5	3	2	0	0	1
执著	0	0	0	0	0	0	0	0	0	0	0

	1969	1970	1971	1972	1973	1974	1975	1976	1977	1978	1979
执着	0	0	0	1	1	0	0	0	1	1	7
执著	0	0	0	0	0	0	0	0	0	0	2

	1980	1981	1982	1983	1984	1985	1986	1987	1988	1989	1990
执着	17	38	34	42	41	38	5	3	9	7	3
执著	3	1	8	13	8	41	82	88	88	73	106

	1991	1992	1993	1994	1995	1996	1997	1998	1999	2000	2001
执着	2	2	1	0	2	5	3	6	63	98	100
执著	107	104	153	116	207	224	198	196	110	100	122

	2002	2003	2004	2005	2006	2007	2008	2009	2010	2011	2012
执着	105	138	105	111	105	146	152	189	252	356	145
执著	79	102	102	124	85	110	98	85	111	106	76

说明:2012年的数据截止到10月31日。

66个年头,这些起起伏伏的数字,看上去无规律可循。实际上,经过认真分析,我们可以从中得到很有价值的启发,其中包括社会对语言文字使用的影响,辞书编纂与社会语言生活的互动。1947年到2012年这66年中"执着"与"执著"的使用情况可以分成几个阶段:从1947年到1978年这32年里,"执著"的使用频次是零。《人民日报》创刊于解放区,采用的是为大众所习用的词形"执着"。这种情况一直延续到1978年。1979年"执著"出现了两例,实现了零的突破。拐点出现在1979年是有原因的,因为1978年12月《现汉》正式出版发行,而初版《现汉》是以"执著"做唯一词形的。从1979年到1984年这几年间,"执著"使用仍不普遍,"执着"一直明显地居于上风。第二个拐点出现在1985年,这一年"执著"用例数超过了"执着",并从此一路领先,到1994年达到116:0的绝对优势。1985年、1986年出现又一个拐点也不是偶然的,这段时间国家有关部门把语言文字规范问题强调到了极致。《现汉》推荐"执著","执著"就被作为"标准"来看待了。1996年,《现汉》第3版在"执著"后面加了一句

"也作'执着'"，使"执著"的唯一性有了松动。"执着"的写法又正与老百姓的实际使用相合，这一词形的使用频率开始上升，甚至出现了与"执著"持平或略有超过的局面。从2006年起，"执着"开始占明显优势，这种优势一直在保持或扩大。

　　处理异形词问题，词频是个重要的参考项。但对词频一定要加以分析。首先，词频和理据相比，理据重于词频。其次，出版物上显示的词频，和广大民众的实际使用如果存在差距，民众的实际使用情况比出版物上显示的情况更值得重视。"著"读zhù，"着"读zhuó、zhāo、zháo、zhe，这是民众已经接受并实际在使用的标准，"执着"是他们乐于接受并实际在使用的词形。把zhízhuó写作"执著"，大多数人需要重新记忆；而写作"执着"就觉得很习惯。《现汉》第6版把"执着"定为推荐词形，除少数人稍加注意外，大多数民众是浑然不觉的，因为他们一直就这么写。大多数人浑然不觉的规范才是成功的规范。如果一个规范标准，大多数人很不习惯，要下功夫去改变自己的习惯，去重新记忆，这个规范标准的制定就不是成功的。《现汉》第6版把"执着"定为推荐词形是经过深入调查和学理分析的。现在仍把"执著"作为异形词保留着，可以看成一个过渡。如果有一天人们只使用"执着"，不再使用"执著"，辞书顺应形势做出进一步处理，也是水到渠成的事。

参 考 文 献

1. 丁福保.佛学大辞典.北京:中国书店出版社,2011.
2. 梦参法师.般若心经讲记.上海:上海佛学书局,2010.
3. 李行健主编.现代汉语规范词典.北京:外语教学与研究出版社,语文出版社,2004.
4. 商务印书馆辞书研究中心.古今汉语词典.北京:商务印书馆,2000.
5. 商务印书馆辞书研究中心.现代汉语学习词典.北京:商务印书馆,2010.
6. 中国社会科学院语言研究所词典编辑室.现代汉语词典.北京:商务印书馆,1960,1996,2012.

《现代汉语词典》成语注音拼写的变化

余 桂 林

（商务印书馆　100710）

提要　《现代汉语词典》第6版为适应国家语言文字规范的变化和读者使用需求，在成语拼写规则方面做了较大的改变。第5版及之前的所有版本，强调的都是"按词分写"；第6版，强调的则是"连写"。本文拟结合实例，重点分析此次变化的原因、理据，以及还可改进之处，为《现汉》下次修订提供一些参考。

关键词　《现汉》　成语　拼写

一　基本情况

2012年6月，《现代汉语词典》（以下简称《现汉》）第6版正式出版。第6版在收字、收词、注音、释义、释例、词类标注等方面都有了较多的改动。本文主要对其中成语注音拼写方面的变化情况做一讨论。

先通过对比《现汉》第5版和第6版"凡例"对成语注音的说明，总体了解成语注音的变化情况：

第5版凡例：

　　3.9 多音词的注音，以连写为原则，结构特殊的，在中间加短横"-"；词组、成语按词分写……

第6版凡例：

　　3.11 多字条目的注音，以连写为原则，结构特殊的，在中间加短横"-"。词组、熟语按词分写。其中，四字成语结构上可分为两个双音节的，在中间加短横"-"，如"风起云涌"注作 fēngqǐ-yúnyǒng；不能分为两个双音节的，全部连写，如"不亦乐乎"注作 bùyìlèhū。

可以看出，成语的注音，第5版及之前的版本，强调的都是"按词分写"；第6版强调的则是"连写"：结构上可分为两个双音节的，在中间加短横"-"（属于半连写）；不能分为两个双音节的,全部连写(属于全连写)。

二 "按词分写"的依据

内部构成成分多为单用的文言词,是成语"按词分写"的主要依据。

《现汉》1960年"试印本"收录了《〈现代汉语词典〉注音连写、大写、隔音暂用条例(附说明)》(商务印书馆2004年出版的《〈现代汉语词典〉五十年》刊载,以下简称《条例》)。《条例》"第一章 连写""总则"第二条说:

> 本书所收文言词语的注音写法有两种:a.连写。这样写的表示在现代汉语里可以算作一个词。b.分写。这样写的表示还只能当文言处理(在拼音文字中大概得用斜体或加引号)。

"第一章连写"第Ⅰ部分对"成语和文言语句"有以下几条规定:

40. 一般分写。例如:百/废/俱/兴　成/人/之/美

41. 成语中有两字合成一词(本词典已收或合乎上面各连写规定),两字连写。例如:泾/渭/分明

42. 成语中专名合乎连写规定的——连写。例如:洛阳/纸/贵　愚公/移/山

43. 有些四字格从构造看是文言式,但实是口语,采取××-××式。例如:冰天-雪地　笨口-拙舌　白手-起家

后由于各种原因,第43条的实际操作并非如此,第43条所举的几个成语在《现汉》中的实际注音是"冰/天/雪/地　笨/口/拙/舌　白手/起/家"。

《条例》的"说明"中说:

> 对于一个多音节形式的连写与否,我们从(1)结构方式,(2)音节多少,(3)意义结合紧密与否这三方面综合起来考虑。结构方面考虑的是:一、其中成分能否单用;二、两个成分中间能否插入别的成分——这二者密切相关。

从《条例》的上述规定和说明可以看出,"结构方式"尤其是"成分能否单用"是考虑一个多音节形式连写与否的首要因素。《现汉》的着眼点是"按词分写",作为文言形式的成语,其内部成分多为一个一个单用的文言词,因此多数成语得按文言词分写,除非合乎《现汉》其他连写规定或者在现代汉语已经两字合成一词的成分连写,但这样的成语毕竟是少数。文言词多数是单音节,所以很多成语注音就是"按字分写"了。按字分写,放在拼音读物中,就显得过于分散,易跟上下文相混,不便于阅读和理解。正因为考虑到这点,《条例》中才会补充说"在拼音文字中大概得用斜体或加引

号",这说明编者当年已经考虑到《现汉》现有的成语注音方式不宜直接用于拼音读物。

《现汉》是为了在词典中显示出成语构成成分的不同性质,并通过拼音更好地理解成语。所以,金有景先生(1980)说:"《现汉》连写条例有一个特点,就是它是比较严格地从构词法的角度来研究与确定连写规则的。但是它是主要为词典所收词条服务的,也就是说,它只是涉及词语范围内的连写问题。"可以说,如果不放到拼音读物这样的语境下,《现汉》原有的注音方式基本能很好地反映成语内部的构成,也在一定程度上体现成语的结构形式,对读者理解成语也有较大的帮助。(注:今年刚发布的《汉语拼音正词法基本规则》修订版7.2条规定四字成语也可"按词或语素分写"。分写的处理多见于语文辞书。)

三 "按词分写"的不足

1. 实际操作上存在自相矛盾之处,也难以统一

这是诸多学者撰文批评《现汉》拼写方面存在的主要问题。《条例》中规定,成语"一般分写","两字合成一词,两字连写",但这两条规定可能会出现"打架"的情况。如"情愿""心甘情愿""一厢情愿"三个词语,《现汉》第5版的拼音分别是 qíngyuàn、xīn gān qíng yuàn、yī xiāng qíngyuàn;"一厢情愿"中"情愿"连写,跟"情愿"独立出条的拼写一致,也符合"两字合成一词,两字连写"的规定;但"心甘情愿"中"情愿"却分写,不合规定。又如"学舌""鹦鹉学舌""调嘴学舌"三个词语,《现汉》第5版的拼音分别是 xuéshé、yīngwǔ xué shé、tiáo zuǐ xué shé;"鹦鹉学舌""调嘴学舌"中的"学舌"分写,跟"学舌"独立出条的拼写不一致,不合"两字连写"的规定;其实从结构看,"鹦鹉学舌"中"学舌"连写也没什么不可以,但"调嘴学舌"的"学舌"受限于"调嘴"不收词就不能连写了。

2. 形式上过于分散,影响阅读

《现汉》原有的按文言词分写的方法,放在词典中间不成问题,但如果是在语言应用当中,放在一篇拼音读物的文章里,就显得分得太散,跟按汉字逐个分写差不多,产生如下弊端:(1)没有整体的感觉,显示不出成语在词义上、结构上的整体性和凝固性,不利于意义的理解;(2)跟上下文分不清界线,容易跟上下文错误连读成为骑马句,影响阅读速度,造成理解上的困难。

3. 同《汉语拼音正词法基本规则》不一致

1988年7月由国家教育委员会、国家语言文字工作委员会联合发布实施《汉语拼音正词法基本规则》(以下简称《正词法》);1996年1月经国家技术监督局批准,成为中华人民共和国国家标准(GB/T16159—1996)。《正词法》对成语拼写的规定是:四言成语可以分为两个双音节来念的,中间加短横;不能按两段来念的四言成语、熟语等,全部连写。"这样,'连中有分,分而又连',比较便于阅读和理解"。所以,周有光先生(1985)认为《正词法》中类似成语这样的"文言成分处理找到了门径"。但《正词法》发布后的十多年里,《现汉》的几次修订在成语注音拼写方面都没有跟它并轨,一定程度上让广大读者无所适从。

四　第6版成语"连写"分析

《现汉》是我国最有影响的规范性中型语文辞书,引导使用国家相关语文规范标准也是其主要功能之一;广大语文教育工作者和中小学生在日常工作、学习当中经常使用《现汉》。因此,在条目处理上尽可能与国家标准一致,是《现汉》修订时的重要考量,第6版成语注音拼写的改变即是如此。下面我们具体考察第6版成语拼写的情况。

1. 第6版四字条目情况

据我们粗略统计,第6版共收四字条目6173条,其中,像"封建割据、资本主义、一次能源、两栖植物、二氧化碳"等哲社、科技条目1533条,像"阿猫阿狗、盆满钵满、呕心沥血、兢兢业业、打太极拳"等语词条目4640条。

语词条目,根据性质特点大致又可分以下几类:(1)成语,如"一衣带水、李代桃僵、虎口拔牙、吉光片羽、初出茅庐";(2)类成语四字格,有人称之为新成语或俗成语,如"亲力亲为、浮出水面、有备无患、仨瓜俩枣、久假不归";(3)惯用语,如"喝西北风、坐冷板凳、吃哑巴亏、打太极拳、捅马蜂窝";(4)其他四字语词,如"家家户户、胜利果实、灰色收入、歇斯底里、喊里喀喳"。各类词语的数目、占比见下表。

词语分类	成语	类成语四字格	惯用语	其他四字语
词语数目	3943	393	42	262
百分比(%)	85	8	1	6

从上表可以看出,四字语词主要是成语和类成语,共4336条,占比为93%。

2. 第6版成语"连写"情况

据我们考察,这些成语和类成语条目的注音拼写,有AB-CD、ABCD、AB CD、A BCD、AB C D、A B C D六种类型,各类的具体注音拼写情况见下表。

拼写类型	数量	占比(%)	例词
AB-CD	3610	83.26	画饼充饥、虎视眈眈、鸡犬升天、家喻户晓、庐山真面
ABCD	678	15.64	刻不容缓、扣人心弦、惊弓之鸟、口若悬河、不言而喻
AB CD	32	0.74	海外奇谈、立功赎罪、爱惜羽毛、疾风劲草、感情用事
A BCD	5	0.12	一把好手、过河卒子、攻守同盟、不成体统、傍人门户
ABC D	2	0.05	临门一脚、呼吸相通
A B C D	9	0.21	一包在内、非同小可、分一杯羹、低人一等、百分之百
总计	4336	100	

从上表可以看出，第 6 版成语条目 98.9% 采用连写或加短横"-"半连写的方式注音，同凡例中的注音拼写规定是一致的。那另外 1.1% 的条目采用分写方式，是必须的吗？还是也可以采用连写或半连写方式呢？

我们觉得是完全可以采取连写或半连写的方式。上表中列举的分写词目转成连写方式如下，右边两栏列出了第 6 版采用连写的同类型词语及其拼音。

例词	原分写拼音	改连写拼音	同类词语	连写拼音
海外奇谈	hǎiwài qítán	hǎiwài-qítán	弥天大谎	mítiān-dàhuǎng
立功赎罪	lìgōng shúzuì	lìgōng-shúzuì	损公肥私	sǔngōng-féisī
爱惜羽毛	àixī yǔmáo	àixī-yǔmáo	鞭打快牛	biāndǎ-kuàiniú
疾风劲草	jífēng jìngcǎo	jífēng-jìngcǎo	白纸黑字	báizhǐ-hēizì
感情用事	gǎnqíng yòngshì	gǎnqíng-yòngshì	忸怩作态	niǔní-zuòtài
一把好手	yī bǎ hǎoshǒu	yībǎ-hǎoshǒu	一片冰心	yīpiàn-bīngxīn
过河卒子	guò hé zú·zi	guòhé-zú·zi	救命稻草	jiùmìng-dàocǎo
攻守同盟	gōng shǒu tóngméng	gōngshǒu-tóngméng	旱涝保收	hànlào-bǎoshōu
不成体统	bù chéng tǐtǒng	bùchéng-tǐtǒng	不露声色	búlù-shēngsè
傍人门户	bàng rén ménhù	bàngrénménhù	动人心弦	dòngrénxīnxián
临门一脚	línmén yī jiǎo	línmén-yījiǎo	冰山一角	bīngshān-yījiǎo
呼吸相通	hūxī xiāng tōng	hūxī-xiāngtōng	哭笑不得	kūxiào-bùdé
一包在内	yī bāo zài nèi	yībāo-zàinèi	一身是胆	yīshēn-shìdǎn
非同小可	fēi tóng xiǎo kě	fēitóng-xiǎokě	洞烛其奸	dòngzhúqíjiān
分一杯羹	fēn yī bēi gēng	fēnyībēigēng		
低人一等	dī rén yī děng	dīrényīděng	多此一举	duōcǐyījǔ
百分之百	bǎi fēn zhī bǎi	bǎifēnzhībǎi		

所以，我们认为在成语注音拼写方面，《现汉》既然已经由"分写"转为"连写"，不妨力度再大些，一些可分可连的条目尽可能往连写方面注音，这样更能显示出词语结构的完整性和意义的整体性。

参 考 文 献

1. 金有景.《现代汉语词典》汉语拼音注音的分词连写条例.语文现代化,1980(3).
2. 陆志韦.汉语的并立四字格.语言研究.1956(1).
3. 陆志韦.汉语的构词法.北京:科学出版社,1957.
4. 闵家骥.词典注音的分词连写问题.辞书研究,1980(3).
5. 曲翰章.字、词与连写.辞书研究,1981(3).
6. 王金鑫.《现代汉语词典》中的成语注音问题.辞书研究.2000(4).
7. 余桂林.对《现代汉语词典》成语注音分连写的再思考.辞书研究.2007(5).
8. 张军.《现代汉语词典》注音拼写的连写分写问题.辞书研究,2000(2).
9. 郑奠,孙德宣,傅婧,邵荣芬,麦梅翘.中型现代汉语词典编纂法.中国语文,1956(7、8、9).
10. 周有光.正词法的性质问题.//《汉语拼音正词法论文选》编辑组.汉语拼音正词法论文选.北京:文字改革出版社,1985.

《现代汉语词典》第6版凡例的修订及启示

苏新春　邱燕林

（厦门大学中文系　361005）

提要　《现代汉语词典》第6版的凡例在历版中修订面是最广的。一方面，对长期以来沿用的文字表述做了彻底的调整，使之在语言表达上更加规范、得体、严密、统一；另一方面，对字形、注音、释义的处理细则做了改进和细化，体现了对国家规范的遵循与对学术研究成果的吸收。修订完善了《现代汉语词典》，并带给我们多方面的启示：追求出精品的科学精神、开展创新的研究、培养为读者服务的意识以及承担对词典永不停息的修订使命。

关键词　《现代汉语词典》　凡例　修订　启示

"凡例"是一部词典的纲。词典内容包罗万象，将如此丰富的内容打造成一个井然有序的整体，让读者能由词形而及音义，由单词而及所有词目，由单义而及整个词义系统，由此及彼，举一反三，其规则、方法，全有赖于"凡例"。"凡例"之于词典，即"纲"、即"领"。《现代汉语词典》（以下简称《现汉》）第5版"凡例"共有五大类30条，第6版"凡例"修改的有26条。排除重复者，内容各不相同的修订多达50多处。修改范围之广，数量之多，为历版之最。修订内容包括语言表达层面及编纂条例与细则。下面对此做一详析，并谈谈修订工作对词典编纂与词汇研究带来的启示。

一　语言表达的精密化

第6版"凡例"在语言表达上做了很大的修订。不是个别字词的调整，而是对长期以来沿用至今的表述文字做了较为彻底的调整。涉及字词的斟酌、语句的改动，标点符号的调整，术语的变换，使之在语言表达上更加规范、得体、严密、统一，在概括与表述上达到了一个新的境界。

（一）字词的变动

例1，用"【　】"代替文字叙述。第5版凡例"1.1"："多字条目按第一个字分列于领头的单字条目之下",第6版改为"多字条目放在【 】内"。这里用"放在【 】内"代替了"按第一个字分列于领头的单字条目之下",虽然语言表达的独立性有所下降,但一对照词典原文就一目了然,简洁明白。

例2,将"右肩上"改为"右上方"。第5版凡例"1.2(a)":"关于单字条目……形同音同而在意义上需要分别处理的,也分立条目,在字的右肩上标注阿拉伯数字,如'按[1]'……","1.2(b)":"关于多字条目……形同音同,但在意义上需要分别处理的,也分立条目,在【 】外右上方标注阿拉伯数字,如:【大白】[1]……"这里一个是"右肩上",一个是"右上方",第6版将前者中的"右肩上"改成了"右上方",使其保持一致,也更明白、规范,语体风格也更为贴切。

例3,将"但在"改为"而在"。第5版凡例"1.2(b)":"……关于多字条目……形同音同,但在意义上需要分别处理的,也分立条目……"。第6版改为"形同音同而在意义上需要分别处理的"。这里一是将"但"改为"而",二是删除了逗号,使得语音来得轻缓,转折的意味降低了,同时也与对"单字条目"的叙述保持了一致。

例4,将"顺序"改为"次序"。第5版凡例"1.3(a)"为"单字条目按拼音字母次序排列……笔画相同的,按起笔笔形……的顺序排列"。第6版将后一个"顺序"改为"次序"。"次序"与"顺序"的意义相当接近,后者还多了一个动词义。在这段话中用的是同一个意义,使用同一个词会使表达更加准确严密。当然,这里在最后增加了"以下类推",这大概是仿照下面的(b)而来的,其实没有必要。因凡例所显示的规律、规则应是具有普遍性、可类推性的。

例5,将"字前"改为"字的左上方"。

例6,将"加上"改为"标注"。

例7,将"数码"改为"号码"。

例8,将"时"改为"的"。

例9,将"括号内的字"改为"括号内的附列字"。

以上5例都见于第5版凡例"2.1":"……括号内的字只适用于个别意义时,在字前加上所适用的义项数码。"第6版改为"……括号内的附列字只适用于个别意义的,在字的左上方标注所适用的义项号码"。在短短的一句话中就修改了5处,稍做对比就会发现修改后所表达的意义更准确了。即使是像由"时"而改为"的",也突出了现象的静态与类型的特性,而淡化了时间的动态与偶发性。

例10,将"作注解"改为"做注解"。

例11,将"作规定"改为"做规定"。

这两例都见于第5版凡例"2.2":"……已有国家试行标准的,以推荐词形立目并作注解……国家标准未作规定的,以推荐词形立目并作注解……"。第6版将其中的两个"作"改为"做",为"做注解""做规定",显示了在"作"与"做"之间的规范意识。

例12,将"有关"改为"相应"。第5版凡例"4.2":"……〈方〉、〈书〉……只适用于个别义项的,标在有关义项数码之后。"第6版改为"〈口〉、〈方〉、〈书〉……只适用于个别义项的,标在相应的义项号码之后"。"有关"意义宽泛,"相应"则增加了与所指对象的关联度。

例13,将"三个"改为"3个"。第5版凡例"5.2":"把词分为12大类……代词分为三个小类……"第6版改为"把词分为12大类……代词分为3个小类……"。这里牵涉到数字的规范。由于现有的有关数字使用规范的标准不尽一致,把握起来颇为不易,但在一个文本片段中要求一致,这是应该做到的。第6版将"12大类"与"3个小类"统一起来处理,是值得肯定的。

例14,删除"任何"。第5版凡例"5.4":"……单字条目中的文言义,只给数词、量词、代语、副词、介词、连词、助词、叹词、拟声词标注词类,名词、动词、形容词不作任何标注。"第6版删除了"任何"两字,去除了原文中不必要且显多余的强调意味,显得更加平实。

例15,将"第一义项"改为"义项①"。第5版凡例"4.2":"〈口〉、〈方〉、〈书〉等标记适用于整个条目各个义项的,标在第一义项之前",第6版改为"……标在义项①之前"。第5版用的是文字式叙述,第6版用的是词典式叙述,更为妥帖。"5.6"的修改同上,将第5版"词类标记适合于多义项条目的各个义项的,标在第一义项之前"改为"……标在义项①之前"。

(二)标点符号的变动

例16,将省略号"…"改为"……"。第5版凡例"2.2""2.3""2.4""3.9""4.4""4.5""4.6"中用到省略号都为"…"。这大概与节省版面有关,但显然不符合国家的标点符号使用规范。第6版都改成了"……",使得省略号的规范程度得到了提高,消除了标点符号使用上的"特权区"。

例17,将"折(一)"改为"折(一)"。第5版凡例"1.3"所用的这个符号虽然表示的意思相同,但作为一个独立的符号,前者只占一个字的上半部分,看起来像是偏旁、部件,而后者处于一个字的中间,更符合独立字符的书写要求。

(三)语句的变动

例18,改用"多字条目"作为主语。第5版凡例"1.3(b)":"单字条目之下所列的多字条目不止一条的,依第二字的拼音字母次序排列。"第 6 版改为"多字条目按首字排在领头的单字条目之下,多字条目不止一条的,按第二字的拼音字母次序排列(同音字按笔画排列)"。第 5 版的主语是长结构的偏正式,定语复杂,很容易误解为"单字条目"。第 6 版把"多字条目"列为主语,简洁明白。当然因为第 6 版是所有的多字条目都是跟在领头的单字条目之下,而第 5 版只是有多个多字条目时才独立出来,故要以隐含、排除的方式把只带一个复音条目的情况排除在外,使得话说得绕了些。"凡例"是词典中的"词典",条例中的"条例",介绍起来一定要明白畅晓,否则会给读者带来不必要的阅读障碍。

例 19,改两例合叙,变为两例分叙。第 5 版凡例"3.8(b)":"……如'沉甸甸、热腾腾'注作 chéndiàndiàn、rèténgténg,注音后面括号中注明'口语中也读 chéndiāndiān、rètēngtēng'。"第 6 版"3.10(b)"改成了"【沉甸甸】chéndiàndiàn(口语中也读 chéndiāndiān);【热腾腾】rèténgténg(口语中也读 rètēngtēng)"。由合叙改为分叙,显然更加清楚明白,也符合词典正文的本来面貌。

(四) 术语的变动

例 20,改"字体"为"字号"。第 5 版凡例"1.1":"单字条目用比较大的字体",第 6 版改为"单字条目用比较大的字号"。《现汉》第 6 版对"字体"的解释:"❶同一种文字的各种不同形体,如汉字手写的楷书、行书、草书,印刷的宋体、黑体。❷书法的派别,如欧体、颜体。❸字的形体:～工整匀称。"对"字号"的解释:"❶表示事物次序的文字和数码:给展品编上～。❷排版印刷上用来标示汉字大小的编号。从初号到八号,初号字最大,八号字最小,最常用的是五号字。"而在词典中,单字条目和多字条目的字体是一样的,都是宋体。凡例所要表达的意思是两者排版印刷时字的大小不一样,义为"字号"的义项②。第 6 版将"字体"改为"字号"显然是正确的。值得一提的是,《现汉》第 5 版只有【字号】zì·hao 这一条目,两个义项"商店的名称"和"商店",而未收表示汉字大小义的【字号】zìhào。可见,第 6 版"凡例"在追求准确使用术语的同时,也及时地把该术语收录进词典正文。

例 21,改"笔画"为"笔画数"。第 5 版凡例"1.3(a)":"笔画相同的,按起笔笔形……的顺序排列",第 6 版改为"笔画数相同的,按起笔笔形……的次序排列"。【笔画】(笔划)有两个意义,"❶组成汉字的横(一)、竖(丨)、撇(丿)、点(丶)、折(一)等。❷指笔画数:书前有汉字～索引。"虽然"笔画"已有了"笔画数"的意思,但在"笔画相同的,按起笔笔形……的次序排列"这句话中毕竟缺乏足够的区别度,改用"笔画数"后意思就更加明确了。

例22,改"轻声字"为"轻声条目"。第5版凡例"1.3"谈的是条目的排列方法。其中的"c"言道:"轻声字一般紧接在同形的非轻声字后面,如'家'·jia排在'家'jiā的后面,【大方】dà·fang排在【大方】dàfāng的后面"。"家"(·jia)固然可以称为轻声字,可"大方"(dà·fang)是双音节词,显然不能以"字"来称呼。第6版将"轻声字"改为"轻声条目"是避免了不经意中造成的理论上的一大漏洞。

例23,改"多音词"为"多字条目"。第5版凡例"3.9""3.10":"多音词的注音",第6版改为"多字条目的注音"(3.11、3.12)。"多音词"很容易让人理解为"不止一个读音的词"。而凡例所指实际是"多个音节的词"。有学者曾建议用"复音词"或"多音节词"代替"多音词"(吴汉江 2008)。而"多字条目"显然是更为合适的说法。因为《现汉》所收词目既包括字、词,也包括词组、成语,甚至俗语、谚语。后者往往都是大于"词"的单位。"多字条目"的说法巧妙地避免了区分词和非词的问题。

例24,改"比喻义"为"比喻用法"。第5版凡例"4.4":"例中用的是比喻义时,前面加'◇'",第6版"4.3"改为:"例中被释词是比喻用法的,前面加'◇'"。第5版的这一说法自1960年的"试印本"就有了。韩敬体先生(2000)在对《现汉》比喻义释义模式的研究中指出,有一类"比喻义十分明显,独立性差,不注出比喻义,表示出有比喻用法:a.本义、基本义注出后,再注明多用或也用于比喻,不注明何义。b.本义、基本义及其例后,用'◇'号举出比喻用例。"这里两次提到了"比喻用法""比喻用例"。之后苏新春、赵翠阳(2001)做了进一步研究,认为用"◇"表示的比喻义属语境比喻义,存在于一定的语言环境,处于比喻修辞用法向固定比喻义过渡的中间状态。第6版在"◇"例的凡例中采用了"比喻用法"的说法,是吸收了学术界的研究成果,对词典释义中不同类型的"比喻义"做了更准确的分辨。

(五)例词的变动

第6版对例词也做了改换、增加、删除。如:

例25,词例的改换。第5版凡例"2.2":"……国家标准未作规定的,以推荐词形立目并作注解,注解后加'也作某',如【辞藻】……也作词藻;【莫名其妙】……也作莫明其妙。"第6版将"莫名其妙"删除,以"【俯首帖耳】……也作俯首贴耳"替代。这是因为词典对"莫名其妙"的看法发生了改变。请看下面三个版本之间的变化。

第3版:"【莫名其妙】没有人能说明它的奥妙(道理),表示事情很奇怪,使人不明白。'名'也作明"。

第5版:"【莫名其妙】没有人能说明它的奥妙(道理),表示事情很奇怪,使人不明白。也作莫明其妙。""【莫明其妙】同'莫名其妙'。"

第6版:"【莫名其妙】没有人能说明它的奥妙(道理),表示事情很奇怪,使人不明白。""【莫明其妙】没有人明白它的奥妙(道理)。注意▶'莫明其妙'由'莫名其妙'衍化而来,但二者含义略有不同:'名'义为说明,'明'义为理解。"第6版已经将它们由异形词处理为同义词语的关系了。

例26,词例的改换。第5版凡例"3.5":"插入其他成分时,语音上有轻重变化的词语,标上调号和圆点,再加斜的双短横,如【看见】注作 kàn∥·jiàn。"第6版将其中的用例"看见"改成了"赶上"。因为第6版在正文中已经将"看见"注为 kàn∥jiàn,取消了"·",不再把它看作有轻重音变化了。

例27,词例的改换。第5版凡例"4.5":"'也说…'、'也叫…'、'也作…'、'注意▶…'等,前头有时加'‖',表示适用于以上几个义项,如:【数字】❶…❷…❸…‖也说数目字。表示❶❷❸三个义项都可以说成'数目字'。"第6版把"数字"例改掉了,改为"【笔杆子】❶……❷……‖也说笔杆儿。❸……。表示义项❶❷都可以说成'笔杆儿'。""数字"例与"笔杆子"例的唯一区别就在于前者管所有的3个义项,后者只管前2个义项,不管第3个义项,后者的区别度更高些。由此可见第6版修订者的思绪之密,修订之精了。

例28,词例的增加。第5版凡例"4.6"在介绍对外来词标注外文时,举的例子是来自英语、法语的例子。第6版则增加来自西班牙语的"厄尔尼诺现象"词例。

例29,词例的删除。如第5版凡例"3.2"在介绍"传统上有两读,都比较通行的,酌收两读"时,举了"谁(shéi 又 shuí)""嘏(gǔ 又 jiǎ)""酾(shī 又 shāi)"三个例子。第6版删除了"酾"例。汉语半个世纪的发展变化中,无论是"酾"念 shī 音的"〈书〉疏导(河渠)"义,还是念 shī 音或 shāi 音的"(1)〈书〉滤(酒)。(2)〈方〉斟(酒)"义,都已经退出了常用字的范围。在"中国语言生活状况"的年度用字情况调查中,在10亿字的语料规模中连续多年都只有两三个用例。"凡例"将它删除是合适的。

二 编纂规则的细化

陈炳迢先生(1991)认为:"不论辞书的规模如何,一个严密的体例应该在事前定好,并在编纂前期使其完善,在以后的实践中也应避免重大的变动"。这里肯定了体例的重要性,但却理想化了体例的完善过程。一个严密的体例只有在不断修订的过程中才能日渐趋于完善。继第5版增加词类标注这一重大变动之后,第6版则在字形、注音、释义三个部分都有重大的改进。

（一）异体字的处理

对异体字的处理，第 5 版凡例"2.1"做出了这样的规定："本词典单字条目所用汉字形体以现在通行的为标准。繁体字、异体字加括号附列在正体之后；既有繁体字又有异体字时，繁体字放在前面。括号内的字只适用于个别意义时，在字前加上所适用的义项数码，如：彩（②綵）。"相比更早的版本，第 5 版的这个规定是已有了明显的改进。第 3 版及之前版本为"异体字（包括繁体）加括号列在正体之后"。第 5 版的变化在于将繁体字从异体字中独立出来，从异体字下属的一个部分变成与异体字并列。繁体字不仅分立出来，且当还有异体字时总是位于异体字之前。这就避免了将繁体字看作异体字、不规范字的尴尬。

而第 6 版对异体字的处理又有了新的改进。下面是第 6 版凡例"2.1"所做的规定："本词典单字条目所用汉字形体以现在通行的为标准。繁体字、异体字加括号附列在正体之后；异体字的左上方标注 * 号，带一个 * 号的是《第一批异体字整理表》中的异体字，带两个 * 号的是该表以外的异体字，如：辉（輝、*煇）、为（爲、*為）。括号内的附列字只适用于个别意义的，在字的左上方标注所适用的义项号码，如：彩（②*綵）；括号内的附列字还另出字头的，在字的左上方标注△号，如：咤（△*吒）。"

这里的变化有三点：一是繁体字和异体字不再通过前后顺序区别，而是用"*"来区别；二是区分出《第一批异体字整理表》内的异体字与《第一批异体字整理表》之外的异体字，前者用"*"，后者用两个"*"来表示；三是括号内的附列字另出字头的再用"△"来标注。

处理异体字是为了达到义有定字，字有定形的理想状态，进而实现汉字的规范化。《第一批异体字整理表》自 1955 年发布以来，经历了多次调整，但是由于时代的局限，仍有不完善的地方。它与《现汉》有着相辅相成的关系，前者对后者起规范作用，后者则依托语言文字研究的新成果促进前者的修订调整。付晓雯、刘中富（2006）将《现汉》第 5 版的异体字与《第一批异体字整理表》的异体字进行了比较，归纳出了异体字在二者中独存与并存的四种类型。第 6 版的修订显示了《第一批异体字整理表》之外的异体字和异体字是否立目，这实际上是保存、鉴定了一批新的异体字，对推进异体字整理工作、推动《第一批异体字整理表》的修订或《第二批异体字整理表》的问世是大有益处的。

（二）含西文字母的词的注音

"含西文字母的词"主要有两类：一类是汉字和西文字母组合的词，或者以汉字开头，或者以西文字母开头；二是完全由西文字母组合的词。为了更好地讨论，下面有必要先了解一下《现汉》几个版本的处理,如表1所示。

表 1

版本	凡例说明	西文字母开头的词语	正文词例	注
1978年版	每条都用汉语拼音字母注音。	无附录	"汉字开头的词语": 【阿Q】Ā Qiū,又 Ā kiū 【三K党】Sānkèidǎng	
1983年版	每条都用汉语拼音字母注音。	无附录	"汉字开头的词语": 【阿Q】Ā Qiū,又 Ā kiū 【三K党】Sānkèidǎng	
1996年修订版	每条都用汉语拼音字母注音。	附39个词	"汉字开头的词语": 【阿Q】Ā Qiū,又 Ā kiū 【卡拉OK】kǎlā'ōukèi 【三K党】Sānkèidǎng "西文字母开头的词语": 【BP机】无线传呼机。也叫寻呼机。[BP,英 beeper] 【AB角】指在AB制中担任同一角色的两个演员。 【LD】激光视盘。[英 laser disc 的缩写]	(附)页脚注:* 这里收录的常见西文字母开头的词语,有的是借词,有的是外语缩略语,在语言中西文字母是按西文的音读的,这里就不用汉语拼音标注读音。
2002年增补版	每条都用汉语拼音字母注音。	附142个词	"汉字开头的词语": 【阿Q】Ā Qiū,又 Ā kiū 【卡拉OK】kǎlā'ōukèi 【三K党】Sānkèidǎng "西文字母开头的词语": 【BP机】BP jī 无线传呼机。也叫寻呼机。[BP,英 beeper] 【AB角】AB jué 指在AB制中担任同一角色的两个演员。 【LD】激光视盘。[英 laser disc 的缩写]	(附)页脚注:* 这里收录的常见西文字母开头的词语,有的是借词,有的是外语缩略语。在汉语中西文字母是按西文的音读的,这里就不用汉语拼音标注读音,词目中的汉字部分仍用汉语拼音标注读音。

285

续表

版本	凡例说明	西文字母开头的词语	正文词例	注
第5版	每条都用汉语拼音字母注音。	附182个词	"汉字开头的词语"： 【阿Q】Ā Q 【卡拉OK】kǎlā-OK 【三K党】Sān K dǎng "西文字母开头的词语"： 【BP机】BP jī 无线传呼机。也叫寻呼机。［BP,英beeper］ 【AB角】AB jué 指在AB制中担任同一角色的两个演员。 【LD】激光视盘。［英 laser disc 的缩写］	（附）页脚注：＊这里收录的常见西文字母开头的词语，有的是借词，有的是外语缩略语。在汉语中西文字母<u>一般</u>是按西文的音读的，这里就不用汉语拼音标注读音，<u>词目中的汉字部分仍用汉语拼音标注读音</u>。
第6版	每条都用汉语拼音字母注音。条目中含有西文字母的，只给其中的汉字注音，如：【阿Q】Ā Q、【卡拉OK】kǎlā OK。	附239个词	"汉字开头的词语"： 【阿Q】Ā Q 【卡拉OK】kǎlā OK 【三K党】Sān K dǎng "西文字母开头的词语"： 【BP机】BP jī 无线传呼机。也叫寻呼机。［BP,英beeper］ 【AB角】AB jué 指在AB制中担任同一角色的两个演员。 【LD】激光视盘。［英 laser disc 的缩写］	（附）页脚注：＊这里收录的常见西文字母开头的词语，有的是借词，有的是外语缩略语，<u>有的是汉语拼音缩略语</u>。在汉语中西文字母一般是按西文的音读的，这里就不用汉语拼音标注读音，<u>词目中的汉字部分仍用汉语拼音标注读音</u>。

对比以上内容可以清楚观察到《现汉》在对字母词的处理上越来越重视，表述也趋于清晰严密。具体表现为：

1. 前两版没有字母词的附录，后四版有附录，且收录的词语数量每版都有增加。

2. 第1—2版只收了"汉字开头的字母词"，从第3版起还收了"西文字母开头的词语"。

3. 对"汉字开头的字母词"，第1—4版对其中的西文字母和汉字都用汉语拼音注音，对西文字母是按汉语中的读音来注音，第5版起则对词内的西文字母按西文音读，也不用汉语拼音注音。对"西文字母开头的词语"，第3版对词内的西文字母和汉字都不注音，第4、5、6版中西文字母按西文的音读来读，汉字仍用汉语拼音注音。

4. 第 6 版首次把第 3 版以来的"附录"下的"只给其中的汉字注音"的说明写进了"凡例"正文。

5. 第 6 版首次提出字母词中也包括"汉语拼音缩略词"。

(三) 通行口语读音的括注

第 6 版"凡例"总共 31 条,第 5 版共 30 条,第 6 版删一增二。多出的两条一条是从原条分化出来,另一条属完全新增,即"3.3:口语中有比较通行的不同读音,在注音后面的括号内注明口语中的读音,如:【一会儿】yīhuìr(口语中也读 yīhuǐr);【作料】zuò·liao(口语中多读 zuó·liao)"。

标注口语音的如"寻短见、寻开心、寻思、寻死、寻死觅活"中的"寻"在初印本、第 1 版、第 2 版都注"xín",到第 3 版都改为"xún",括号说明"'寻'口语中多读 xín"。到了第 6 版,括号中的"多读"改为"也读"。

又如"指甲、指甲盖儿、指甲心儿"中的"指",和"指头、指头肚儿"中的"指"在初印本、第 1 版、第 2 版分别标"zhī""zhí",到第 3 版都改为"zhǐ",括号说明"'指'口语中多读 zhī"。第 3 版的修订在第 6 版得到了延续。

又如"作践、作料、作弄、作死、作揖"也是由开始的"zuó""zuō"到第 3 版改为"zuò",再在括号中说明口语中多读"zuó""zuō"。

看来,《现汉》之前的多个版本是注意到了语音变化的,正标的是通用音,附加说明的是口语音。只是"凡例"中一直没有相关的说明,应该说这是一个小小的缺漏。这个缺憾在第 6 版中终于得到了弥补,对这个长期存在的标音实践做了概括,使凡例的内容更加完整,凡例与实际内容更趋于吻合。第 6 版在第 5 版之后新增了多少以括注形式标出的口语音我们暂时还无法全面统计,但修订者的这种做法是值得充分肯定的。

(四) 四字成语的注音

第 5 版凡例"3.9"说明:"多音词的注音,以连写为原则,结合较松的,在中间加短横'-';词组、成语按词分写。"[1]

第 6 版"3.11"改为:"多字条目的注音,以连写为原则,结构特殊的,在中间加短横'-'。词组、熟语按词分写。其中,四字成语结构上可分为两个双音节的,在中间加短横'-',如"风起云涌"注作 fēngqǐ-yúnyǒng;不能分为两个双音节的,全部连写,如'不亦乐乎'注作 bùyìlèhū。"

在修订中,除了"多音词"改为"多字条目"这样的表述外,最主要是将前者高度概括、笼统的"按词分写",细分出了不同类型的处理方法。具体说来有这样几种情况:

(1)内部结构复杂的词组、成语仍沿用了"按词分写"的做法;(2)"中间加短横'-'"的有两种情况,一是"结构特殊的",这个表述比第 5 版的"结构较松的"范围缩小了不少,二是能分出两个双音节构成的四字成语;(3)不能分出两个双音节结构的成语全部连写。四字成语的内部结构和语义结构相当复杂,如何把握其标音方法长期以来是一个未能妥善解决的问题,据余桂林(2002)的研究,《现汉》中的四字词的标音类型多达六种。学术界对此做过长时间的讨论,提出了各种处理方法,如马志伟和乔永(2009)提出的有三大类 11 小类的标音法,而吕叔湘先生(1984)提出的"一致、易学、醒目"的要求,应是汉语拼音正词法和词典编纂所应努力达到的目标。第 6 版就是力图在贯彻"按词连写"的原则下,简化四字成语的标音方法,将加"-"标音的限于"由两个双音节构成"的范围,其他的全部实行逐字连写。这是一种很有益的简化、规范的做法。

当然,尽管凡例做了如此清晰的规定,将笼而统之的概括表述做了尽量明白的规定,但在实际操作上如何贯彻,还不尽一致。如第 6 版"莫"字头下的 5 个四字词的注音:"莫测高深 mòcè-gāoshēn""莫可指数 mòkě-zhǐshǔ""莫名其妙 mòmíngqímiào""莫明其妙 mòmíngqímiào""莫衷一是 mòzhōng-yīshì",里面出现了连写与不连写两种形式。特别是 1 与 3、4,内部结构完全相同,可一个分写,一个连写。

(五)〈口〉标注

《现汉》在对口语词的标注上走过一段弯路。第 1 版、第 2 版都有将口语词做"〈口〉"标注的内容。第 3 版、第 4 版在正文和凡例中取消了这一内容。这一做法引起了学术界的批评。(杨金华 1998;苏新春,顾江萍 2004)很快第 5 版恢复了正文中的标注,可凡例却没有恢复,这应属顾此失彼的一个失误。第 6 版在凡例中恢复了相关内容,使凡例与正文保持一致。"口语词"标注的恢复是值得肯定的,这使得口语与书语的语体色彩分类,口语词与书语词的词汇成分分类,保持了对称与平衡,既符合语言生活实际,语言理论上也更加合乎逻辑。(苏新春 2001:198—199)

(六)单字条目仅带一个多音节词的处理

第 5 版凡例"4.3":"有些单字条目,仅带一个多音词,这个多音词外面加上'[ ]',就附列在单字注中,不另立条目。如:艅 yú[艅艎](yúhuáng)图古时一种木船。"第 6 版取消了这条规定,是因为单字条目后的单个多音节词不再附注在单字条目的释义之内,另立条目。如:"艅 yú 见下。"后面是单独立目的"【艅艎】yúhuáng 图古时一种木船。"

《现汉》在处理单字条目后的单条复音词方面,走过一段起伏之路。初印本没给"徘"字立条,直接出的是复音词条【徘徊】。之后的版本既立【徘】字头,也立【徘徊】词条。从第3版起只立字头,"[徘徊]"放在单字后面的释义内。第4、5版类似。第6版又将它独立出来,算是恢复旧制了。由此可见,第6版的修订确实是在词典自身编纂发展的过程中统筹考虑问题的。其语言表述如上文的"例1"所述,也由"多字条目按第一个字分列于领头的单字条目之下"(第5版)改成了"多字条目放【 】内"。这都可以看到修订者的用心。

（七）日语借词的附注

《现汉》前五版在外来词的来源标注上考虑面还是比较广的,有其他国家的语言,也有国内少数民族的语言,唯独没有对日语借词的标注。而第6版在凡例"4.5"条增加了有关日语借词的标注:"近年来从日语借入的外来词,汉字相同的只注[日],如:【寿司】……[日];有所不同的附注日语原词,如:【宅急送】……[日 宅急便]。"

原版没有标注日语借词是有其难处的,日语借词数量众多,其词形多与汉语本土词相同,甄别起来也相当困难,而且学术界在对日语借词中大部分的汉字词是不是能称为外语借词这一问题曾有过激烈争论。但不管难度多大,日语借词属于外来借词已经愈来愈为学术界所接受,它已成为现代汉语词汇的一个重要组成部分。第6版修订者不回避这个问题,敢于面对,敢于尝试。不仅加以标示,且有所区分,将与汉语本土词的汉字相同者只注"[日]",有所不同的还附上日语原词,这是《现汉》第6版的一个很有创新意义的实践。

（八）将有关离合词的处理内容独立成条

第5版凡例"3.5"中有一段话是关于注音时使用"//"的说明:"插入其他成分时,语音上有轻重变化的词语,标上调号和圆点,再加斜的双短横,如【看见】注作 kàn//·jiàn……"凡例"3.9"中又有一段话:"有些组合在中间加斜的双短横'//',表示中间可以插入其他成分,如【结婚】jié//hūn……"第6版将原来分列两处的相关内容抽取出来合并成"3.6",使得凡例的说明更加简洁明白。

（九）带"～的"或"～儿的"尾词的说明

第5版凡例"2.4"为:"重叠式在口语中经常带'的'或'儿的',条目中一般不加'的'或'儿的',只在注解前面加'(～的)'或'(～儿的)'……"第6版改为:"状态形容词或某些重叠式在口语中……"前面所加的定语"某些"显然大大缩小了重叠式词语的范围,突出了"状态形容词"。从我们的调查来看,这种反映是有价值的。第5版中释义前加"(～的)"的条目共有250条,ABB式带后缀的形容词占了80％多。

三 启 示

考察、总结、回味《现汉》第6版的修订,能从许多方面得到启示。

首先,读者能深深感受到词典修订者们追求出精品的科学精神。《现汉》享有极高的学术声望,有着极广的流通范围。面对出自名家的名作,后来的继承者们恪守旧规,续貂延业,还是承当所承,改不得不改。学人皆知前修未密,后出转精,但当真的面对一部名作时能够放开思路,却殊为不易。"止于至善",千古名言,其实至善是没有的。永远不可能到达真理、穷尽真理,只能是愈来愈接近真理,这才是精益求精的本来含义。《现汉》至今已有过五次改版修订,其中有的是只做了针对性修订,如第2版、第4版;其他的都可算是规模较大的修订,但从凡例的修订来看,无论是修改的数量、范围,还是从花费的心思、取得的效果来看,称第6版为修订之最者是得其所的。

其次,要编出高水平的词典,就得开展创新的研究,提高语言观察、分析、研究的能力。辞书永远滞后于实际语言生活面貌,这话一点不假。但问题是如何使词典更好地缩小与语言生活的距离,如何使词典具有更好的应用价值,具有更好的指导功能。这种观察、分析、研究,还可以是建立在充分吸收学术界研究成果的基础上。上文已经显示,凡例的许多修订就是建立在语言新观察、新研究的基础之上。小到"莫名其妙"与"莫明其妙"的分辨、"起来"对"看见"的替代,大到对日语借词的标注、比喻义的运用、异体字的标示,背后都有扎实的分析、深入的研究在做支撑。

再次,要编一部好的词典,还需要有很好的为读者服务的意识。不仅要把词典编好,还要编得方便、好用、简洁、明白。如对四字成语标音的简化处理方法,对口语音的"也读""多读"的标示。

最后,探索词典编纂的规律与特点,追求词典编纂方法的进一步科学化、严密化,是一项任重道远的任务。第6版的修订给我们提出了词典进一步完善的方向。其中某些修订有可商榷之处,这恰恰证明词典编纂、修订工作中的永无止境的探索过程。语言不死,语言生活永恒,有源之水永动,作为语言生活的反映者——词典,也就有了永不停息的修订使命。

附 注

[1] 该条后面有关离合词注音的部分在第 6 版移至"3.6"条。

参 考 文 献

1. 陈炳迢.辞书编纂学概论.上海:复旦大学出版社,1991.
2. 付晓雯,刘中富.《现代汉语词典》(05 版)与《第一批异体字整理表》异体字整理之比较.//对比描写与统计分析——《现代汉语词典》专题研究.山东:山东人民出版社,2006.
3. 顾江萍.汉语中的日语借词研究.上海:上海辞书出版社,2011.
4. 关俊红.《现代汉语词典》凡例对比研究.求索,2008(5).
5. 韩敬体.词语的比喻用法和比喻义及其在《现代汉语词典》释义中的处理方式.//《现代汉语词典》编纂学术论文集.北京:商务印书馆,2004.
6. 李春燕.论形容词重叠式与状态形容词的区别和联系.现代语文,2009(7).
7. 李国文.汉语的无奈.语文建设,2000(4).
8. 刘涌泉.谈谈字母词.语文建设,1994(10).
9. 刘中富.《现代汉语词典》(05 版)成语注音的特点和存在的问题.//对比描写与统计分析——《现代汉语词典》专题研究.济南:山东人民出版社,2006.
10. 吕叔湘.一致 易学 醒目——关于汉语拼音正词法的意见.文字改革,1984(1).
11. 马志伟,乔永.成语注音问题研究.//《现代汉语词典》学术研讨会论文集(二).北京:商务印书馆,2009.
12. 苏新春.汉语词汇计量研究.厦门:厦门大学出版社,2001.
13. 苏新春,赵翠阳.比喻义的训释与比喻义的形成.杭州师范学院学报,2001(5).
14. 苏新春,顾江萍.确定"口语词"的难点与对策——对《现汉》取消"口"标注的思考.辞书研究,2004(2).
15. 吴汉江.《现代汉语词典》(第 5 版)"凡例"的几个问题.汉语学习,2008(1).
16. 杨金华.浅议新《现汉》"〈口〉"标注的取消.辞书研究,1998(3).
17. 余桂林.对《现代汉语词典》成语注音分连写的再思考.辞书研究,2007(5).
18. 张铁文.《现代汉语词典》"西文字母开头的词语"部分的修订.//《现代汉语词典》学术研讨会论文集(二).北京:商务印书馆,2009.
19. 中国社会科学院语言研究所词典编辑室.现代汉语词典.北京:商务印书馆,1978,1983,1996,2002,2005,2012.
20. 中国社会科学院语言研究所词典编辑室.《现代汉语词典》五十年.北京:商务印书馆,2004.
21. 朱德熙.语法讲义.北京:商务印书馆,1982.

《现代汉语词典》附录的与时俱进

韩 敬 体

(中国社会科学院语言研究所 100732)

提要 《现代汉语词典》附录的编制和修订依据时代变化和社会需求。附录的修订及时反映国家规范、标准的制订和修订,反映有关学科科学研究的进展。附录的编制和修订是词典编写、修订的组成部分,能从一个侧面表现出词典与时俱进的科学精神。

关键词 《现汉》附录 编制 修订 与时俱进

一 词典附录要与时俱进

词典附录是附加在词典正文之后、与正文有关的供查考的文件或资料。词典的附录,应该符合词典定位和它针对的读者群的需求。附录内容应该有常用性、规范性和稳定性的特点,因此,附录多为与词典内容有关的国家和权威部门制订的规范文件、标准或权威人士、词典编纂者编写的基本资料。由于社会发展、语言演变和科学技术的不断发展,国家及有关部门制定的规范、标准不断出台或修订,各学科的学术研究不断进步,各种知识的更新换代,词典附录与正文一样,需要适时修订,与时俱进。

《现代汉语词典》(以下简称《现汉》)从开始编纂试印至今,先后出版过8个版本。每一版词典后面的附录都与正文一起,历经多次的增删、修订,充分体现出严谨求实的科学精神和与时俱进的创新风格。

二 《现汉》版本及附录变化情况

《现汉》从1958年6月开始正式编写,1960年出版试印本。1965年5月印出试用本,1973年5月内部发行;1978年12月正式出版第1版;1983年1月出版第2版;

1996年7月出版第3版;2002年5月出版第4版;2005年6月出版第5版;2012年6月出版第6版。《现汉》这些不同的版本,不仅正文不断修订,附录也有一些变化。

试印本附录9种:人名录,地名录,中国历代纪元表,化学元素周期表,公制、市制、英美制度量衡表,标点符号用法,汉语拼音方案,汉字十种拼音法对照表,《现代汉语词典》注音连写、大写、隔音暂用条例(附说明)。

试用本附录4种:中国历代纪元表、汉语拼音方案、公制计量单位进位和换算表、化学元素周期表。前3种是试印本原有的,新编的公制计量单位进位和换算表替换了原来的公制、市制、英美制度量衡表。此外,删去了试印本的另外5种。1973年的内部发行本又删去化学元素周期表,只收附录3种。

第1版附录5种:除内部发行本的3种附录外,又恢复了试用本的化学元素周期表,新增了汉字偏旁名称表。第2、3、4版附录设置同第1版。第5版附录6种:除前一版的5种外,又在封三处增加了一幅简明版彩色中国地图。第6版附录沿袭第5版。

《现汉》不同版本不仅附录数量不尽相同,内容也都进行过认真修订。

三 《现汉》附录数量变化反映时代的需求

《现汉》试印本附录有9种,在各版本中最多,这是当时的社会需要所决定的。20世纪50年代,新中国成立不久,百废待兴,国家的经济、文化、科教事业刚刚起步,社会上极度缺乏权威性的百科和专科名词术语词典,读者急切希望规范性的语文性词典能够担负查检专科词语的任务。正像吕叔湘先生(1960)为《现汉》试印本撰写的"前言"所说:"因为目前还没有一部简明的百科词典,读者往往希望从语文词典得到一定程度的帮助。"所以,《现汉》正文收录的百科词语占有相当大比例,附录中也有较多的专科方面的文件,百科性的人名录、地名录所占的篇幅也就较多。当时,汉语拼音方案还没有确定为法定文件,注音字母、北方拉丁化方案、国语罗马字、国际音标等在语言文字界和社会上还有一定影响,汉语拼音的词语注音连写、大写及隔音符号运用也都处于尝试阶段,所以,《现汉》附录的汉字十种拼音方案和吕叔湘先生拟定的"《现代汉语词典》拼音连写、大写、隔音暂用条例(附说明)",都有一定的参考价值。"标点符号用法"曾由中央人民政府政务院规定在全国统一使用,也列入了词典附录。

试用本排印已是20世纪60年代中期,那时,我国大型的综合性辞书《辞海》即将出版(1965年4月出版未定稿),这本辞书与《现汉》有明确分工,系统收录自然科学和哲学社会科学的专科条目，人名、地名也全面系统地收录。所以，《现汉》试用本的附录就删除了人名表、地名表。1958年2月，汉语拼音方案获得全国人民代表大会通过，成为法定的文件，其他拼写汉字的各种拼音法在社会上实用性大为降低。有关部门制订的《标点符号用法》已经出版了单行本，广为发行。鉴于试印本附录较多，占篇幅较大，试用本删去了这几种附录。

《现汉》第5、6版的附录增加了一幅简明的中国地图，标明了我国领域疆界、省市自治区行政区划界、省会首府及其他重要城市、大江大河。这与词典正文有关自然地理、人文地理、历史地理等的一些条目有密切关系，也符合近年增强祖国领土主权观念的时代精神（如图中突出了钓鱼岛、南海疆界等）。第6版发行后不久，民政部网站刊登出《民政部关于国务院批准设立地级三沙市的公告》。三沙市是海南省第三个地级市，将来这幅地图中的南海诸岛图中可以予以反映。

四 《现汉》附录内容修订的与时俱进

（一）及时反映有关规范和标准的修订

《现汉》试印本附录"公制、市制、英美制度量衡表"，将度量衡的三个单位制并列。1959年，我国将公制确定为法定的基本计量制度，所以，试用本将这一种附表改编为"公制计量单位进位和换算表"，将"市制单位计量进位和换算表""英美制计量单位进位和换算表"作为它的附表。1984年2月，国务院发布了《关于在我国统一实行法定计量单位的命令》，规定1990年开始我国法定计量单位采用国际单位制。1993年开始修订的第3版将这一附录改为"计量单位表"，它是根据国家主管部门公布的法定计量单位表重新编制的。

汉字偏旁部首及其名称，对于称说汉字部件、学习汉字、查用汉语辞书是有用途的。《现汉》试印本和试用本都把常用的汉字偏旁部首名称作为词条收录在词典正文中。《汉字偏旁名称表》是第1版增加的，当时由我（时任语文编写组组长）拟稿、主编丁声树先生修改定稿。收录常见偏旁53个。第5版调整了部分偏旁排列次序，并增补至58个。第6版参考教育部和国家语言文字工作委员会新发布的《汉字部首表》《现代常用汉字部件及部件名称规范》等文件，进行较大修订，偏旁增补至69个，名称根据国家语言文字工作委员会正在组织研制的现代汉语词语儿化规范，尽量减少儿化读音。

（二）适时反映科学研究的重大成果

附录中元素周期表的修订次数最多。《现汉》试印本附录的"化学元素周期表"，表内列化学元素102种，试用本增列为103种。第1版改称为"元素周期表"，表内列元素106种，有确定汉语名称者103种。第2版表内列元素109种，有确定汉语名称者增至105种。第3版1996年出版时仍然沿用上一版的表。但是1998年国家有关部门公布了5个化学元素新用字，并改变了原第105种元素名称。《现汉》附列的元素周期表不等新的修订版出版，即于2000年发行的印本中将表内元素列为112种，有确定汉语名称者增至109种；2002年出版的第4版沿用此表。第5版表内元素列112种，有确定汉语名称者增至110种；第6版表中列元素118种，有确定汉语名称者增至112种。元素周期表是国际化学界有关组织认定的文件，具有高度权威性。《现汉》这一附表不断地修订和增补，及时反映了国际化学界不断发现并确定的新元素，定期调整发布国际原子量及国内化学界相应确定的新元素用字的科技发展情况。

中国历代纪元表也经过几次修订。这一附表创编于试印本。过去，史学界对我国公元前841年前的古史年代颇多歧说，本表这一时期的年代是根据史学界权威著作齐思和、刘启戈、聂荣岐、翦伯赞编著的《中外历史年表》编制的。试用本即对纪元表的说明有所修订，将表中的"周秦之际"纪年与"秦"纪年合并。第1版对夏、商、西周的起讫纪年和表中个别文字有所修改。2002年出版的第4版参考我国"九五"计划中的夏商周断代工程2000年公布的《夏商周年表》，对"五帝"以后西周共和元年（公元前841年）以前的内容进行了调整。夏商周断代工程是我国"九五计划"中一项国家重点科技攻关项目，将自然科学、社会科学和人文科学相结合，组织历史学、考古学、文献学、古文字学、历史地理学、天文学和测年技术学等领域的170名科学家进行联合攻关，研究和排定中国夏商周时期的确切年代。《现汉》中国历代纪元表的夏商周古史年代修订及时反映了我国这一新的重大科学研究成果。中国历代纪元表在第6版还有一处显著的修订，就是增加了西夏王朝的纪元表。《现汉》从试印本至第5版，在纪元表前的说明中说"较小的王朝，如'十六国''十国''西夏'等不列表"。（试印本说明中说："较小、较次要的分裂王朝……，均从略。"）其实，西夏并非较小的王朝，它从嵬名元昊（李元昊）称帝后的190年间占据西北较为辽阔的版图，前后与北宋、辽，南宋、金对峙，在历史上很有影响，与"十六国""十国"较小的分裂割据政权不可相提并论。由于古代正史中没有像辽史、金史那样专门的史书记载，又由于文字、史料缺失等方面的原因，过去学界对西夏的研究极为滞后。近一个世纪，特别近几十年，我国西夏文、西夏史研究进展较快，中国社会科学院民族学与人类学研究所史金波研究员、宁夏回族自治区社会科学院李范文副院长各带领研究团队,对西夏文、西夏史进行专门研究,取得了令人瞩目的成果,西夏王朝世系纪年较为清楚。《现汉》第6版历代纪元表中增加了西夏的世系年表,这个年表也是经西夏研究专家史金波先生审订的。《现汉》附录的我国历代纪元表中增加西夏王朝纪元表,既是对我国多民族历史的反映,也是对民族学、历史学研究成果的记录。

五 《现汉》附录修订体现出严谨认真的科学精神

词典附录具有规范性和实用性,它的编制和修订都必须贯穿严谨、认真的科学精神。《汉语拼音方案》是与汉语语言文字运用关系极为密切的文件。从试印本、试用本一直到第6版都附有这一文件。从第3版开始,在表前加上"1957年11月1日国务院全体会议第60次会议通过"和"1958年2月11日第一届全国人民代表大会第五次会议通过"两个题注,这不仅反映了其历史重要性,也表明这一文件高度的法规性和权威性。

《现汉》是否附录"二简"[即"第二次汉字简化方案(草案)"]的考量也可以说明设置附录的严肃性和词典编纂者的科学态度。"文化大革命"结束刚过半年,1977年5月文字改革委员会的"二简"即报上级审阅通过,1977年12月20日在《人民日报》《光明日报》《解放军报》以及省、直辖市、自治区一级的报纸上统一发布。发布后的第二天,《人民日报》即率先试用,其他媒体和出版单位也先后跟进。1978年3月2日,教育部发布《关于学校试用简化字的通知》,要求学校教学试用。于是,中小学课本都遵照指示使用了"二简"的字。由于当时政府对"二简"的发布和宣传的力度较大,已经涉及社会生活的诸多方面,特别是媒体和中小学教学中均广泛使用,因此对文化教育影响很大。《现汉》第1版交稿在1977年,出版发行于1978年。那时正是"二简"大力推行时期。《现汉》如何对待"二简"成了极为棘手的问题。特别是《现汉》在"文革"中受到过批判以致扼杀,主编受到过严重冲击,确实不能不考虑如何对待"二简"的问题,修订组中也有人提出要重视贯彻"二简"。时任主编的丁声树先生基于过人的远见卓识,坚决否定贯彻"二简"全面改动词典正文有关用字的意见,他认为不必为"二简"干扰词典的原定的排印出版计划,最多只能考虑在附录中列个附表。1978年初,他曾布置我设计"二简"附表,但很快就决定不必附录了。词典出版前夕,媒体也停止了使用"二简"。但是,直到1986年6月,也就是《现汉》出版8年后,有关部门才正式通知废止"二简"。从词典是否贯彻"二简"、附录"二简"这一问题足以表现出

《现汉》主编的学术胆识和求真务实的科学态度。

附录只是词典的附属部分,但它的编制和修订,以小见大,反映出一部词典的科学性、时代性、规范性、权威性。它的增减、修订也足以反映出词典与时俱进的科学精神。

参 考 文 献

1. 曹聪孙.略谈词典附录.辞书研究,1992(4).
2. 连益,连真然.浅谈双语词典附录设置的十条原则.//张柏然,魏向清主编.中国辞书学会双语词典专业委员会第四届年会暨学术研讨会论文集.南京:江苏教育出版社,2001.
3. 林玉山主编.辞书学概论.福州:海峡文艺出版社,1995.
4. 徐祖友.谈谈词典的附录.//辞书研究编辑部编.辞书编纂经验荟萃.上海:上海辞书出版社,1992.
5. 中国社会科学院语言研究所词典编辑室.现代汉语词典(试印本、试用本、1、2、3、4、5、6版).北京:尚务印书馆,1960,1965,1973,1978,1983,1996,2002,2005,2012.